异质性环境规制、绿色资本更新与企业绩效

Heterogeneous Environmental Regulation, Green Capital Modernization and Corporate Performance

万攀兵　著

中国社会科学出版社

图书在版编目（CIP）数据

异质性环境规制、绿色资本更新与企业绩效/万攀兵著.
—北京：中国社会科学出版社，2024.5
ISBN 978-7-5227-3502-3

Ⅰ.①异⋯　Ⅱ.①万⋯　Ⅲ.①企业环境管理—企业绩效—研究—中国　Ⅳ.①F279.23

中国国家版本馆 CIP 数据核字（2024）第 085397 号

出 版 人	赵剑英
责任编辑	刘晓红
责任校对	周晓东
责任印制	戴　宽

出　　版	中国社会科学出版社
社　　址	北京鼓楼西大街甲 158 号
邮　　编	100720
网　　址	http://www.csspw.cn
发 行 部	010-84083685
门 市 部	010-84029450
经　　销	新华书店及其他书店
印　　刷	北京君升印刷有限公司
装　　订	廊坊市广阳区广增装订厂
版　　次	2024 年 5 月第 1 版
印　　次	2024 年 5 月第 1 次印刷
开　　本	710×1000　1/16
印　　张	17.75
字　　数	249 千字
定　　价	99.00 元

凡购买中国社会科学出版社图书，如有质量问题请与本社营销中心联系调换
电话：010-84083683
版权所有　侵权必究

出 版 说 明

为进一步加大对哲学社会科学领域青年人才扶持力度，促进优秀青年学者更快更好成长，国家社科基金2019年起设立博士论文出版项目，重点资助学术基础扎实、具有创新意识和发展潜力的青年学者。每年评选一次。2022年经组织申报、专家评审、社会公示，评选出第四批博士论文项目。按照"统一标识、统一封面、统一版式、统一标准"的总体要求，现予出版，以飨读者。

全国哲学社会科学工作办公室

2023年

前　　言

　　近年来，随着生态文明建设得到党中央的高度重视，加之各类宏微观环境数据的公开可得，国内环境经济学领域的实证研究呈现出爆炸式增长。从研究主题来看，主要分为两大类：一是考察污染的环境健康后果及其引致的经济后果；二是考察环境污染的治理效果及其有效性。前者主要回答"污染会对人类造成多大损害"这个核心问题，后者则致力于分析"如何更有效地治理环境污染"这个问题。为更好地服务于决策需要，国内更多的实证研究集中于探究第二类问题。

　　实践中，为应对工业化进程中日益加剧的环境污染问题，各级政府出台了大量富有中国特色的环境政策，如"两控区"政策、二氧化硫排污权交易试点、排污收费制度、清洁生产行业标准、"十一五"减排政策、能耗双控目标、碳排放权交易试点、"大气十条"、河长制、环保督察、环保税和全国碳市场等，并初步形成了以命令—控制型为主、市场激励型为辅的环境规制政策体系。这些形式各异的环境政策实践为国内环境经济学者从事相关政策评估提供了良好的研究场景。因此，在第二类问题研究中，更多的国内学者试图通过评估特定环境政策效果进而给出优化中国环境规制政策体系的发展思路，本书的研究便是其中一例。

　　然而，相较于评估单一环境政策效果的实证研究而言，本书综合考察了环境技术标准、环保税费和减排补贴等多种环境规制工具的政策效果。而且，本书在一个统一的分析框架下深入分析和比较了命令—控制型和市场激励型两大类环境规制工具的政策效果,并特别强调了绿色资本更新这种渐进式绿色生产工艺创新形式在微观企业响应环境规制过程中的重要性,拓宽了"波特假说"的分析视角。笔者相信,本书可以为国内从事环境政策评估的环境经济学者提供研究视角和思路上的借鉴,也可为公共部门的决策者提供一定的政策启示。

  全书共包括七章内容。第一章为导论,主要引出本书要研究的问题、对核心概念进行界定,同时介绍本书的研究内容、方法和数据来源,并指出可能的创新点。第二章为环境规制的理论与中国实践,综述了国内外关于环境规制的研究进展,同时也介绍了中国环境规制的发展历程和典型政策实践。第三章为本书实证研究的理论基础,通过构建一个动态的寡头竞争模型,将环境技术标准、排污税和减排补贴三类环境规制手段纳入统一的分析框架,并提出了四个有待后续实证检验的理论命题。第四章基于中国清洁生产行业标准的政策场景,对第三章理论分析中关于命令—控制型环境规制绩效的理论命题进行了实证检验。第五章、第六章则分别基于中国实施已久的排污收费制度和参与清洁发展机制的政策实践对第三章理论分析中关于市场激励型环境规制绩效的理论命题进行了实证检验。第七章是研究结论、政策建议及研究展望。

万攀兵

武汉大学经济与管理学院

摘　　要

近年来,诸如环境税和排污权交易制度等市场激励型规制手段在中国环境政策实践中得到越来越多的运用。然而,当前中国环境规制政策体系仍以命令—控制型环境规制为主,环境规制的执法刚性十分明显。在上述背景下,本书聚焦于中国典型环境政策实践,从理论和实证上分析比较了命令—控制型和市场激励型环境规制工具的政策效果。具体而言,本书基于绿色资本更新视角,将环境技术标准、排污税和减排补贴纳入统一的分析框架,对其环境绩效和经济绩效进行理论分析,重点从污染减排和生产率提升两个维度对环境规制下企业如何实现绿色转型进行分析,并结合中国清洁生产标准、排污收费制度和清洁发展机制的政策实践,对理论分析结果进行了实证检验,同时也验证了不同版本的"波特假说"。基于上述分析,本书形成如下主要结论:

第一,由于自主创新存在一定的技术门槛并面临较大的风险和较长的投资回报周期,在严格的环境规制下,排污企业短期内往往缺乏进行研发创新或新产品开发的动力,而单纯的末端治污会带来额外的治污成本。因此,对于排污企业而言,更现实的选择是绿色资本更新这种技术引进与吸收形式的生产工艺创新。据此,企业可以从生产源头上节能减排,进而实现污染减排和生产率提升的双赢。

第二,在命令—控制型环境规制下,由于政策的执行成本较高、减少了企业灵活减排的行动空间,企业通过绿色资本更新实现的效率提升并不能补偿环境规制的遵从成本,从而对企业利润具有负面影响。然而，在市场激励型环境规制下，由于企业可以更加灵活地选择最优的减排方案，在一定条件下，企业通过绿色资本更新实现的效率提升可以补偿环境规制的遵从成本，并提升企业利润。因此，相对于命令—控制型环境规制而言，市场激励型环境规制可能更有效。

第三，无论是在命令—控制型环境规制下还是在市场激励型环境规制下，弱"波特假说"均成立；鉴于绿色资本更新这种生产工艺创新的收益补偿在命令—控制型环境规制下并不成立，而在市场激励型环境规制下满足一定条件时成立。因此，我们认为，强"波特假说"仅在市场激励型环境规制下可以成立。

关键词： 命令—控制型环境规制；市场激励型环境规制；绿色资本更新；"波特假说"；绿色转型

Abstract

Market-motivated regulatory measures such as environmental taxes and emissions trading systems have been increasingly used in recent China's environmental policy practices. However, the current environmental regulatory policy system in China is still dominated by command-and-control environmental regulation, and the rigidity of enforcement of environmental regulation is obvious. Under the above background, this paper focuses on China's typical environmental policy practices, analyzing and comparing the policy effects of command-control and market-motivated environmental regulation measures theoretically and empirically. Specifically, this paper incorporates environmental technology standards, pollution taxes and emission reduction subsidies into a unified analysis framework, and theoretically analyzes their environmental and economic performance from the perspective of green capital modernization. This paper focuses on how polluting firms achieve green transformation under environmental regulation from two dimensions: pollution abatement and productivity improvement, and combines some policy practices such as China's Cleaner Production Standards, the sewage charge system and the Clean Development Mechanism to empirically test the theoretical analysis results. This paper also verifies different versions of the "Porter Hypothesis". Based on the above analysis, the main conclusions of this paper are as follows:

First, in the short term, polluting firms often lack the motivation to carry out R&D activities under strict environmental regulations due to the certain technological threshold of independent innovation and the face of greater risks and longer investment return cycles. Moreover, end-of-pipe abatement will only bring about additional pollution control costs. Therefore, for polluting firms, a more realistic option is green capital modernization, which is a form of production process innovation focused on importing and absorbing technology. Through green capital modernization, polluting firms can save energy and reduce emissions from the source of production, thereby achieving a win-win situation of pollution abatement and productivity improvement.

Second, under command-and-control environmental regulations, due to the high cost of policy implementation and the limited space for firms to flexibly reduce emissions, the benefits brought by the efficiency improvement achieved through green capital modernization can't compensate the costs of complying environmental regulations for the polluting firms, thereby reducing firms' profits. However, under market-motivated environmental regulations, polluting firms can flexibly choose the optimal emission abatement scheme due to the lower cost of policy implementation. To certain extent, polluting firms can make it through green capital modernization that the benefits brought by the efficiency improvement compensates the compliance costs of environmental regulations, which contributes to polluting firms' profits. Therefore, market-motivated environmental regulations may be more effective than command-and-control environmental regulations.

Third, the weak "Porter Hypothesis" holds both under command-control environmental regulations and under market-motivated environmental regulations. Since it can't hold under command-control environmental regulations but can hold under market-motivated environmental regulations to certain extent that those benefits from green capital modernization in the form of green production process innovation offsets the compliance costs of environmental regulations, this paper puts it on that the strong "Porter Hypothesis" can only hold under market-motivated environmental regulations.

Key Words: Command-Control Environmental Regulation; Market-Motivated Environmental Regulation; Green Capital Modernization; Porter Hypothesis; Green Transformation

目　　录

第一章　导论 ……………………………………………………（1）
　第一节　问题的提出 ……………………………………………（1）
　第二节　核心概念界定 …………………………………………（3）
　第三节　研究内容与结构安排 …………………………………（7）
　第四节　研究方法和数据 ………………………………………（10）

第二章　环境规制的理论与中国实践 …………………………（16）
　第一节　环境规制相关研究进展：文献综述与理论背景 ……（16）
　第二节　中国环境规制体系及其治理成效：制度背景与
　　　　　基本事实 ………………………………………………（41）
　第三节　本章小结 ………………………………………………（73）

第三章　环境规制与企业绩效：理论框架 ……………………（75）
　第一节　引言 ……………………………………………………（75）
　第二节　基础模型 ………………………………………………（76）
　第三节　考虑命令—控制型环境规制的情形 …………………（80）
　第四节　考虑市场激励型环境规制的情形 ……………………（88）
　第五节　不同环境规制工具经济绩效的比较 …………………（97）
　第六节　本章小结 ………………………………………………（105）

第四章　命令—控制型环境规制、绿色资本更新与企业绩效
——来自清洁生产标准的证据 …………………………（107）
- 第一节　引言 ……………………………………………（107）
- 第二节　政策背景 ………………………………………（108）
- 第三节　实证设计 ………………………………………（110）
- 第四节　基准回归结果 …………………………………（114）
- 第五节　机制分析 ………………………………………（125）
- 第六节　进一步分析 ……………………………………（129）
- 第七节　本章小结 ………………………………………（135）

第五章　排污税、绿色资本更新与企业绩效
——来自排污收费制度的证据 ……………………………（136）
- 第一节　引言 ……………………………………………（136）
- 第二节　政策背景 ………………………………………（137）
- 第三节　实证设计 ………………………………………（139）
- 第四节　基准回归结果 …………………………………（144）
- 第五节　机制分析 ………………………………………（154）
- 第六节　进一步分析 ……………………………………（162）
- 第七节　本章小结 ………………………………………（166）

第六章　减排补贴、绿色资本更新与企业绩效
——来自清洁发展机制项目的证据 ………………………（168）
- 第一节　引言 ……………………………………………（168）
- 第二节　政策背景 ………………………………………（169）
- 第三节　实证设计 ………………………………………（173）
- 第四节　基准回归结果 …………………………………（178）
- 第五节　机制分析 ………………………………………（197）
- 第六节　CDM 的激励效果分析 …………………………（204）

第七节　本章小结 …………………………………………（209）

第七章　研究结论、政策建议及研究展望 …………………（211）
　第一节　研究结论 …………………………………………（211）
　第二节　政策建议 …………………………………………（213）
　第三节　研究展望 …………………………………………（215）

附　录 ………………………………………………………（217）

参考文献 ……………………………………………………（224）

主题词索引 …………………………………………………（259）

后　记 ………………………………………………………（262）

Contents

Chapter 1　Introduction ……………………………………… (1)
　1.1　The Statement of Problems ……………………………… (1)
　1.2　The Definition of Core Concepts ………………………… (3)
　1.3　The Research Content and Organization ………………… (7)
　1.4　The Research Methods and Data ………………………… (10)

**Chapter 2　The Theory of Environmental Regulation and
　　　　　　Practice in China** ……………………………… (16)
　2.1　The Research Progress: Literature Review and Theoretical
　　　　Background ……………………………………………… (16)
　2.2　Practices of Environmental Regulation in China: Institution
　　　　Background and Basic Facts …………………………… (41)
　2.3　Conclusions ………………………………………………… (73)

**Chapter 3　Environmental Regulation and Firm Performance:
　　　　　　A Theoretical Framework** ……………………… (75)
　3.1　Introduction ………………………………………………… (75)
　3.2　The Basic Model …………………………………………… (76)
　3.3　The Situation of Command-and-Control Environmental
　　　　Regulation ………………………………………………… (80)

3.4　The Situation of Market-Based Environmental
　　　Regulation ……………………………………………… (88)
3.5　Comparison of the Economic Performance of Different
　　　Environmental Regulation ……………………………… (97)
3.6　Conclusions …………………………………………… (105)

Chapter 4　Command-and-Control Environmental Regulation, Green Capital Modernlization and Firm Performance
　　　　　—Evidence from Cleaner Production Standards …… (107)
4.1　Introduction …………………………………………… (107)
4.2　Policy Background …………………………………… (108)
4.3　Empirical Design ……………………………………… (110)
4.4　Baseline Results ……………………………………… (114)
4.5　Mechanism Analysis ………………………………… (125)
4.6　Further Analysis ……………………………………… (129)
4.7　Conclusions …………………………………………… (135)

Chapter 5　Environmental Tax, Green Capital Modernlization and Firm Performance
　　　　　—Evidence from the Sewage Charging System …… (136)
5.1　Introduction …………………………………………… (136)
5.2　Policy Background …………………………………… (137)
5.3　Empirical Degign ……………………………………… (139)
5.4　Baseline Results ……………………………………… (144)
5.5　Mechanism Analysis ………………………………… (154)
5.6　Further Analysis ……………………………………… (162)
5.7　Conclusions …………………………………………… (166)

Chapter 6　Emission Reduction Subsidy, Green Capital Modernlization and Firm Performance

　　—Evidence from the Clean Development Mechanism

　　（CDM） ·· （168）

6. 1　Introduction ·· （168）

6. 2　Policy Background ······································· （169）

6. 3　Empirical Design ·· （173）

6. 4　Baseline Results ··· （178）

6. 5　Mechanism Analysis ····································· （197）

6. 6　Analysis of the Efficiency of the CDM ················ （204）

6. 7　Conclusions ·· （209）

Chapter 7　Research Conclusions, Policy Suggestions and

　　Research Propects ······································ （211）

7. 1　Research Conclusions ··································· （211）

7. 2　Policy Suggestions ······································ （213）

7. 3　Research Prospects ····································· （215）

Appendices ·· （217）

References ·· （224）

Key Words Index ··· （259）

Postscript ·· （262）

第一章

导 论

第一节 问题的提出

当前，中国经济已由高速增长阶段转向高质量发展阶段。高质量发展的本质内涵，是以满足人民日益增长的美好生活需要为目标的高效率、公平和绿色可持续发展（张军扩等，2019）。党的二十大报告提出，"协同推进降碳、减污、扩绿、增长"。一方面，应对气候变化是刻不容缓的全球大势。另一方面，作为全球最大的发展中国家，经济发展仍是中国当前面临的最主要任务。因此，如何协调经济增长与绿色发展之间的内在矛盾、如何兼顾经济效率与环境质量，成为新时代中国推动高质量发展的重要议题。显然，宏观经济的高质量发展需要立足于微观企业的高质量发展。因此，破解上述发展难题的关键在于如何推动微观企业实现增效与减排的双提升。

现有研究分别围绕微观企业的生产率提升和污染减排做了大量的理论探讨和经验分析（Restuccia and Rogerson, 2008; Syverson, 2011; Duflo et al., 2013; Liu et al., 2021）。如针对企业全要素生产率的影响和决定性因素，国内外学者分别从外部气候变化（Zhang et al., 2018; Letta and Tol, 2019; Song et al., 2023）、需求冲击

(Anzoategui et al.，2019；Girardi et al.，2020；Mayer et al.，2021)、产业规制(Bernini et al.，2017；Zhang et al.，2021)与内部资源配置(Melitz，2003；Brandt et al.，2012；Wang et al.，2021)、研发创新(Peters et al.，2018；Dai and Sun，2021)和进出口(Defever et al.，2020；Feng et al.，2022；Zhu，2023)等视角进行了深入剖析,并给出了不少富有建设性的政策建议。另外,大量文献基于近年来国内密集出台的环境政策实践,试图通过评估不同环境政策效果给出优化中国环境规制政策体系的发展思路(沈坤荣和金刚,2018；郭俊杰等,2019；徐佳和崔静波,2020；陶锋等,2021；张中祥和曹欢,2022；赖小东和詹伟灵,2023)。

亦有不少文献将企业污染减排和生产率提升结合起来进行研究(Shadbegian and Gray，2005；Sanchez-Vargas et al.，2013；Dechezleprêtre et al.，2019；Lv et al.，2023)。其中,最重要的一支文献是关于"波特假说"的实证检验(Rubashkina et al.，2015；Van Leeuwen and Mohnen，2017)。20世纪90年代,波特富有洞见地提出"环境规制亦可通过创新提升企业竞争力"(Porter，1991)的命题。Jaffe 和 Plamer(1997)进一步将之细分为弱"波特假说"、强"波特假说"和狭义"波特假说"三个版本。此后,国内外众多学者基于各国的政策实践对不同版本的"波特假说"进行了探讨(Van Leeuwen and Mohnen，2017；齐绍洲等,2018；Li et al.，2023)。遗憾的是,关于"波特假说"是否成立,学术界内仍存在较大分歧。而且,针对弱"波特假说"的研究多聚焦于企业自主式的研发与产品创新,而忽略了潜在的技术引进与吸收形式的生产工艺创新。针对强"波特假说"的研究则主要关注环境规制对企业生产率和出口绩效的影响,且忽略了对创新因果链的识别。总之,很少有文献同时在不同类型环境规制工具下考察不同版本"波特假说"的适用情形。

实际上,作为全球最大的发展中国家,中国政府积极应对工业化进程中日益加剧的环境污染问题,大量具有中国特色的环境政策实践应运而生，如"两控区"政策、清洁生产标准、"十一五"减排政策、"环保督察"制度、"大气十条"、河长制、二氧化硫和碳排放权交易试点、排污收费制度、环保税、清洁发展机制等，并初步形成了以命令—控制型为主、市场激励型为辅的环境规制政策体系。那么，不同类型的环境规制工具究竟产生了怎样的制度绩效？是否能同时实现企业污染减排和全要素生产率提升的双赢？不同版本的"波特假说"各自具有怎样的适用情景？这些问题是当前中国推进生态文明建设和实施创新驱动发展战略必须回答的现实问题，也是本书关心的理论问题。

第二节 核心概念界定

一 命令—控制型环境规制

命令—控制型环境规制是一种环境保护的政策手段，它是指政府通过法律或行政的方法，制定环境质量标准、污染物排放标准、技术要求等，对污染源的行为进行直接控制，并对违反规定的行为进行处罚。命令—控制型环境规制主要有以下几种具体形式：环境质量标准规定环境介质（如空气、水、土壤等）中污染物浓度或含量的限值，以保护人类健康和生态安全，例如中国《环境空气质量标准》就规定了不同功能区域的空气质量标准和限值；污染物排放标准规定了污染源排放到环境介质中的污染物浓度或含量的限值，以控制污染物的总量和分布，例如中国《水污染物排放标准》就规定了不同行业和地区的水污染物排放限值；技术要求是指规定污染源在生产、建设、运行等过程中必须采用的技术措施或方法，以降低或消除污染物的产生和排放，例如中国《火力发电厂大气污染物排放标准》就规定了火力发电厂必须采用的脱硫、脱硝、除尘等技术措施；管理措施规定了污染源在生产、建设、运行等过程中必须遵守的管理规范或程序，以提高环境管理水平和效率，例如，中国

《建设项目环境保护管理条例》就规定了建设项目必须进行环境影响评价、环境保护设施建设和运行、环境监测和信息公开等管理措施。其具体手段包括直接罚款、整改和关停等在内的各种致力于改善环境的行政制裁和命令等。

命令—控制型环境规制是目前最传统也是最普遍的环境治理手段，它有一些优点。命令—控制型环境规制的内容和要求比较清晰明确，易于理解和执行，不需要复杂的计算和协商。命令—控制型环境规制还有易于监督的优点，执行情况比较容易监测和核查，可以通过现场检查、数据报送、样品分析等方式进行有效监督。此外，命令—控制型环境规制对所有的污染者都是一视同仁的，没有特殊优惠或豁免，可以避免寻租行为。但同时也存在一些缺点，首先它忽略了污染者的差异和选择性。命令—控制型环境规制往往采用统一的标准或要求，没有考虑到不同污染者的成本和收益差异，也没有给予污染者选择最适合自己的减排方式的自由，可能导致资源配置的低效率和高成本。其次，命令—控制型环境规制缺乏激励机制和创新动力。命令—控制型环境规制往往只要求污染者达到规定的标准或要求，没有给予污染者超过标准或要求的额外奖励，也没有对低于标准或要求的违法行为进行有效惩罚，可能导致污染者缺乏主动减排和创新技术的激励和动力。命令—控制型环境规制可能导致高成本和低效率，它往往需要政府部门投入大量的人力、物力和财力来制定、执行和监督规制措施，可能导致政府部门的管理成本过高，而且由于信息不对称、监管缺失、执法难等问题，可能导致规制措施的实施效果不佳。

在后续理论分析中，我们以政府施加给企业的一项强制性环境技术标准作为命令—控制型环境规制的表征，而在对应的实证分析中则使用中国清洁生产标准的实施作为命令—控制型环境规制的政策实践。

二 市场激励型环境规制

市场激励型环境规制侧重于利用市场机制，通过价格信号、竞争机制和供求规律来引导市场主体的生产决策行为，激励其更高效地减排，从而使整体的污染水平得到有效控制和最优配置。市场激励型环境规制主要有以下几种形式：一是环境税收，即政府对污染源排放的污染物或使用的资源征收一定比例或金额的税费，以反映其对社会造成的外部成本。二是排污权交易，即政府对污染物排放总量进行控制，并将排放总量分配给各个污染源作为其排污权。污染源可以根据自身需要，在市场上买卖排污权，以达到最低减排成本。三是绿色补贴，即政府对采用清洁技术或提供绿色产品和服务的污染源给予一定的资金或政策支持，以鼓励其节能减排或提高生态效益。

市场激励型环境规制被普遍认为具有更加灵活的优点，它赋予了污染源在经济与环境之间权衡的自主性，可以根据自身的成本效益选择最适合的减排方式和水平，而不是被强制执行统一的标准或要求。这种灵活性也降低了政府的管理成本和监管难度。然而，市场激励型环境规制依赖于市场机制的运行，但是市场机制并不是万能的，可能存在一些无法通过价格信号反映的问题，比如市场失灵、外部性、公共品等，这些问题可能导致市场机制的运行不顺畅或者出现不公平或无效率的结果。而且，市场激励型环境规制可能会改变原有的利益格局和分配方式，对一些污染源或消费者造成额外的负担或损失，这可能会引起他们的抵触或反对。此外，市场激励型环境规制可能会导致一些意想不到的后果，比如反弹效应，即由于价格下降或收入增加而导致资源消耗或污染物排放增加。总之，市场激励型环境规制是一种有利于实现环境治理目标的政策手段，但是也需要考虑到实际情况和可能出现的问题，并与其他政策手段相结合，以达到最佳的效果。

在后续理论分析中，我们同时考察了以排污税和减排补贴为代表的市场激励型环境规制的政策效果,而在对应的实证分析中则分别使用中国排污收费制度和清洁发展机制作为"准排污税""准减排补贴"的政策实践。

三 绿色资本更新

资本更新可以视为一种动态的资本再生产过程,包括自然形态上的物质更替以及货币形态上的价值补偿,是企业进行再生产的必要前提。广义的资本更新包括固定资本、人力资本和技术资本等各类生产要素的更新,而狭义的资本更新一般专指诸如机械设备、厂房等有形的、物质形态的固定资本更替。后者在财务上可以通过企业折旧和固定资产投资两项会计指标来反映(宋则行,1961;吴大琨,1962)。鉴于更新的资本设备往往蕴含着更新的节能环保技术和更高的生产效率,企业的固定资本更新在实践中有助于企业生产工艺改善和效率提升。Xepapadeas 和 de Zeeuw(1999)使用资本"现代化"(Modernization)一词来反映企业机器设备存量中新机器占比不断增加的这种资本结构动态调整过程,并认为新机器生产率更高且更环保。受其启发,我们专注于狭义版本的资本更新,并将绿色资本更新定义为企业使用更先进节能的生产设备以替代传统落后生产设备或改造生产工艺流程以提高能效的绿色生产技术改造过程(杨震宁和赵红,2020),同时将之视为一种区别于常规的研发或新产品开发等自主创新形式的渐进式绿色生产工艺创新形式(毕克新等,2011)。后续实证分析中,我们将分别从固定资产投资、折旧、能耗强度和资本效率等多个维度对其进行测度。

四 "波特假说"

Porter(1991)认为,设计恰当的环境规制能够激励企业进行某种形式的创新,通过创新带来的收益可以部分甚至完全抵消环境规制的遵从成本,进而提升其竞争力(Porter and van der Linde,1995),这便是著名的"波特假说"(Porter Hypothesis,PH)。具体而言,

"波特假说"认为环境规制可以刺激企业进行技术创新,提高资源利用效率,降低能源消耗和废物排放,从而降低生产成本和提高产品质量;环境规制可以促进企业开拓新的市场和商机,满足消费者对绿色产品和服务的需求,从而增加市场份额和盈利能力;环境规制可以激发企业的学习效应,提高企业的管理水平和组织能力,从而增加企业的适应性和竞争优势。

Jaffe 和 Plamer(1997)进一步将之细分为弱"波特假说"、强"波特假说"和狭义"波特假说"三个不同版本。其中,弱 PH 认为,环境规制可以推动企业创新,但不一定会带来经济效益,也不一定会提高企业的竞争力;强 PH 认为,环境规制不仅可以推动企业创新,而且通过创新带来的收益可以补偿环境规制的遵从成本,即环境规制能够促进企业增加竞争力,最终对企业经济绩效有积极影响;而狭义 PH 则认为,只有设计恰当的环境规制才会刺激企业创新。狭义 PH 强调的是环境规制的形式和设计对企业创新的影响,而不是环境规制的强度和严格程度。值得注意的是,在 Porter(1995)的研究中,创新不仅包括自主形式的新技术研发、新产品开发和管理变革等,还包括绿色资本更新这种技术引进与吸收形式的生产工艺创新。

第三节 研究内容与结构安排

本书的核心内容在于分析和比较命令—控制型和市场激励型环境规制的环境绩效和经济绩效及其背后的作用机制,并考察不同版本的"波特假说"在中国的适用情景。具体研究思路和结构安排如下:

第一章绪论主要引出本书要研究的问题,同时对核心概念进行界定,介绍本书的研究内容、方法和数据来源,并指出可能的创新点。

第二章为环境规制的理论与现实背景。在综述环境规制的研究进展时，本章首先分析了环境外部性来源及其治理手段的理论研究成果；其次考察了不同环境规制手段减排效果的经验研究；最后回顾了关于环境规制经济绩效特别是"波特假说"方面的研究成果。在分析中国环境规制发展历程和制度背景方面，本章首先梳理了中国环境规制的机构改革历程；其次概述了中国典型环境规制政策；最后考察了中国环境规制的总体治理成效。

第三章是本书实证研究的理论基础，分别将环境技术标准、排污税和减排补贴三种环境规制手段纳入统一的分析框架并考察了不同环境规制手段的制度绩效，重点分析和比较了命令—控制型和市场激励型两大类环境规制工具的环境绩效和经济绩效，提出了4个有待实证检验的理论命题。这部分的理论分析将为后续第四章、第五章、第六章的实证分析提供理论支撑。

第四章对第三章理论分析中关于命令—控制型环境规制绩效的理论命题进行了实证检验。具体而言，本章实证检验了以清洁生产标准为代表的命令—控制型环境规制对企业废水类污染物排放强度和全要素生产率的影响，并对估计结果执行了多种稳健性检验。为揭示绿色资本更新的作用机制，本章同时考察了绿色资本更新、自主创新和末端治理三种可能的作用渠道。同时，本章也考察了清洁生产标准实施对企业利润的影响。

第五章对第三章理论分析中关于市场激励型环境规制绩效的理论命题进行了实证检验。具体而言，本章以中国实施已久的排污收费制度作为一项"准排污税"，模拟分析了排污税这种市场激励型环境规制手段可能对工业企业污染排放和生产率的影响，并重点考察了绿色资本更新的作用渠道，同时也进一步考察了排污费征收对企业利润的影响。

第六章进一步对第三章理论分析中关于市场激励型环境规制绩效的理论命题进行了实证检验。具体而言，本章以中国清洁发展机制（Clean Development Mechanism，CDM）项目的实施作为减排补贴的政策实践，分别从企业二氧化硫减排和生产率提升两个维度分

第一章 导论　9

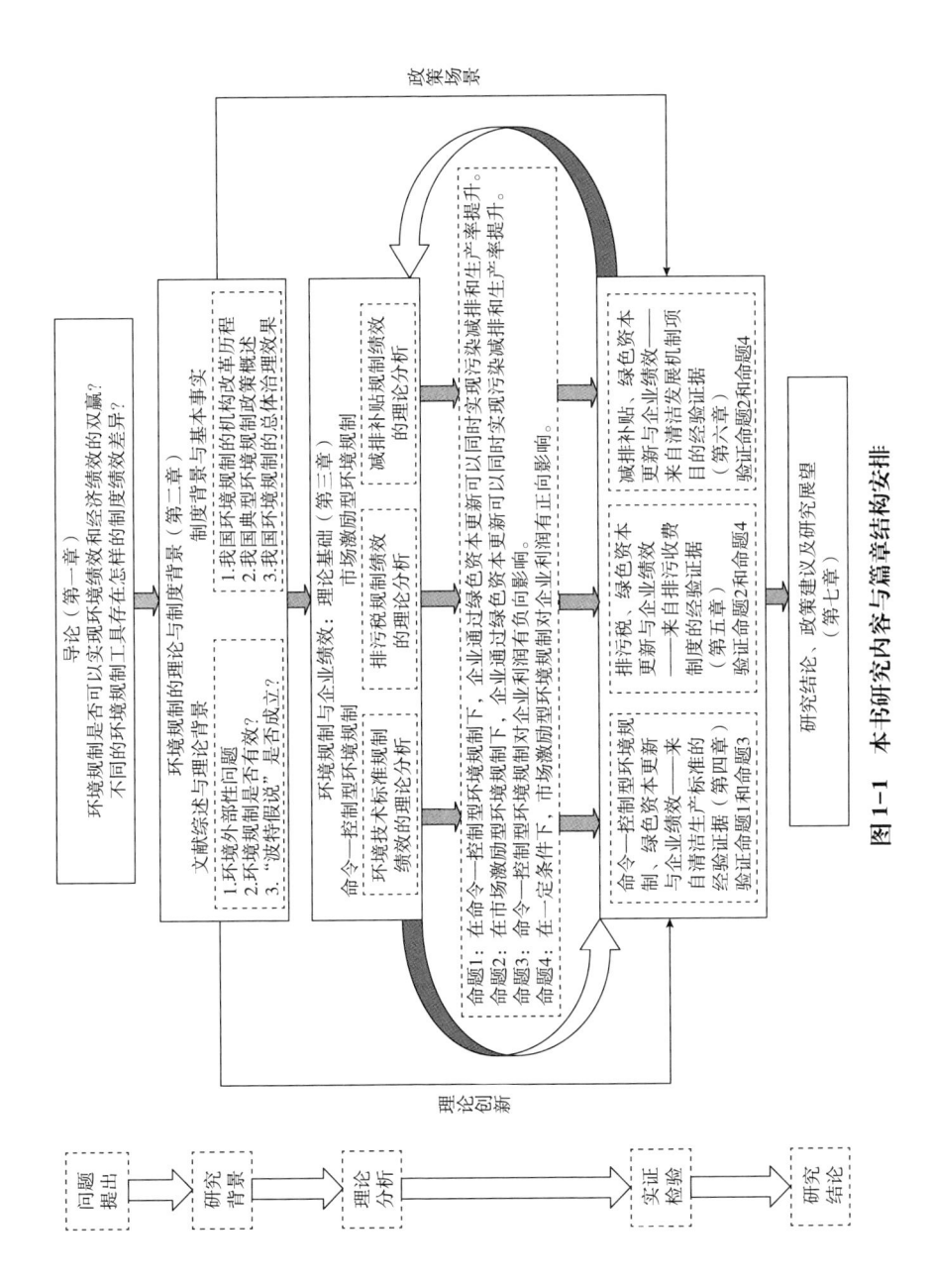

图 1-1　本书研究内容与篇章结构安排

析了 CDM 实施的环境绩效和经济绩效。由于缺乏企业层面的温室气体排放数据，本章进一步从区域层面考察了 CDM 实施产生的温室气体减排效果。在机制分析中，本章分别排除了末端治理、技术转移和自主创新等作用渠道，并将其锁定为理论模型中所揭示的绿色资本更新的作用机制。此外，本章也进一步对 CDM 的激励效果进行了分析。

第七章为研究结论、政策建议及研究展望，总结归纳全书，提炼政策建议并指出进一步研究的方向。

第四节　研究方法和数据

一　研究方法

本书采用理论分析与实证检验相结合的研究方法。

（一）理论分析方法

在考察环境规制的环境绩效和经济绩效时，我们构建了一个企业层面的、动态的环境规制响应模型，将环境技术标准、排污税和减排补贴三类环境规制手段纳入统一的分析框架。为简化分析，仅考虑稳态水平下企业对环境规制的行为响应，将市场结构设定为寡头竞争市场，并假定仅存在单边环境规制的情形。给定企业稳态水平下的目标函数及其预算约束条件，分别计算求解出在不同环境规制手段下企业各项经营绩效指标随环境规制强度变化的关系，并通过数值模拟对相关结果进行图示分析，最后得出本书的理论命题。

（二）实证检验方法

本书的实证检验旨在为理论分析中的命题提供经验证据支持。针对理论分析中关于环境技术标准的分析结论，我们利用中国清洁生产标准实施在行业层面上的政策波动构造双重差分模型并实证检验了这种命令—控制型环境规制的政策效果；针对理论分析中关于排污税的分析结论，我们利用中国排污收费制度这项"准排污税"

的政策实践构建企业层面的排污费征收强度变量，使用固定效应回归模型考察了这项市场激励型环境规制的政策效果；针对理论分析中关于减排补贴的分析结论，我们利用中国清洁发展机制项目实施在企业层面上的波动构造双重差分模型进而评估了这种市场激励型环境规制的政策效果。在具体的实证分析中，根据研究的需要我们也相继使用倾向得分匹配加权法、双向交互固定效应、将标准误聚类到更高层级等具体的计量方法。

二　数据来源

本书实证部分的数据主要源自四个方面：一是各类政策及其实施情况；二是中国工业企业数据库；三是中国工业污染源重点调查数据库；四是气候环境栅格数据。

（一）各类政策及其实施情况

第四章实证中关于清洁生产标准的政策信息来自生态环境部的官方网站，根据研究需要，也分别从国家发展和改革委员会与国家工业与信息化部的官方网站上收集了纳入清洁生产评价指标体系的行业信息，从中国政府网上收集了中国"十一五"淘汰落后生产能力计划涉及的行业信息；第五章实证中关于排污费的数据来自2004年全国经济普查数据；第六章实证分析中关于CDM项目的数据来自中国清洁发展机制网和联合国气候变化官网，包括通过国家发展和改革委员会批准的项目数据库、通过CDM执行委员会审核的中国CDM项目数据库以及全球CDM项目数据库。

（二）中国工业企业数据库

中国工业企业数据库是由国家统计局建立的一个全面反映中国工业企业生产经营状况的数据库，它的数据主要来自样本企业提交给当地统计局的季报和年报汇总。它的统计范围是中国大陆地区销售额500万元以上（2011年起为2000万元以上）的工业企业，即包括国有企业、集体企业、股份合作企业、联营企业、有限责任公司、股份有限公司、私营企业、其他内资企业、港澳台商投资企业、外资投资企业。它的统计口径包括"采掘业""制造业""电力、燃气及水的生产与供应业"三个门类，涵盖中国制造业 40 多个大产业，90 多个中类，600 多个子行业。其中，1998—2006 年的样本为全部国有工业企业以及主营业务收入在 500 万元及以上的非国有工业企业，2007—2010 年的样本为全部主营业务收入在 500 万元及以上的工业企业，2011 年及以后的样本为全部主营业务收入在 2000 万元及以上的工业企业[①]。

中国工业企业数据库主要包含了企业的基本情况、企业的财务数据和企业生产销售情况等指标。由于观测期（1998—2012 年）内行业代码在 2002 年以后发生调整，我们将 1998—2002 年的行业代码统一调整为 2002 年版《国民经济行业分类》。作为国内最权威、覆盖范围最广、分类目录较细、指标较完整、准确程度要求高的微观企业调查数据，该数据库是研究中国工业经济发展和竞争力的重要数据来源，得到国内外关注中国问题的学者的大量使用，并产生了一系列高质量研究（Hsieh and Klenow, 2009; Song et al., 2011; Brandt et al., 2012; 杨汝岱, 2015; Huang et al., 2017; 陈诗一和陈登科, 2017; 于亚卓等, 2021）。

（三）中国工业污染源重点调查数据库

中国工业污染源重点调查数据库来自生态环境部"环境统计报表制度"中工业污染源重点调查企业，这是目前国内最全面、可靠的微观环境数据库（王班班等, 2020）。自 20 世纪 80 年代以来，生态环境部在全国范围内针对主要污染物排放量占各地区全年排放总量 85% 以上的重点工业污染源实施定期调查（Zhang et al., 2018），该数据库详细记录了污染企业消耗的煤、油、天然气和水等能源资源数量，二氧化硫、氮氧化物、烟粉尘、化学需氧量和氨氮等工业

---

① 为避免对样本量的损害，我们并未对规模以上统计口径进行统一调整。实际上，我们后续将工业企业数据与工业污染源重点调查数据进行匹配，进而得到同时被生态环境部和国家统计局调查的污染型工业企业，这本身也可看作一次规模口径的调整。

废气废水排放数量以及投入的废水废气治理设施量（李鹏升和陈艳莹，2019）。作为中国环境统计年鉴和中国城市统计年鉴中环境统计指标计算和编制的基础素材，该数据库近年来才被学术界所使用。目前使用该数据进行定量分析的实证研究仍较为有限，且主要见于外文期刊（Liu et al.，2017；Wang et al.，2018；Zhang et al.，2018；Wei and Zhou，2023；Zhan et al.，2023）。

现阶段国内关于环境政策评估的研究，大多使用区域或行业层面的排污数据来考察环境规制的减排效果，抑或使用气象监控站点或卫星监控的污染物浓度指标的变化来间接反映环境规制的治理效果。显然，粗糙的区域或行业排污数据抑或间接的空气质量指标难以充分反映和揭示微观市场主体对环境规制的行为响应，从而大大减弱研究的政策建议。不同于现有研究，我们使用1998—2012年完整的工业污染源重点调查数据，全面细致地考察不同环境规制手段对企业各种污染物排放、能源使用和终端治污设备投入等指标的影响。与部分使用工业污染源重点调查数据的微观实证研究相比（李鹏升和陈艳莹，2019；陈钊和陈乔伊，2019；陈登科，2020；何凌云和祁晓凤，2022），我们使用的数据覆盖时间更长、样本量更大、考察指标更全面。

（四）气候环境栅格数据

我们也从欧盟委员会联合研究中心（Joint Research Center）和荷兰环境评估局（Netherlands Environmental Assessment Agency）联合建设的全球大气研究排放数据库（Emissions Database for Global Atmospheric Research）中收集了覆盖中国全境的温室气体排放栅格数据，并从中国科学院资源环境科学数据中心收集了中国海拔高度、气温、降水等空间地理数据等信息。

本书使用的温室气体排放数据来自全球大气研究排放数据库（Emissions Database for Global Atmospheric Research）中最新发布的温室气体数据产品v4.3.2。该数据产品包含了基于技术排放因子方法估算并进一步通过地理信息技术转换得到的0.1度×0.1度的空间栅格数据（Janssens-Maenhout et al., 2017），通过使用 Arcgis10.2 采样分析，可以从中得到 2001—2012 年覆盖中国的温室气体空间排放栅格数据。

  本书也使用夜间灯光亮度值来衡量地区的经济发展水平。夜间灯光数据是由美国空军防御气象卫星计划（US Air Force Defense Meteorological Satellite Program，DMSP）搭载的可见红外成像线性扫描业务系统（OLS）及美国新一代国家极轨卫星（Suomi-NPP）搭载的可见光近红外成像辐射（VIIRS）传感器收集所得。DMSP-OLS 时间跨度为 1992—2013 年，NPP-VIIRS 时间跨度为 2013—2020 年。由于探测器灵敏度和数据处理方式不同，两个卫星数据不具有可比性。NPP-VIIRS 探测敏感度和空间分辨率更高，所获数据更加精确。

  与传统的 GDP 统计数据相比，夜间灯光数据的优势体现在：首先，全球夜间灯光数据最大限度地消除了 GDP 统计中的人为因素，相对来说更为客观（张俊，2017）。传统的 GDP 统计数据难免有一定的采集和计算误差，还可能因地方政府追求经济发展绩效而被高估（徐康宁等，2015）。其次，夜间灯光数据不受价格因素干扰。使用传统 GDP 数据，需要用价格指数对其进行平减，而目前中国公布的区域价格指数最细只到地级市层面，基于此对县级 GDP 进行平减会产生一定误差。最后，夜间灯光数据能够反映 GDP 数据难以传递的一些信息。夜间灯光数据不仅能够反映在市场中交易的商品和服务，还包括不在市场上交易的商品和服务的价值量（Sutton and Costanza，2002），更能真实反映区域的经济发展状况，尤其是在一些数据统计质量不好的地区。因此，夜间灯光数据是一个更客观的度量经济发展水平的代理指标（Henderson et al., 2012；秦蒙，2019）。

  由于关注的政策类型、实证设计的思路、使用的研究方法等方面的差异，本书各章实证数据的样本容量、观测周期以及部分变量的构建和选择也会相应调整。

三　可能的创新点

（一）研究视角上的创新

现有关于环境规制经济红利的分析，侧重于从新技术研发和新产品开发这两种自主形式创新来阐释中间机制，而较少考察绿色资本更新这种技术引进与吸收形式的生产工艺创新的作用渠道。我们借鉴并拓展了 Xepapadeas 和 de Zeeuw（1999）提出的资本更新机制，同时在理论上和实证上对不同环境规制情形下的绿色资本更新机制进行了分析。本研究表明，在严格的环境规制下，排污企业短期内往往缺乏进行研发创新或新产品开发的动力，而单纯的末端治污无助于企业生产，仅会带来额外的治污成本。因此，对于排污企业而言，更现实的选择是绿色资本更新这种技术引进与吸收形式的生产工艺创新。我们的研究为现有关于环境规制政策评估和"波特假说"的研究提供了一个有益的分析视角。

（二）研究内容上的创新

已有关于"波特假说"的研究，侧重于实证分析，较少进行理论探讨，并且在实证分析中，较少同时对强"波特假说"和弱"波特假说"进行检验。我们不仅在理论上对不同版本的"波特假说"进行了分析，而且基于中国不同的政策实践，实证检验了强"波特假说"和弱"波特假说"各自适用的政策情景。本书的理论和实证分析结果均表明，无论是在命令—控制型环境规制下还是在市场激励型环境规制下，弱"波特假说"均成立。而强"波特假说"仅在市场激励型环境规制下成立。这一发现对推动中国环境规制体系转型和环境政策决策科学化具有重要的理论指导意义。

第 二 章

环境规制的理论与中国实践

本章分析了环境规制的相关研究进展和中国环境规制发展的现实背景。在理论背景方面，本章从环境污染的外部性问题着手，分析了环境规制的必要性并介绍了环境规制的三大类规制工具。鉴于命令—控制型和市场激励型环境规制是当前各国环境治理实践中应用最广泛的规制工具，本章重点对国内外考察二者环境绩效和经济绩效的相关文献进行回顾和评述。在制度背景方面，本章首先回顾了中国环境规制的机构改革历程；其次概述了国内典型环境规制政策；最后考察了21世纪以来中国环境规制的总体治理效果。

第一节 环境规制相关研究进展：文献综述与理论背景

作为市场机制在环境领域失灵的一种表现，污染问题直接源于环境外部性，而后者又与环境资源的公共产品属性直接相关。为治理环境污染问题，借助公共部门干预来实现外部性内部化的命令—控制型和市场激励型两大类正式环境规制工具应运而生。因此，在理论背景这一部分，本节首先讨论了环境污染的经济根源及其治理手段，以论证环境规制的必要性及其主要思路。

一 环境外部性及其治理手段：为什么以及如何进行环境规制？

作为市场失灵的一种表现，外部性可以视为某一经济主体的经济行为对其他经济主体所产生的非市场性影响（彭文斌和路江林，2017）。这一概念最早由英国著名经济学家马歇尔在1890年出版的《经济学原理》中提出。其后，庇古在1920年出版的《福利经济学》一书中对这一概念作出了更具体、更完整的分析和阐释。外部性分为正外部性和负外部性。正外部性是指行动者的活动使他人或社会受益，而受益者无须花费成本；负外部性是指行动者的活动使他人或社会受损，而造成负外部性的主体却没有为此承担代价。外部性的存在会导致市场失灵，为了解决外部性问题，政府可以采取不同的公共政策，如管制、矫正税、补贴、可交易的污染许可证等。这些政策的目的是使外部性内在化，即让行动者做出决策时考虑到自己的行为会带来的社会成本或社会收益，从而实现资源的有效配置。围绕外部性问题，学者进行了丰富的探讨（Liebowitz and Margolis，1994）。21世纪以来，随着全球生态环境的恶化和公众环保意识的觉醒，环境外部性问题正成为一个颇受关注的研究领域（Tan-Soo et al.，2018；Coria et al.，2021）。

（一）环境外部性：环境污染的经济根源

环境污染主要是指人类活动产生的污染物或污染因素排入环境，超过了环境容量和环境的自净能力，使环境的构成和状态发生了改变，环境质量恶化，影响和破坏了人们正常的生产和生活条件（沈满洪，1997）。由于环境资源具有非排他性和非竞争性的公共产品属性（Hanley et al.，2016），环境污染及其治理具有很强的外部性，它表现为私人成本与社会成本、私人收益与社会收益的不一致（Fisher and Peterson，1976；杨瑞龙，1995）。

一方面，环境资源的"无产权"性质导致任何个体和企业都可以无成本、不受限制地使用（Ambec and Lanoie，2008），尽管这会带来较大的社会成本，但也意味着市场主体可以破坏环境以实现自身利益的最大化，却无须为其行为付出代价，这样就产生了负的外部性，使市场主体对自然环境资源的消耗量和污染水平高于社会最优水平（Pigou，1920）。根据产权是否可分割，张敏和姜学民（2002）将环境资源划分为可分割资源与不可分割资源两大类，并认为环境污染主要是由产权无法明确分割到个人的不可分割资源的负外部性导致。

另一方面，由于良好的生态环境诸如新鲜的空气、清洁的水和美好的自然风光等在技术上很难排除其他人在不付费的情况下参与消费，而且一方的使用并不损害他人的使用（李雪松和孙博文，2014），这意味着环境治理是一种正外部性很强的公共产品，改善环境的社会收益远远大于个人收益。尽管通过环境治理带来的生态环境优化的好处将被所有人享受到，但是并非所有人都乐意为之付费，从而容易产生"搭便车"问题（沈满洪，1997）。"搭便车"问题的存在，将抑制环境保护者的环保积极性，导致环境治理这项公益性服务供给严重不足。

从博弈论的角度分析，外部性的存在使人们按照自身利益最大化的原则自由利用环境资源，从而出现"囚徒困境"。环境外部性问题，反映了人类社会的一个内在矛盾，即个人理性与集体理性、个人最优与社会最优的不一致（李雪松和孙博文，2014）。由于外部性的存在，价格机制在环境问题上不能有效发挥作用，从而出现"市场失灵"，即为环境污染的经济根源。

（二）矫正环境外部性：环境规制工具的类别和特点

由于存在外部性，单纯依靠市场本身并不能有效解决环境问题。经济学家围绕如何将环境外部性内部化到市场主体的成本收益中作了众多有益的探索（Pigou，1920；Coase，1960），其主要思路在于借助公共部门的干预，采取各种行政或市场化手段来减少私人成本（收益）与社会成本（收益）的差异，进而使环境污染控制在社会最优水平上。相应的环境规制工具总体上可归为命令—控制型和市场激励型两大类。

命令—控制型环境规制强调利用行政权力直接规制市场主体行为，强化污染环境的法律责任和违法后果，注重制裁惩罚、事后矫正、威慑高压，具有强制性、稳定性、单向性和法治性（Silberman，2000），其具体手段包括各种排污标准、污染物浓度标准和环境技术标准、使用限制以及包括直接罚款、整改和关停等在内的各种致力于改善环境的行政制裁和命令等（杨洪刚，2009）。作为目前全球范围内应用最广泛的环境规制工具，命令—控制型环境规制在环境治理方面见效快、可靠性强，但因其对所有市场主体"一刀切"的环保执法模式，难以做到因势利导并存在高成本、低效率的弊端（Holley et al.，2012）。

市场激励型环境规制侧重于运用价格信号、竞争机制和供求规律来引导市场主体的生产决策行为，激励其更高效地减排，从而使整体的污染水平得到有效控制（张锋，2018），具体的政策工具包括环境税费、补贴、押金返还和排污权交易制度等（孙鳌，2009）。这类环境规制工具赋予市场主体一定程度的选择和行动自由，为企业选择经济节约的污染控制技术提供了较强的激励，具有执行成本较低、减排效果相对持久的优点（Khanna，2001）。不足之处在于，对良好的制度设计较为依赖并且治污效果存在一定的时滞（Holley and Sinclair，2012）。由于受到庇古税（Pigou，1920）和科斯定理（Coase，1960）的理论支撑，该类环境规制工具近年来在全球环境治理的实践中正得到越来越多的应用。

20世纪90年代以来，随着公众环保意识的觉醒和环境主体责任感的增强，一种新的强调环境自治的非正式环境规制工具开始在西方发达国家兴起（楼苏萍，2012），即公众参与型环境规制（也称为自愿协商型环境规制）。它主张通过环境信息披露、自愿环境协议、环境标志与环境管理体系、技术条约、环境网络等形式来促进公众参与和环境共治（Holley et al.，2012）。尽管这类环境规制工具可以发挥公众环境保护的主观能动性，有助于节省环境治理的社会成本，但是高度依赖公众的自主、自觉和自律，不具有强制性，以致这类规制工具发挥效力的时滞较长（张小筠和刘戒骄，2019），容易流于形式（Raeymaeckers and Kenis，2016）。

二　环境规制的环境绩效：环境规制是否有效？

作为全球环境治理实践中的主流规制工具，命令—控制型和市场激励型环境规制的减排效果受到大量学者的关注。本节重点回顾关于这两类正式环境规制工具政策效果的研究。同时，鉴于"污染避难所"假说的成立与否直接影响到环境规制的环境绩效，本章也梳理了这方面的经验研究。

（一）命令—控制型环境规制的减排效果

1. 基于固定源的命令—控制型环境规制效果

大量研究基于各国的政策实践和宏微观数据对命令—控制型环境规制工具的减排效果进行了考察（Escobar and Chavez，2013；Keiser and Shapiro，2019）。其中，相当部分研究将目光聚焦于针对固定源污染的环境规制手段。Greenstone 和 Hanna（2014）考察了印度最高法院行动计划和国家河流保护计划这两项分别致力于改善城市层面空气质量和水质量的命令—控制型环境规制的政策效果。研究发现，前者有助于改善空气质量并因此降低婴儿死亡率，而后者并无明显的治理效果。Duflo 等（2013）基于印度古吉拉特邦的一项随机干预试验发现，对排污工厂进行随机的环境审计有助于改善命令—控制型环境规制的环境绩效。随着印度司法机构环境行动主义的兴起，Do 等（2018）基于印度最高法院对印度史上第一起环境公益诉讼的裁决发现，这项法案改善了水质，并且对水质污染和健康的影响会持续至少 10 年。基于 1991 年墨西哥市一家高污染炼油厂关闭的政策实验，Hanna 和 Oliva（2015）研究发现，强制关停炼油厂使其周围 5 千米范围内的二氧化硫浓度水平减少了 20%。基于智利圣地亚哥市 1997 年实施的一项环境应急行动预案，Troncoso 等（2012）同样发现了命令—控制型环境规制的减排效果。作为美国国内最具影响力的命令—控制型环境规制政策，美国《清洁空气法》

及其修订案（CAAA）的政策效果备受学界关注（Greenstone，2004；Chay and Greenstone，2005），大量实证研究揭示了 CAAA 抑制空气污染的有效性（Grainger，2012；Sanders and Stoecker，2015；Isen et al.，2017）。

上述研究均是考察国外的命令—控制型环境规制的减排效果。实际上，作为全球最大的发展中国家和转型经济体，中国的环境治理高度依赖命令—控制型环境规制工具，并在实践中产生了大量富有创造性的政策抓手，其政策效果受到国内外学者的广泛关注（Tanaka，2015；Liu et al.，2017；Wang et al.，2018）。如 Chen 等（2018）实证检验了"两控区"设立对城市层面二氧化硫排放的影响，Kahn（2015）和 Fan 等（2019）分别考察了"十一五"减排计划对中国行政边界地区河流水质和制造业企业水污染排放的影响，沈洪涛和周艳坤（2017）与王岭等（2019）分别分析了中央环保约谈和环保督察行动对地方空气污染治理的作用，罗知和李浩然（2018）评估了"大气十条"的政策效果，卢佳友等（2021）研究了"水十条"政策对工业水污染强度的影响。上述研究均提供了命令—控制型环境规制有助于改善环境绩效的经验证据。部分学者也考察了针对奥运会（Wang et al.，2014；He et al.，2016）、APEC 会议（刘建国等，2015）等重大事件的应急环保行动的影响，研究发现这些政策仅具有短期的减排效果。此外，随着全球新冠疫情的流行，部分学者基于新冠疫情期间采取的封控管理研究了应急管理措施与空气质量之间的关系（He et al.，2020；Dang and Trinh，2021；Blackman et al.，2023），发现减少交通与行业活动是快速有效改善空气污染的措施。

2. 基于移动源的命令—控制型环境规制效果

不少研究也考察了针对移动源污染的命令—控制型环境规制的减排效果（Kathuria，2002；Oliva，2015），但关注的规制手段集中于基于车牌的驾驶限制（Eskeland and Feyziouglu，1997；Blackman et al.，2018）。Davis（2008）使用断点回归设计方法（Regression

Discontinuity Design，RDD）考察了墨西哥市1989年实施的一项私家车限行计划的政策效果。研究发现，针对车牌号的驾驶限制并没有实现预期的减排效果，工作日的空气污染水平不降反升。基于同样的政策实验，Gallego 等（2013）考察了命令—控制型环境规制对二氧化碳浓度的影响。他们的研究表明，政策仅具有短期的减排效果。通过考察哥伦比亚波哥大市私家车限行政策变动的影响，Bonilla（2019）发现，后期政策分别导致燃料消费、车辆保有量和早高峰时段污染水平的增加。然而，基于厄瓜多尔基多市的一项驾驶限制政策，Carrillo 等（2016）发现了明显的政策减排效果，并将其归功于严格的环境执法、公共交通的替代、购买额外私家车的高成本和政策是否持续的不确定性。Gehrsitz（2017）考察了德国许多城市开展的一项限制不同排放等级的机动车出入"低排放区"的污染控制政策的实施效果。研究发现，这项政策在降低当地 PM10 方面具有一定的效果，同时减少了城市超过污染警戒线的极端天气天数，但其空气改善效果较弱，因此并未对婴幼儿出生体征指标产生明显效果。基于同样的政策，Pestel 和 Wozny（2021）考察了更长时期的环境效应与健康效应，他们的研究发现，城市空气质量得到了提升，同时空气质量的改善通过减少循环系统和慢性呼吸道疾病作用于人口的健康效益。利用智利圣地亚哥的政策实践，De Grange 和 Troncoso（2011）也揭示了交通管制有效的经验证据。Rivera（2021）使用模糊断点回归方法评估了智利圣地亚哥空气质量警告触发的临时驾驶禁令的有效性。结果表明，这项禁令在高峰时段减少了6%—9%的汽车出行，并减轻了高峰时段的空气污染。为改善奥运会期间的空气质量，2008年北京出台了一系列基于车牌号的车辆驾驶管制计划，包括在奥运会期间对机动车实行单双号限行措施，在奥运会结束后政策放宽为每周停驶一天并持续到2009年4月10日。部分经验研究评估了这项交通管制计划的政策效果。Sun 等（2014）进一步考察了奥运会结束后实施的"一周一天"限行计划的政策效果。研究发现，尽管该政策有效提高了北京的交通速度，但在抑制 PM10

浓度方面作用甚微。通过使用不同的估计方法和污染数据，Viard 和 Fu（2015）与 Lu（2016）实证发现，"一周一天"交通管制计划有效改善了北京城市空气质量。

从现有研究来看，无论是基于固定源还是移动源的命令—控制型环境规制，在各国的政策实践下大多取得了较好的减排效果。特别是在中国，由于中央政府的高度重视，加之政府对市场主体的监管和干预能力较强，命令—控制型环境规制的减排效果十分明显。从政策效果的持续性和确定性来看，基于固定源的命令—控制型环境规制一般为中长期政策且留给受规制对象的政策规避空间较小，其政策的持续性较好、不确定性较低。相较之下，基于移动源的命令—控制型环境规制大多为短期的交通限行政策，并主要针对特定尾号的私家车，其政策效果往往不具有持续性且容易因私家车主的政策规避而产生适得其反的效果。从研究广度和深度看，前者无疑受到学界更多的关注，并产生了众多高质量研究成果，而针对后者的研究仍主要限于考察交通限行政策的短期空气污染效应及其引致的健康效应，缺乏与其他政策（如汽油中污染浓度标准、新能源汽车补贴政策等）效果的交互分析，似乎也忽略了除私家车以外其他移动交通工具的分析。

（二）市场激励型环境规制的减排效果

目前，关于市场激励型环境规制绩效的研究集中于探讨环境税（费）和排污权交易制度两类规制工具的减排效果。理论上，二者均有助于推动减排（Pigou，1920；Coase，1960），但由于偷税（Liu，2014）、非正式经济（Bento et al.，2018）和政府监管能力（Blackman，2009）等因素的差异，环境税（费）和排污权交易制度在实践中的减排效果并不十分明确。

1. 排污权交易制度的减排效果

由于覆盖全球最大的碳排放市场，欧盟碳排放交易体系（European Union Emissions Trading System，EU ETS）的减排效果受到国外学者的广泛关注（Ellerman et al.，2010）。通过使用计量回归和反事实分析，Ellerman 和 Buchner（2008）估计，2005—2007 年由 EU ETS 实现的减排量大约在 1.2 亿—3.0 亿吨二氧化碳当量。基于动态面板数据模型，Anderson 和 Di Maria（2011）估计，EU ETS 在 2005—2007 年实现的碳减排总量约为 2.47 亿吨。其中，激增的 0.73 亿吨碳减排量是由于对未来的政策不确定而产生的。鉴于国际金融危机不仅影响了欧盟各国的工业生产，也影响了其污染排放和碳排放交易体系，EU ETS 在 2008 年以后的政策效果可能具有明显的时间异质性。有研究表明，2008 年欧盟碳排放量相较于 2007 年减少了 3.00%。其中，40%的减排可以归因于 EU ETS 的作用，大于工业产出下降的作用。Anderson 等（2023）构造了一个反事实来估计澳大利亚加入 EU ETS 的碳排放，结果表明，如果澳大利亚在 2005 年采用了类似于 EU ETS 的碳排放权交易政策，会导致澳大利亚人均碳排放显著减少，但幅度很小，微不足道。

在区域性排污权交易的制度绩效研究方面，Schmalensee 等（1998）评估了美国二氧化硫排污权交易项目的政策效果并发现显著的环境红利。研究发现，二氧化硫排污权交易项目使得美国 2015 年的二氧化硫排放量相较于 1990 年的水平减少了 87%。然而，Evans 和 Woodward（2013）指出，尽管该政策实现了二氧化硫减排，但由于其内在缺陷而并不具有可持续性。Deschênes 等（2017）评估了美国一项覆盖约 2500 家发电厂的氮氧化物排污权交易项目的政策效果。研究发现，该项排污权交易制度使每家发电厂夏季的氮氧化物减排量高达 3.91 万—5.21 万吨，这相当于夏季平均臭氧浓度减少了约 6%。Fowlie 等（2012）考察了美国南加州一项始于 1994 年并覆盖 392 家工业氮氧化物和二氧化硫污染源的区域性排污权交易制度的效果。研究发现，在该制度实施后的前十年，相对于未受该制度影响的工业污染源，受该制度影响的工业污染源，其氮氧化物排放量减少了 20%。基于智利圣地亚哥市 1997 年设立的空气污染物排污权交易项目，Coria 和 Sterner（2009）分析发现，项目实施后排污量明显减少。

2002年，中国江苏省率先推行二氧化硫排污权交易制度，2007年政策试点范围进一步扩大到11个省份。国内不少学者对这一政策试点效果进行了评估（沈满洪和杨永亮，2017；曹静和郭哲，2019）。李永友和沈坤荣（2008）以2002年为政策时间节点，基于1994—2006年省级工业污染排放数据实证发现，中国二氧化硫排污权交易制度在地方的试点效果并不显著。Shin（2013）将之归因于试点地区并没有真正将二氧化硫排污权交易制度化。然而，当以2007年作为政策时间节点进行双重差分估计时，李永友和文云飞（2016）发现，二氧化硫排污权交易试点政策具有显著的减排效果。而傅京燕等（2018）的研究表明，尽管试点政策促进了地方绿色发展，但作用甚微。黄向岚等（2018）评估了中国2011年10月以来在6个省份实施的碳排放权交易试点的政策效果。研究发现，这项政策试点通过降低能源消费总量和调整能源消费结构对试点地区的二氧化碳产生了显著的减排效果。张彩云（2020）基于2002—2013年中国地级市的面板数据评估了排污权交易制度的就业红利与环境红利。研究发现，排污权交易制度的实施提高了就业水平，但未能实现环境红利。但如果同时实施总量控制政策与排污权交易制度，可以实现就业与环境的双重红利。斯丽娟和曹昊煜（2021）的研究表明，排污权交易试点政策显著降低了污染物的排放，并且不会明显阻碍工业发展。

2. 环境税费的减排效果

大量经验研究使用行业或国家层面的二氧化碳排放数据来评估碳排放税的政策效果（Elgie and McClay，2013；Rivers and Schaufele，2015；Andersson，2019）。限于数据的可得性，基于更细致的企业层面的温室气体排放数据的经验研究则十分匮乏，目前仅发现Martin等（2014）和Ahmadi（2022）这两篇文献。

Martin等（2014）基于英国2001—2004年制造业部门的微观企业调查数据，考察了英国气候变化税（Climate Change Levy，CCL）对企业能源使用和碳排放的影响。通过利用碳税优惠资格的外生差异作为工具变量，他们发现，CCL 通过减少企业用电使企业能耗强度减少了约 18%，这一节能效果对能源密集型企业更显著，从而显著减少了企业碳排放量。Ahmadi（2022）基于加拿大不列颠哥伦比亚省 2004—2012 年覆盖 2 万多家企业的微观调查数据，使用双重差分和三重差分估计方法评估了碳排放税的政策效果。双重差分估计结果表明，碳排放税使得企业碳排放量减少了 8%，并在统计下显著。当使用更严格的三重差分方法进行估计时，碳排放税对企业碳排放量的减排效果不再显著，但使企业的碳排放强度显著减少了 7%。他们认为，上述效果与碳排放税的税收中性有关。

部分经验研究基于微观企业数据考察了针对其他空气污染物的排污税的减排效果。Millock 和 Nauges（2006）基于法国化工、焦炭和钢铁行业 226 家工厂的调查数据，考察了一项针对四种空气污染物的排污税的政策效果。研究发现，排污水平与排污税显著负相关。根据空气污染物种类和行业属性的差异，相应的弹性系数从 -0.21 减少到 -2.67。针对瑞典实施的一项可退税的氮氧化物税，Isaksson（2005）基于 114 家燃烧厂 1990—1996 年微观调查数据实证发现，该项排污税以较低的成本实现了显著的减排，Sterner 和 Turnheim（2009）将之归因于先进治污技术的创新和扩散。Ancev 等（2012）考察了澳大利亚新南威尔士州实施的一项基于污染负载量的排污许可制度的减排效果。研究发现，这种形式的"庇古税"并未能有效减少排污者的氮氧化物排放量。当考察样本限定为发电企业时，Contreras 等（2014）发现，该政策也未能显著减少氮氧化物、颗粒物和细颗粒物的排放强度。Gugler 等（2023）基于英国发电厂 2012—2016 年每小时的二氧化碳排放数据发现，英国电力部门于 2013 年引入的碳税导致二氧化碳排放量显著下降。

鉴于更严格的环境规制将直接或间接提高能源价格，不少研究通过考察能源价格和能源需求二者的关系来间接考察碳税或能源税的减排效果。这方面的研究往往基于各国跨行业的面板数据并建立要素需求模型来测算能源的需求价格弹性（Arnberg and Bjørner,

2007）。Woodland（1993）、Nguyen 和 Streitwieser（1999）以及 Bjørner 等（2002）分别测算了澳大利亚企业、美国企业和丹麦企业的能源需求价格弹性，估计值大致位于-0.38—-0.40。Haller 和 Hyland（2014）与 Bardazzi 等（2015）针对爱尔兰和意大利的估计值分别为-1.50 和-1.13。近期的研究中，Chindarkar 和 Goyal（2019）使用家庭微观数据测算了印度 2005—2015 年的住宅电力价格弹性，国家层面的平均价格弹性为-0.39，不同的收入群体之间存在异质性。Balarama 等（2020）基于家庭层面的面板数据，评估了孟加拉国不同类型城市家庭的电力需求价格弹性，研究发现城市和农村住宅电力需求的价格弹性分别为-0.23 和-0.28。Liddle 等（2020）估计了 1996—2014 年 26 个非经济合作与发展组织（Organization for Economic Co-operation and Development，OECD）国家中等收入群体的能源需求价格弹性，研究发现，能源价格弹性为正并且很小。

关注中国环境税费政策效果的经验研究，大多将目光集中在始于 1982 年的排污收费制度上（Lin，2013）。部分研究对中国排污收费制度的减排效果提出了质疑。彭昱（2013）、朱小会和陆远权（2017）指出，由于收费标准偏低，中国以往的排污收费制度未能有效减少污染排放。涂正革等（2019）基于 2004—2014 年省级经济环境数据和沪深股市上市工业企业数据，定量评估了中国自 2007 年以来逐步实施的工业二氧化硫排污费征收标准改革的制度绩效。研究发现，整体而言，排污费标准调整并未对区域层面的二氧化硫排放产生显著的减排效果。也有不少研究提出了排污收费制度有效的证据。Jiang 和 McKibbin（2002）与 Jin 和 Lin（2014）分别基于 1992—1996 年和 1992—2008 年省级层面的数据实证发现，中国排污收费制度的收费率显著降低了排污强度。当使用企业面临的监管机构数量和人均投诉量衡量排污收费的有效费率时，Wang 和 Wheeler（2005）发现，有效费率提高 1 个百分点，水污染和空气污染排放量分别减少 1.00% 和 0.65%。基于 1000 家大中型工业污染企业的微观数据，Wang（2002）考察了中国排污收费制度对企业减排支出的影响。研究发现，企业末端废水处理支出与排污费显著正相关。利用同样的政策实验和省级面板数据，郭俊杰等（2019）的研究也提供了支持性证据。陈诗一等（2021）使用2004—2013年工业企业污染数据考察排污费提高的污染减排效应。研究发现，排污费提高后，污染排放显著下降。

3. 清洁发展机制的减排效果

作为《京都议定书》下一项致力于推动南北国合作减排的市场型减排机制，CDM的减排效果受到国内外学者的大量关注。已有关于CDM的研究主要是基于CDM项目设计文件（Project Design Document，PDD）的定性分析（Nussbaumer，2009）或者理论分析（Strand，2011），只能解释项目实施前预计的减排效果，难以揭示CDM项目实施给地区带来的因果影响。近年来，关于CDM项目减排效果的实证研究也并未得出一致结论（Zhang and Wang, 2011; Strand and Rosendahl, 2012; Jaraitė et al., 2022）。国外大量学者围绕CDM项目减排的政策效果进行了探讨。Lewis（2010）认为，CDM极大推动了中国可再生能源项目的开发进而减少了温室气体排放，尤其对中国电力系统的低碳转型作用明显。Huang和Barker（2012）基于80个CDM项目东道国1993—2009年的面板数据实证表明，CDM有效减少了东道国二氧化碳排放量。Lim和Lam（2014）基于马来西亚的CDM项目分析得出，CDM促进了马来西亚能源部门的温室气体减排。其中，生物质能项目的减排效果尤其显著。然而，部分学者对CDM减排的政策效果提出了质疑（Schneider，2011），主要的批判集中于CDM项目减排效果的"额外性"识别问题上（Bakker et al., 2011），因为无法证明观测到的减排效果来源于CDM而非其他替代性政策或外部冲击。此外，不少研究也考察了CDM对推动东道国可持续发展（Subbarao and Lloyd, 2011; Marin, 2014）和低碳技术扩散（Schneider et al., 2008; Freitas, 2012）等方面的影响。

国内关于 CDM 的研究相对较少，且主要是对 CDM 的理论探讨和定性分析，诸如中国开展 CDM 项目的现状对策分析（荣芳，2010）、对 CDM 的法律机制及相关风险考察（龚微，2011；漆雁斌等，2014；李媛媛，2015）以及 CDM 与排污权交易问题的探讨（唐跃军和黎德福，2010；雷立钧和荆哲峰，2011；安崇义和唐跃军，2012）。而针对 CDM 项目减排效果的经验研究十分匮乏，仅有的研究（王哲和肖志远，2009；李飔，2010）也均是对具体能源项目减排的个案评估。

综上可知，基于庇古税和科斯定理的市场激励型环境规制在实践中的减排效果波动较大，这可能与具体的制度背景、政府执行能力以及研究关注的时间长度有关（Shimshack，2014；Gollata and Newig，2017）。从规制对象来看，排污权交易制度似乎更主要用于解决具有全局效应的温室气体排放问题，而环境税（费）则更多应用在仅具有本地效应的常规空气污染物排放问题上。鉴于前者往往涉及跨区域或跨国度的政策协调，较之于环境税（费）而言，排污权交易制度的政策不确定性似乎更大。从现有研究来看，目前关于市场激励型环境规制的经验研究仍主要基于发达国家的政策场景进行政策评估，相较于大多处在环境库兹涅茨曲线右侧的发达国家而言，位于该曲线左侧的发展中国家所面临的经济发展与环境保护之间的两难选择更明显，政策的不确定性也随之增大。因此，对于理论界而言，未来有必要把更多精力放在如何提升市场激励型环境规制在发展中国家的政策适用性问题上。

（三）"污染避难所"假说

"污染避难所"假说（Pollution Haven Hypothesis，PHH，国内也翻译为"'污染天堂'假说"），最先由 Copeland 和 Taylor（1994）提出。该假说认为，在开放经济和自由贸易条件下，发达国家或地区更严格的环境规制将驱使污染性经济活动向环境规制更宽松的欠发达国家或地区转移（Matthew and Kahn，2004），从而降低生产成本和避免环境法规的约束，其结果是后者成为前者的"污染避难所"。鉴于全球绝大多数环境规制政策均是区域性的政策实践或在地区间存在规制强度的差异,如果该假说成立,这意味着环境规制的效果将大打折扣。因为即使受规制地区产生了显著的减排效果,但是考虑到污染性经济活动的迁出,其他地区的污染可能加剧,这显然不利于全国或全球等整体范围内的环境治理。考虑到该假说的现实含义,国内外学者对其进行了大量的实证检验。

1. 国外相关研究

最初关于污染转移的研究主要是在国家层面展开,关注的是发达国家向发展中国家的污染转移。由于发达国家环境规制更为严格,发展中国家环境规制相对较弱,导致发达国家的污染性产业向发展中国家转移,使发展中国家沦为"污染避难所"(Kellenberg,2009)。Hanna(2010)发现,美国的清洁空气法案增加了跨国企业在国外的投资和生产,但对于受到该法案严格规制的企业并未显著增加其在发展中国家的投资。Kheder 和 Zugravu-Soilita(2012)运用经济地理学模型分析环境规制对于企业区位选择的影响。结果显示,一部分国家在接受法国投资的同时呈现出"污染避难所"效应。Chung(2014)通过调查2000—2007年121个行业中50个东道国的韩国FDI流出模式发现,环境规制相对宽松的国家在污染行业吸引的韩国外国直接投资比非污染行业更多。Millimet 和 Roy(2016)使用美国各州的数据发现,在控制了其他州的影响后本州的环境规制显著限制了污染性行业的外商资本流入。Zhang 等(2017)使用多区域投入产出分析的方法从全球生产分割的视角探讨了"污染避难所"效应。文章发现,全球生产分割导致了碳排放的空间转移,在全球价值链中,发达国家通过外包高污染的生产环节,将部分碳排放转移给了发展中国家。Sapkota 和 Bastola(2017)使用1980—2010年的14个拉丁美洲国家数据研究外国直接投资(FDI)对污染排放的影响。研究发现,FDI显著地增加了拉丁美洲国家的污染排放,其中低收入国家和高污染行业受到FDI的影响更大。Campos-Romero 等(2023)使用2000—2014年欧盟(European Union,EU)28个成员国的数据实证检验欧盟内部是否存在"污染避难所"现象，结果表明环境规制较弱的国家在全球价值链（Global Value Chains，GVCs）中的后向参与程度较高，欧盟内部存在"污染避难所"现象。

然而，也有学者提出不一样的证据。一方面，污染性行业往往也是资本密集型行业，污染性行业对所在地要素禀赋的依赖可能减弱其他国家更宽松的环境政策对其的吸引力。因为与 FDI 区位决策中的经典决定因素（如传统的生产要素成本、税率差异、东道国的市场规模、汇率风险、贸易障碍和市场力等）相比，环境规制的遵从成本并不是大多数私营企业的关键成本因素。Eskeland 和 Harrison（2003）检验了四个发展中国家的"污染避难所"效应，文章发现外国投资进入高污染行业的倾向性并不强，因为投资者在选择投资地点时还会考虑除环境规制成本之外的其他因素。Duan 等（2021）通过构建一般均衡贸易模型对国际贸易、环境和环境规制之间的相互作用进行了系统评估。研究发现环境政策对贸易的作用甚微，尽管影响了污染排放，因为全要素生产率和贸易成本这些经典因素在很大程度上决定了贸易的演化。Dean 等（2009）利用中国的企业合资项目数据评估外国投资者是否会被低环境标准所吸引。研究发现，只有来自港澳台的投资者在高污染行业中表现出污染避难的行为，而来自其他国家的投资者则没有显著的变化。Dasgupata 等（1998，2000）发现，中国大型工业企业二氧化硫污染的控制成本仅为每吨几美元，即使污染控制率上升到 70% 以上。基于发达国家企业层面数据的各种研究还发现，加强环境规制导致的全要素生产率下降通常保持适度（Gray，1987）。这表明污染控制成本差异并不能为发达国家企业的海外迁移提供足够的动力（Jaffe et al.，1995）。

部分研究试图通过揭示流向发展中国家的外商投资具有更清洁的环境绩效即存在"污染光环"效应，来反驳"污染避难所"假说。Mielnik 和 Goldemberg（2002）实证发现，跨国公司的直接投资可以促使当地低效企业改变产业结构、进一步研发绿色技术，从而提高生产力水平。Girma 等（2004）也认为，跨国公司在东道国投资或设立分支机构，有助于推动清洁技术扩散。Albornoz 等（2009）发现，相对于本国公司而言，外资公司的环境管理制度更健全，通过与地方政府的沟通与交流有助于推动地方政府采纳其相对先进的环境管理制度。Zugravu-Soilita（2017）的研究发现 FDI 对污染排放同时存在"污染避难所"效应和"污染光环"效应，当资本密集度低于平均水平且环境规制不太宽松的国家，"污染光环"效应占据主导。Xiahou 等（2022）使用了 2180 个煤炭电厂的数据集探讨外国投资对亚洲燃煤电厂环境绩效的影响。研究表明，外资燃煤电厂比本土燃煤电厂效率更高，排放量更低，推动外资燃煤电厂降低排放的主要机制是更好的技术。

2. 国内相关研究

得益于近年来国内密集出台的环境政策，大量国内学者对环境规制是否造成区域间的"污染避难所"效应进行了检验。魏玮等（2011）基于省级面板 Poisson 模型进行了实证分析，通过引入环境规制，验证了"污染避难所"假说。何龙斌（2013）分析了国内高污染产业的区域转移路径。研究发现，东部及中部地区选择将产业转移至西部地区。董琨和白彬（2015）的研究也表明了环境规制强度较弱的中西部地区成为了环境治理成本较高的东部地区的"避难天堂"。Cai 等（2016）利用中国政府于 1998 年实施的"二氧化硫控制区"政策评估环境规制对外国公司投资的影响，研究发现更严格的环境规制会导致外国直接投资减少，并且环境规制越宽松的国家其外资受中国环境政策的负面冲击更大。沈坤荣等（2017）研究也揭示出，确实存在环境规制引发污染就近转移的现象。利用中国"十一五"规划中关于化学需氧量和二氧化硫减排目标的区域和行业差异构造自然实验，Wu 等（2017）和 Chen 等（2018）实证发现，严格的环境规制推动污染性生产活动更多向环境规制较为宽松的西部和长江上游地区转移。Shi 和 Xu（2018）基于中国"十一五"规划的政策背景评估了环境规制对企业出口的影响，研究发现，在污染程度较高的行业，更严格的环境规制降低了企业出口的可能性和出口规模。Fan 等（2019）的研究也表明，环境规制更宽松的地区新注册企业数量和注册资本更多。宋德勇等（2021）手工收集了企业集团数据，实证检验企业集团内部是否存在"污染避难所"效应。研究发现，企业集团内部不同的企业面临不同的环境规制时，内部存在生产由环境规制强的企业转向环境规制水平更低的企业。潘郭钦等（2023）构建了中国超过 25 万家 1998—2008 年成立的规模以上工业企业选址处的主导风向以及沿主导风向到省级边界距离的数据，以"两控区"政策为准自然实验考察了污染企业在面临环境监管时的策略性规避行为。研究发现企业在面临更严格的环境规制时，有激励选择边界相邻地区的下风口来规避惩罚。

部分研究考察了环境规制对产业转移的异质性效应。金春雨和王伟强（2016）发现，就全国整体而言，环境规制与 FDI 呈显著负相关关系，"污染避难所"假说是成立的，并且相邻地区间环境规制行为存在明显的"逐底效应"；环境规制效果在中国不同区域具有较强的异质性，在西部地区"污染避难所"假说显著成立，在东部地区却支持"污染光环"假说。一些学者也提出了不一样的观点。如罗云辉（2017）基于中国 2002—2015 年 18 个工业产业省际面板数据实证发现，对于省区一级政府，环境规制的强弱与否并不构成地区吸引产业转移的比较优势来源。张成等（2017）的研究表明，尽管西部地区的环境规制强度、市场化程度和公众环保意识传导的"污染避难所"促进作用，让西部地区具备成为污染者"天堂"的可能，但西部地区相对较低的劳动产出效率起到了更明显的"污染避难所"抑制作用，最终导致西部大开发战略并没有使西部地区沦为"污染避难所"。Liu 等（2021）使用了 2007—2016 年 29 个中国省级层面面板数据进行实证分析，研究发现，"污染避难所"效应在不同强度的环境规制下存在异质性，环境规制越弱，"污染避难所"效应越强。

也有学者提出了"污染光环"效应的证据。张宇和蒋殿春

（2013）发现，外资企业的进入同时具备"污染避难所"论和"污染光环"论的双重特征，在引起中国产业结构向高污染行业转移的同时显著促进了当地和其他地区的环保技术应用；同时外商直接投资在弱化邻近地区的环境规制的同时对当地的环境规制起到明显的强化作用。李小平和卢现祥（2010）基于中国 20 个工业行业与 G7 和 OECD 等发达国家的贸易数据实证发现，从发达国家向中国转移的产业并不仅仅是污染性产业，同时也向中国转移了"干净"产业。通过国际贸易能够减少工业行业的二氧化碳排放总量和单位产出的二氧化碳排放量。因此，该文认为，中国并没有通过国际贸易成为发达国家的"污染天堂"。霍伟东等（2019）基于 2004—2016 年城市面板数据实证分析了外商直接投资对污染的影响。文章将外商直接投资的创新溢出效应分解为生产型和生态型两个方面，在经济发展初期以生产型创新溢出效应为主，因此会加剧污染；进入经济发展转型时期后，生态型逐渐占据主导，具备"污染光环"的特征。

不难发现，针对"污染避难所"假说，目前学界并未达成有效共识。内生性和遗漏变量问题可能是造成已有实证结果不一致的原因（Copeland and Taylor, 1994; Millimet and List, 2004; Brunnermeier and Levinson, 2004）。首先，现行大多数环境政策并非严格外生，特别是在西方民主政治制度下，不少环境政策受到利益相关者如环保组织和清洁能源部门的游说，即使在几乎不存在游说的威权型政府中，各级政府环境政策的选择和执行程度也难以独立于整个经济运行系统。有研究表明，地方政府官员的年龄、任期时间和晋升前景（韩超等，2016），地区经济发展水平（Stern, 2004）和区位条件（龙文滨和胡珺，2018）等也是决定地方环境政策的重要因素。其次，以往的"污染避难所"假说似乎忽略了本地—邻地之间环境政策的互动效应（金刚和沈坤荣，2018）。鉴于环境污染特别是大气污染具有明显的空间溢出效应（邵帅等，2016），周边环境政策直接影响本地环境政策的制定和效果（张华，2016；沈坤荣等，2017）。此外，现有关于"污染避难所"假说的研究似乎并没有较好控制或排除地区资源要素禀赋的潜在影响，尽管后者也是影响产业转移的重要因素。

三 环境规制的经济绩效：对"波特假说"的考察

传统观点认为，环境规制必然导致企业增加非生产性的治污投入并可能挤占生产性投资和创新资源（张彩云，2019），因而会损害企业经济绩效。对此，Porter（1991）提出了质疑。他认为，设计恰当的环境规制能够激励企业进行某种形式的创新，通过创新带来的收益可以部分甚至完全抵消环境规制的遵从成本，进而提升其竞争力（Porter and van der Linde，1995），这便是著名的"波特假说"。Jaffe 和 Plamer（1997）进一步将之细分为弱 PH、强 PH 和狭义 PH 三个不同版本。其中，弱 PH 认为，环境规制可以推动企业创新，但不一定会带来经济效益，也不一定会提高企业的竞争力；强 PH 认为，环境规制不仅可以推动企业创新，而且通过创新带来的收益可以补偿环境规制的遵从成本，即环境规制能够促进企业增加竞争力，最终对企业经济绩效有积极影响；而狭义 PH 则认为，只有设计恰当的环境规制才会刺激企业创新[①]。它强调的是环境规制的形式和设计对企业创新的影响，而不是环境规制的强度和严格程度。由于该假说涉及一个重要的现实问题，即环境规制在经济上是否必然低效，因而受到国内外学界的广泛关注。

（一）"波特假说"的理论研究

Ambec 和 Lanoie（2008）指出，企业改善环境绩效可以通过增加收入和节约成本这两种方式来改善企业经济绩效。其中，增加收入的途径包括进军特定市场、提供异质性产品和销售污染减排技术，节约成本的途径包括减少公司的原材料、能源、用工和融资成本（Dechezleprêtre et al.，2019）。部分组织行为学研究从企业行为短视的角度，分析了"波特假说"成立的可能。其主要的论据是，公司

[①] Jaffe 和 Plamer（1997）也指出，现实中很少有满足狭义 PH 的环境政策实践。

的理性往往取决于公司高管，后者的动机和目标不仅仅是利润最大化。他们可能厌恶风险，抵抗任何代价高昂的变化或存在理性限制（Aghion et al.，1997），这些主客观因素可能使其错过良好的投资机会。在 Ambec 等（2006）的研究中，公司高管偏好当前收益，尽管创新投资有利可图，但创新的高昂成本以及较长的回报周期仍使其推迟创新投资行动。此时，通过增加企业延迟创新投资的机会成本，环境规制可以帮助经理人克服这种行为短视问题，从而提高公司业绩。

另一些研究通过假设"市场失灵"来协调"波特假说"与企业的利润最大化动机。Simpson 和 Bradford（1996）认为，在不完全竞争中，政府可以通过实施更严格的环境规制来为其国内产业提供战略优势。André 等（2009）指出，由于不完全竞争和产品差异化，引入最低环境质量标准可以解决囚徒困境问题进而实现帕累托改进。Mohr（2002）与 Mohr 和 Saha（2008）论证了类似的协调和技术溢出效应。当企业的研发投资回报部分被其竞争对手捕获时，企业对更清洁、更高效的技术投资不足。因此，具有强制性的环境规制可能会使该行业从研发投入较低的均衡转变为研发投入更高的帕累托改进均衡。黄德春和刘志彪（2006）在 Mohr（2002）模型基础上引入技术系数分析发现，环境规制在给企业带来直接费用的同时，也会激发一定程度的技术创新并能抵消部分费用。Greaker（2003）认为，技术溢出的正外部性为 PH 提供了理论基础，但仅限于具有创新的上游市场。Xepapadeas 和 Zeeuw（1999）分析了环境规制对资本设备的动态影响。研究表明，排污税可以加速企业的机器设备更新，从而提高平均生产率，但利润反而下降。Popp（2005）认为，创新的不确定性回报可能导致了上述差异。在特定情况下，研究者会观察到创新收益可以完全抵消环境规制的遵从成本，而经济范围的研究通常会发现环境规制的净成本效应。Constantatos 和 Hermann（2011）考察了一项引入有机农药的环境政策效果。较之于使用对环境有害的肥料而言，使用有机农药更佳，不仅可减轻环境负担，而且创造了更多的用户价值。Qiu 等（2018）在垄断竞争模型中加入污染和创新投资要素，在多个异质性企业的一般均衡框架下分析了波特假说。研究表明，波特假说对于高能力的企业是成立的，但对于低能力的企业不成立。

（二）弱"波特假说"的经验研究

在验证弱 PH 方面，现有经验研究考察了不同形式的环境规制对各种创新活动的影响（Shao et al.，2020；Zhang and Zhao，2023）。作为第一篇验证 PH 的经验研究，Jaffe 和 Palmer（1997）实证发现，以污染控排成本衡量的环境规制显著增加了企业研发支出，但对专利产出并无显著的促进作用。基于 2000—2006 年英国制造业数据和工具变量法，Kneller 和 Manderson（2012）的研究表明，尽管环境规制增加了绿色技术研发和投资，但对总的研发和资本积累并无促进作用。当仅关注行业或企业层面的绿色专利变动时，Popp（2003，2005）、Carrión-Flores 和 Innes（2010）及 Johnstone 等（2012）均发现了其与环境规制之间显著相关的证据。基于 25 个经合组织成员国能源部门的经验证据，Johnstone 等（2010）指出，不同的环境规制工具将推动不同类型的技术创新。此外，Johnstone 等（2011）也考察了环境规制政策稳定性与灵活性对创新的影响。他们发现，环境规制的稳定性和灵活性显著促进了企业创新。近期，Bitat（2018）的一项研究表明，动态的激励性环境规制有助于推动企业绿色创新。基于中国 1990—2010 年沪深股市上市公司绿色专利数据，齐绍洲等（2018）实证发现，中国的排污权交易试点政策显著诱发了企业绿色创新。Huang 等（2022）基于 2004—2014 年上市公司面板数据，使用环境法院作为准自然实验实证检验了环境司法督察与企业绿色创新的关系。研究发现环境法院可以促进企业绿色创新。王川杰等（2023）基于 2009—2019 年上市公司数据，实证检验了河长制政策对企业绿色创新的影响。研究表明，河长制政策主要通过企业内部激励和外部压力两个渠道促进企业绿色创新。赖小东和詹伟灵（2023）使用 2004—2018 年中国 A 股上市工资绿色专利面板数据验证了万家企业节能减排计划政策促进企业绿色技术创新。Huang 等（2023）利用 2008—2018 年中国上市公司的数据研究环境立法对企业绿色创新的影响。结果表明，环境立法促进了企业创新的数量但抑制了企业创新的质量。

然而，不少研究给出了相反的证据。Gray 和 Shadbegian（2003）基于美国造纸厂的实证研究表明，针对空气和水污染的环境规制将部分生产性投资挤出到污染治理上，而并未刺激企业创新。基于美国 1983—1992 年制造业部门的行业面板数据，Brunnermeier 和 Cohen（2003）实证发现，强化环境规制并不会给制造业提供额外的创新激励。Yuan 和 Xiang（2018）考察了中国清洁生产标准实施对制造业创新活动的影响。他们基于 2003—2014 年中国制造业的面板数据实证发现，清洁生产标准政策挤出了制造业的研发投资并减少了专利产出。基于中国的碳交易政策试点构造自然实验，Shi 等（2018）研究发现，碳交易试点不仅显著抑制了试点地区受规制企业的创新活动，而且对试点地区未受规制企业的创新活动也具有负面影响。Fan 等（2019）针对中国"十一五"减排政策的研究也表明，环境规制并未刺激企业进行绿色技术创新。部分学者基于案例研究也对弱 PH 提出了质疑。Grubb 等（2005）发现，自 EU ETS 成立以来，企业的创新活动严重受损。基于一项针对 2008—2009 年 36 家德国企业的调查，Rogge 等（2010）发现，仅二成企业认为环境规制会改变其创新行为，但是没有一家企业相信创新会在短期内受政策影响。Kemp 和 Pontoglio（2011）通过对不同文献的梳理发现，市场导向的政策工具对创新的影响远低于预期，政策工具对创新的影响更多地取决于设计特征与应用场景。Xu 等（2023）以 2006—2015 年中国 31 个省份 29 个行业的绿色专利数据为样本，将清洁生产标准和污染排放标准的实施作为准自然实验来识别环境规制对企业绿色创新的影响。研究发现，清洁生产标准可以显著促进绿色创新，但污染排放标准显著地抑制了非能源密集型企业的绿色创新。

(三) 强"波特假说"的经验研究

在验证强 PH 方面，大部分实证研究将环境规制对企业经济绩效的影响聚焦于企业生产率对各种环境政策实践的响应上（Jaffe et al.，1994；Gray and Shadbegian，2003）。Hamamoto（2006）考察了环境规制对日本制造业企业的创新和生产率的影响。研究表明，环境规制刺激了企业研发投资的增长和全要素生产率的提升。Yang 等（2012）基于中国台湾 1997—2003 年的行业面板数据实证发现，严格的环境规制将增加研发活动进而提高产业生产率。基于加拿大魁北克省的制造业部门数据，Lanoie 等（2008）分析指出，环境规制尽管短期内对生产率有负面影响，但长期将有助于提高制造业生产率水平。Albrizio 等（2017）从国家、行业和企业层面分别考察了环境规制对生产率的影响。研究发现，环境规制对整体生产率增长的影响仅具有短期效应，对行业生产率的效果与行业所在技术前沿正相关，对低生产率企业的生产率具有负面影响。基于荷兰制造业企业的微观数据，Van Leeuwen 和 Mohnen（2017）考察了环境规制对生态投资和生态创新的影响，并提供了强 PH 的具体证据。Weiss 和 Anisimova（2019）使用了瑞典制浆造纸厂 2001—2012 年的面板数据对波特假说进行了实证检验，研究表明命令—控制性环境规制和市场激励型环境规制均能够促进企业生产率提升。基于中国的环境政策实践，国内学者张成等（2011）、李斌等（2013）、景维民和张璐（2014）、韩超等（2017）、Xie 等（2017）、徐保昌和谢建国（2018）、杜龙政等（2019）、杨冕等（2022）、胡珺等（2023）等也给出了环境规制有助于提升企业或产业生产率的证据。

另外，也有大量研究提出不一致的证据（Gray，1987）。Gollop 和 Roberts（1983）的研究表明，针对二氧化硫排放的环境规制导致美国 20 世纪 70 年代的生产率增长放缓了 43%。基于欧盟 17 国制造业数据和工具变量法，Rubashkina 等（2015）的研究表明，并无证据支持强 PH。Shi 和 Xu（2018）基于中国"十一五"减排计划的政策实践，考察了环境规制对企业出口绩效的影响。研究表明，严格的环境规制显著抑制了高污染行业的企业出口。王海等（2019）基于中国工业企业数据库，在测算地区排污费征收力度的基础上，实证检验了排污费征收力度与企业 TFP 之间的关系。结果表明，加大排污费征收力度对企业 TFP 具有负向影响。涂正革和谌仁俊（2015）基于中国排污权交易试点的实证分析指出，排污权交易试点制度未能显著提高工业总产值，也无法激发可持续的潜在经济红利。韩超和胡浩然（2015）实证发现，中国清洁生产标准政策整体上挤出了产业层面的全要素生产率。Chen 等（2018）评估了中国以"两控区"为代表的命令—控制型环境规制的经济绩效和环境绩效。研究发现，"两控区"政策平均使中国城市二氧化硫排放减少了 14.6%，但也导致 GDP 增速降低了 0.85 个百分点。成本收益分析表明，减排带来的健康福利增量远远小于 GDP 减速导致的增长福利损失。李俊青等（2022）基于异质性企业分析框架研究发现，环境规制会提高高效企业生产率而降低低效企业生产率。

遗憾的是，上述研究并未具体考察环境规制是否主要通过影响企业创新活动从而对其经济绩效产生影响。Lanoie 等（2011）首次完整评估了"波特假说"的因果关系链。他们使用七个工业化国家的 4000 家公司的调查数据，实证检验了环境规制、企业创新和经济绩效三者之间的关系。他们发现，严格的环境规制显著推动了企业的环境技术创新，从而为弱"波特假说"提供了证据。此外，由环境规制"预测"的环境技术创新在初步回归中也对经济绩效产生了显著的影响。进一步分析发现，由环境规制推动的创新对企业经济绩效的积极影响不会超过环境规制本身的负面影响，即环境规制对企业经济绩效的净效应是负的，从而拒绝了强"波特假说"。

综上可知，在考察环境规制的经济绩效方面，分析和验证"波特假说"的研究是最重要的一支文献。尽管不少组织行为学研究给出了"波特假说"成立的理论机制，但是在验证"波特假说"的经验研究方面，学界内存在较大分歧。由于环境规制的效果存在空间上和时间上的异质性，基于不同国家（地区）和时段样本的经验研究可能有不同的发现。更为重要的是，以往的大多数研究忽略了创新的动态性，因此，直接基于当期的环境规制指标对当期的创新指标进行回归往往难以识别出环境规制的效果。而且，针对弱 PH 的研究多聚焦于企业自主创新，而忽略了潜在的技术吸收和扩散，针对强 PH 的研究仅关注环境规制对企业经济绩效的影响，而忽略了对创新因果链的识别。鉴于此，本研究将综合使用各种计量回归方法，尝试在控制时空异质性的基础上，完整验证弱波特假说和强波特假说。

第二节　中国环境规制体系及其治理成效：制度背景与基本事实

一　中国环境规制的机构改革历程

经过数十年的改革与发展，中国环境管理体系逐步健全和完善，现已形成了以国家、省、市（地级市）、县（县级市）、乡镇五级环境规制机构为主体，以有关行业协会和环保公益组织为辅的环境管理组织体系。作为环境规制的主体机构，生态环境部及其地方分支机构承担着中国生态文明建设的首要责任和使命。本节重点梳理其改革发展历程。

（一）建设准备期（1970—1977 年）

20 世纪 70 年代以来，随着工农业的发展，部分工业发达地区环境的急剧恶化并蔓延引起了中央政府的关注，国家开始提出环境保护计划，并着手制定各方面的环保法规。1971 年，中国成立了"三废"利用领导小组，这是由国家计划委员会设立的专门负责工业废水、废气、废渣综合利用工作的机构，也是新中国成立以后成立的第一个环保机构，它的主要任务是开展工业"三废"污染的综合治理工作，组织和指导各地区、各部门开展"三废"利用工作，推广"三废"利用技术和设备，协调"三废"利用与污染防治之间的关系。但"三废"综合利用工作遇到了很大困难。其中最大的阻力是人们普遍缺乏环保意识，对环境保护问题没有给予应有重视。1972年6月5日，联合国召开第一届人类环境会议并发布《联合国人类环境会议宣言》，使中国认识到环境问题对经济社会发展的重要性。此后，"环境保护"被国际社会广泛采用，中国也开始改用"环境保护"这个科学的概念。1973年中国召开了第一次全国环境保护会议，确定了环境保护工作方针："全面规划、合理布局、综合利用、化害为利、依靠群众、大家动手、保护环境、造福人民"，成立了国务院环境保护领导小组，下设办公室（以下简称"国务院环办"）来管理全国环境保护工作。该小组的主要职责是贯彻执行国家和地方的环境保护法律法规、政策和标准，确保企业或项目的生产经营活动符合环境保护要求；它承担了制订环境保护目标，明确环境保护责任和任务，建立环境保护考核和奖惩机制的责任；此外，环境保护领导小组还开展环境影响评价、监测、整改、培训等工作，提高环境保护管理水平和技术能力。与此同时，地方政府也照搬中央政府模式，相继成立各级地方政府环境保护领导小组办公室。全国范围内已经初步形成了涵盖中央、省、地级市三级行政单位的环保组织网络，为现代环保事业的顺利起步准备了组织条件。然而，直到1978年中国改革开放前夕，国务院环办发挥的作用仍较为有限。这一时期，国务院并没有建立专门的环境规制机构，环保职责主要由相关部委兼管，政府的生态环保责任较为模糊。

（二）建设探索期（1978—1987年）

1978年5月，五届全国人大一次会议通过的《中华人民共和国宪法》第十一条规定："国家保护环境和自然资源，防治污染和其他公害。"这是新中国第一次在宪法中对环境保护作出明确规定。将环境保护列入国家根本大法，是中国环境治理模式转变的重要标志，预示着中国环境治理模式开始从单纯的行政命令手段向立法手段转变，为中国环境法制建设奠定了基础。党的十一届三中全会后，中国环境保护工作受到党中央重视，环境规制机构的建设和改革开始纳入中央政府议程。1979年，中国颁布了第一部环境保护法《中华人民共和国环境保护法（试行）》。该法明确要求："国务院设立环境保护机构……省、自治区、直辖市人民政府设立环境保护局。市、自治州、县、自治县人民政府根据需要设立环境保护机构。"它旨在以法律的形式，将国家保护环境的基本方针和基本政策确定下来，保证在经济建设中合理地利用自然环境，防治环境污染和破坏。该保护法有四个突出特点：一是在继续以行政命令方式治理环境的同时，开始将环境立法作为改善环境的重要手段；二是对工业企业排放污染物区别情况作了规定；三是强调保护自然环境的重要性；四是规定了奖励和惩罚的条款，为采取经济手段治理环境污染提供了法律依据。《中华人民共和国环境保护法（试行）》的颁布，标志着中国治理环境污染的手段，由单纯的行政命令方式向立法方式转变。严格执行环境保护法，成为消除环境污染的重要措施。1982年，中国撤销了国务院环办，设立隶属于城乡建设环境保护部的环境保护局，并赋予其相对独立的财政和人事权，迈出了全国环境监管体制专门化建设的步伐。地方政府也纷纷效仿中央政府将城建部门与环保机构合并。1984年5月，国务院成立由环境保护局代行其职的环境保护委员会办公室，这一举措是中国在改革开放初期，为了应对日益严重的环境污染和生态破坏问题，提高环境保护工作的政治地位和决策水平，建立健全环境保护的法制和制度而采取的重要措施之一。这一举措还标志着中国环境保护工作从部门管理向综合协调转变，从技术管理向政策管理转变，从单纯防治向综合治理转变。此外，为中国后续积极参与全球环境治理，承担相应的国际责任和义务创造了条件。同年12月，环境保护局改名为国家环境保护局，仍归城乡建设环境保护部领导。这一阶段，中国开始重视环境保护问题，并在中央和地方分别设置了专门的环境规制机构，但由于其独立性和行政级别有限，未能有效发挥环境监督管理的作用。

（三）深化调整期（1988—2011年）

经过1988年国务院机构改革后，国家环境保护局从城乡建设环境保护部中独立出来，变成国务院直属机构（副部级），直接由国务院领导，明确为国务院综合管理环境保护的职能部门，人财物全部独立运行。1989年，全国人大常委会颁布了《中华人民共和国环境保护法》，这是中国第一部综合性的环境保护法律，也是中国环境保护的基本法。这部法律的颁布，标志着中国环境保护工作进入了一个新的阶段，为保护和改善生活环境与生态环境，防治污染和其他公害，保障人体健康，促进社会主义现代化建设的发展提供了法律依据和制度保障。该法第七条明确指出，"国务院环境保护行政主管部门，对全国环境保护工作实施统一监督管理。县级以上地方人民政府环境保护行政主管部门，对本辖区的环境保护工作实施统一监督管理"。在1998年的新一轮机构改革中，国家环境保护局升格为正部级的国家环境保护总局，这是中国实现生态环境保护职责统一、监管权威、执行有效的一个重要步骤。此外，国家环境保护局增加核与辐射环境安全管理职能，下设国家核安全局，负责全国核安全和辐射安全的监督管理。中国相继加入《生物多样性公约》《核安全公约》后，为了履行国际义务，保护和合理利用中国丰富的生物遗传资源，防止生物遗传资源的非法流失和侵权使用，促进生物技术产业的发展，国家环境保护总局于2003年新增生物遗传资源管理、放射源安全统一管理等职能。这一举措是中国在改革开放和社会主义现代化建设的新形势下，为了适应环境保护工作的新要求，增强环境保护部门的职能和能力，提高环境保护工作的效率和水平而采取的重要举措。2006年，国家环境保护总局分别在华东、华南、西南、西北、华北、东北六大片区成立由其垂直领导的环保督查中心，它们覆盖了全国31个省（市、区），主要负责承担环保部委托，通过开展专项督察、应急督察、联合督察等方式，督察辖区内主要存在的环保问题，及时发现和解决生态环境问题，为加强生态环境保护和治理提供了重要的监督支持。同时，可以加强对地方环境保护工作的监督和指导，促进地方政府和相关部门落实环境保护责任，解决跨区域、跨流域、跨行业的环境问题。此外，环保督察中心为中央生态环境保护督察提供信息、人员、设备等方面的支持和协助，提高了中央生态环境保护督察的效率和效果。2008年，国家环境保护总局改组升格为环境保护部，成为国务院组成部门。此次改革虽然没有级别上的变化，但意味着环境保护职能得到进一步的重视和加强，环境保护部门正式成为政策决策的重要组成部门，能够真正参与经济社会的发展决策。2009年，环保部增设了华北督察中心。截至目前，环保部逐渐组建了6个督察中心和6个核与辐射安全监督站共12个派出执法监督机构，形成了辐射全国的派出机构网络。这一阶段，中国环境规制机构的独立性和行政级别不断提高，管理职权显著扩大，各级环保部门在所在政府部门中的弱势地位得到明显改善，在中国生态文明建设中开始发挥作用。

（四）发展完善期（2012年至今）

党的十八大以来，中国生态文明建设受到党中央前所未有的重视。在这一背景下，中央和地方环保部门的管理职权得到显著强化，在中国生态文明建设中居于主导地位。2015年，《国务院关于加快推进生态文明建设的意见》《生态文明体制改革总体方案》出台。这是中央就生态文明建设作出全面专题部署的第一个发件，明确了生态文明建设的总体要求、目标愿景、重点任务和制度体系，提出协同推进新型工业化、城镇化、信息化、农业现代化和绿色化，突出体现了战略性、综合性、系统性和可操作性，是当前和今后一个时期推动中国生态文明建设的纲领性文件，标志着中国生态文明制度体系的顶层设计初步建成。2016年，中国在国家环境保护部内成立了国家环境保护督察办公室，可以有效解决跨区域、跨流域、跨行业的环境问题，促进地方政府和相关部门落实环境保护责任，推动解决一大批人民群众反映强烈的突出环境问题，维护了国家生态安全和社会稳定，展现了中央政府对生态文明建设的高度重视。2017年10月，国家环境保护部将六大区域性督查中心的事业单位性质转为派出性行政机构（王岭等，2019），并先后在全国31个省（区、市）先后启动了两轮环保督察行动。这一举措加强了对地方环境保护工作的监督和指导，促进地方政府和相关部门落实环境保护责任。由于原来的督查中心是事业单位性质，影响了督察执法权威性。转为派出性行政机构后，解决了督察中心的执法身份问题，提高了督察效率和效果。2018年3月公布的《中华人民共和国宪法修正案》正式将生态文明纳入宪法。这一举措提高了生态文明建设和生态环境保护的法律地位，为保护和改善生态环境，促进经济社会可持续发展提供了最高的法律依据和制度保障。同期，国务院机构改革方案发布，要求整合环境保护部、国家发展和改革委员会、国土资源部、水利部、农业部、国家海洋局、国务院南水北调工程建设委员会办公室担负的多项职责，组建生态环境部，这一举措旨在加强生态环境保护的总体设计和组织领导，打通地上和地下、岸上和水里、陆地和海洋、城市和农村、一氧化碳和二氧化碳等方面的治理，实现全域覆盖、全过程管控、全要素防治，构建以宪法为统领的生态环境保护法律体系，推动生态文明建设和生态环境治理。与之同步，各地新组建的生态环境厅也在原有职能的基础上增加了应对气候变化和减排、监督防止地下水污染、编制水功能区划、排污口设置管理、流域水环境保护、监督指导农业面源污染治理等职责。

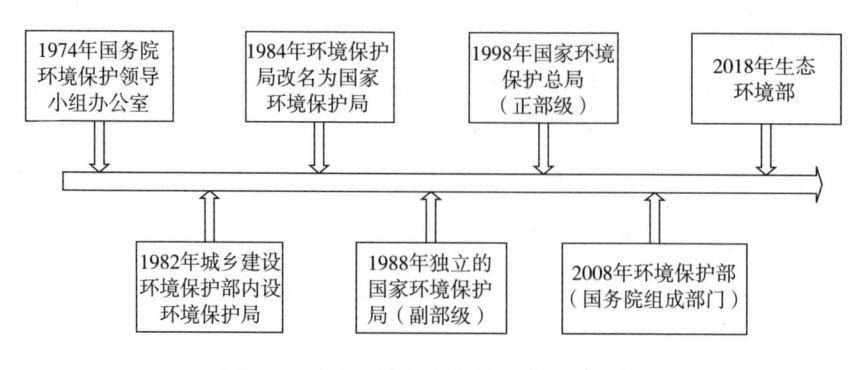

图 2-1 中央环境规制机构改革重要节点

从中国环境规制的机构改革与发展历程来看，改革开放前，中国环境管理较为落后,政府环保意识不足,缺乏专门的环境规制机构。改革开放后,中国环境规制的机构改革步伐明显加快,并且地方环境规制的机构改革始终与中央环保机构的改革保持同步,而后者则又与历次国务院机构改革息息相关。尽管中国环境规制机构的名称多有变动,但其行政级别不断提高、管理职权逐步扩大。

二 中国典型环境规制政策概述

伴随中国环境规制机构的改革和发展,中国环境规制政策体系也在不断演进。环境规制工具经历了从政府干预到市场激励,再到公众参与和全社会共同监督的演进。治污对象不断扩大,从空气污染到水污染,再到土壤和重金属污染。本节试图概述中国不同环境规制工具中的代表性政策,以窥视中国环境规制政策体系全貌。

(一)命令—控制型环境规制政策概述

作为中国环境规制的首要政策类型,命令—控制型环境规制政策主要有"两控区"政策、清洁生产标准政策、"十一五"减排政策、"环保督察"制度以及"大气十条"、"水十条"和"土十条"等污染物专项治理政策等。下面将逐一进行介绍。

1."两控区"政策

自20世纪70年代起,中国经历了工业化和城市化的快速发展,燃煤等高硫燃料大量消耗,导致大气中二氧化硫和氮氧化物等酸性物质的排放量急剧增加,引发了酸雨和二氧化硫污染的严重问题。酸雨和二氧化硫污染不仅对人类健康、农林牧渔业、建筑物、文物等造成了巨大损害,而且对生态环境、水资源、土壤等造成了不可逆转的破坏。1998年,为有效缓解中国工业化建设带来的二氧化硫和酸雨污染问题,保护和改善生态环境,中央政府基于1995年全国所有城市二氧化硫排放和当地降水pH值,将已经产生、可能产生酸雨的地区或者其他二氧化硫污染严重的地区,划定为二氧化硫控制区和酸雨控制区,以下简称"两控区"(盛丹和张国峰,2019)。国家在"两控区"内进行能源结构调整,推广清洁燃料和低硫煤,大中城市禁止民用炉灶燃用散煤，并要求，"到 2000 年，二氧化硫排放量要控制在 1995 年水平……到 2010 年，二氧化硫排放量要比 2000 年的排放量减少 10%……缓解酸雨控制区内酸雨恶化的趋势"。据统计，"两控区"覆盖了全国 175 个地级市，面积约 109 万平方千米，占国土面积的 11.4%。其中酸雨控制区总面积 80 万平方千米，占国土面积的 8.4%；二氧化硫污染控制区总面积约 29 万平方千米，占国土面积的 3%。相关指标分别占 1995 年全国总人口、GDP 和二氧化硫排放量的 40.6%、62.4%和 58.9%。"两控区"包括四个直辖市和 21 个省会城市，全国 16 个沿海开放城市中有 11 个在"两控区"内，深圳、珠海、汕头、厦门四个经济特区全部在"两控区"内。酸雨污染控制区中的华东、华南酸雨区是中国经济增长速度最快的地区，也是中国对外开放的窗口，中国重要粮食生产基地长江中下游平原和四川盆地的大部分地区处于酸雨污染控制区内；二氧化硫污染控制区包括中国环渤海经济圈的大部分城市以及中西部能源基地的重要工业城市。总之，"两控区"人口集中，工业发达，城市繁荣，在中国国民经济中占有举足轻重的地位。这是全国范围内首次大规模针对城市的、最为典型的单一环境规制政策。

从"两控区"政策的实施效果来看，2000 年 102 个"两控区"城市的二氧化硫浓度达到了国家二级标准，84.3%的重污染企业达到国家二氧化硫排放标准（李斌等，2019）。截至 2005 年，在二氧化硫排放超过 100 吨的企业中，有 71%的企业达到 2000 年的标准（Tanaka，2015）。到 2010 年，94.9%的"两控区"城市的二氧化硫浓度达到国家二级标准，未发现有城市超过国家三级标准（Cai et al.，2016）。但由于经济的高速增长，2000—2005 年中国二氧化硫降低 10%的目标未能实现（韩超和桑瑞聪，2018）。根据 Chen 等（2018）的分析，到 2005 年，中国二氧化硫总排放量并未下降，反而比 2000 年增加了 28%。此外，"两控区"内的产业结构调整和优化升级得到了促进。政策的实施促进了"两控区"内的煤炭、电力、钢铁等行业加快淘汰落后产能，加强技术改造，提高能效水平，增强环保意识，发展清洁能源和低碳产业。

2. 清洁生产标准

为了提高资源利用效率，减少和避免污染物的产生进而保护和改善环境实现经济社会的可持续发展，2002年6月29日，第九届全国人大常委会第28次会议审议并通过了《中华人民共和国清洁生产促进法》（以下简称《清洁生产促进法》），这是一部具有重要意义的法律。该法从国家、企业和社会三个层面，对清洁生产的支持和鼓励政策、责任和义务、规划和制度进行了全面细致的规定，为中国开展清洁生产工作奠定了坚实的法律基础和保障。

为了有效执行《清洁生产促进法》，中国于2004年8月制定了《清洁生产审核暂行办法》（以下简称《暂行办法》），并于同年10月开始施行。《暂行办法》规定了重点企业[①]必须进行清洁生产审核的范围、内容、程序和要求，以促进重点企业提高资源利用效率，减少和避免污染物的产生。《暂行办法》虽然规定了清洁审核的要求，但没有明确如何评价企业清洁生产水平的标准。为了弥补这一不足，生态环境部从2003年起，陆续制定并发布了56项清洁生产的行业标准，这些标准为各行各业的清洁生产审核提供具体的指导和参考。企业要按照清洁生产标准进行审核，首先要通过现场核查，确定污染物的来源和排放途径。其次分析各项污染数据的变化趋势，找出污染排放的根本原因。最后要采取一系列措施，在生产过程中对污染物进行有效的控制和减少。不同于末端治理，清洁生产标准要求企业全程参与，鼓励企业进行生产工艺改造和流程创新，有助于优化企业内部资源配置。为强化清洁生产标准政策的执行，同时评估其实施效果，自2005年5月起，国家发展和改革委员会先后发布了七批共计30项工业行业清洁生产评价指标体系，用于评价

---

① 重点企业包括两类：一是污染物排放超过国家和地方排放标准，或者污染物排放总量超过地方人民政府核定的排放总量控制指标的污染严重企业；二是使用有毒有害原料进行生产或者在生产中排放有毒有害物质的企业。

工业企业的清洁生产水平。

3. "十一五"减排政策

为贯彻落实《国民经济和社会发展第十一个五年规划纲要》提出的环境保护目标，2006年8月5日，中国出台了《"十一五"期间全国主要污染物排放总量控制计划》。该计划要求，到2010年，全国主要污染物排放总量比2005年减少10%。其中，化学需氧量由1414万吨减少到1273万吨；二氧化硫由2549万吨减少到2294万吨。在国家确定的水污染防治重点流域、海域专项规划中，还要控制氨氮（总氮）、总磷等污染物的排放总量，控制指标在各专项规划中下达，由相关地区分别执行，国家统一考核。鼓励各地根据各自的环境状况，增加本地区严格控制的污染物，纳入本地区污染物排放总量控制计划。同时，根据各地环境质量状况、环境容量、排放技术、经济发展水平和削减能力以及各污染防治专项规划的要求，对东部、中部、西部地区实行区别对待，给出细化到各省的具体减排任务。为保证这一目标的实现，2007年国务院出台了《节能减排综合性工作方案》，要求加大淘汰电力、炼铁、炼钢和电解铝等14个高污染高耗能行业落后产能的力度。同年，中央首次将节能减排指标完成情况纳入地方政府领导干部的政绩考核中，并实行"一票否决"制。不能完成该减排目标的领导人将受到处罚，甚至被撤职（刘郁和陈钊，2016）。

从完成情况看，"十一五"时期，中国节能减排取得明显成效，污染物排放总量逐步得到控制。2006—2010年，全国累计淘汰炼铁落后产能约1.12亿吨，单位国内生产总值能耗累计下降19.06%。相较于2005年，2010年全国化学需氧量排放量下降12%左右，二氧化硫排放量下降14%左右，双双超额完成"十一五"规划确定的减排任务。分地区来看，发达地区完成的减排率更高，如北京、上海的GDP能耗下降25%以上、污染物削减量在15%以上，而经济发展水平较低地区的减排率更低，如云南的GDP能耗下降12%、污染物削减量在5%左右（刘郁和陈钊，2016）。环境质量也得到了明显改善，2010年全国空气质量优良天数比例为78.1%，比2005年提高了4.3个百分点；全国地级市及以上城市空气质量优良天数比例为75.2%，比2005年提高了6.4个百分点；全国酸雨影响面积为28.8%，比2005年下降3.8个百分点。不仅如此，这项政策的实施还促进了经济结构的调整。2010年，全国单位GDP化学需氧量和二氧化硫排放量分别比2005年下降了46.7%和48.8%，单位GDP能耗下降19.1%，单位GDP二氧化碳排放量下降20.7%。同时，推动了节能减排相关产业的发展，如污水处理、燃煤电厂脱硫、清洁生产等。从措施上来看，"十一五"时期，中国采取了一系列强有力的政策措施，综合运用法律、经济、技术及必要的行政手段，推动落后产能淘汰工作，加快和强化城市污水处理设施和电厂脱硫设施工程建设，加大工业污染源治理力度，严格监督执法，推进资源性产品价格改革，提高土地使用价格，实行差别电价等，这些措施有效地促进了产业结构调整和转型升级。

4."环保督察"制度

环保督察是指国家生态环境部门对地方党委、政府及其有关部门、企业等组织的生态环境保护工作进行监督检查的活动。环保督察分为中央环保督察和省级环保督察两种形式。中央环保督察是指中央设立专职机构，对省、自治区、直辖市党委和政府、国务院有关部门以及有关中央企业等组织开展生态环境保护督察。省级环保督察是指省级生态环境部门对本行政区域内的市、县（区）党委和政府及其有关部门、企业等组织开展生态环境保护督察。中国环保督察制度可以追溯到2006年国家环境保护总局在全国范围内设立的六大区域性督查中心。2015年7月，中央全面深化改革领导小组第十四次会议审议通过《环境保护督察方案（试行）》，随后中共中央办公厅、国务院办公厅印发《党政领导干部生态环境损害责任追究办法（试行）》（厅字〔2015〕21号），强调环保工作的"一岗双责""党政同责"，将地方党委的环保责任纳入重点监督范围。由此，中国环保督察制度走向"党政同责"。2016年，中国在环境保护部内设立国家环境保护督察办公室，负责中央环保督察日常工作（郭施宏，2019）。2017年10月，环境保护部将六大区域性督查中心的事业单位性质转为派出性行政机构，并更名为六大区域督察局，从而提高了环保督察机构的权威性和执法性。

2006年7月，中国启动了第一轮中央环保督查行动，中央环保督查组先后分四个批次共进驻到全国30个省份（张新文和张国磊，2019），其组长直接由中央选派，副组长则由中央环保部门副部级领导担任。从环保督查的情况来看，2016年，第一批和第二批环保督察组共受理群众举报3.3万余件，立案处罚8500余件、罚款4.4亿多元，立案侦查800余件，拘留720人，约谈6307人，问责6454人。2017年，第三批环保督察组共办结31457件环境问题事件，共立案处罚8687家，拘留405人，约谈6657人，问责4660人。作为中国史无前例、最为严厉的环境政策（谌仁俊等，2019），中央环保督察极大地提升了各省份党委政府环保工作的责任意识，推动解决了一大批环境领域的突出问题，比如，长江岸线保护、洞庭湖非法矮围整治、甘肃祁连山生态修复、陕西秦岭违建别墅整治、青海木里矿区非法开采叫停、吉林长白山违建高尔夫球场及别墅拆除整改等。为巩固中央环保督察效果，2018年5月，中央环保督察组启动了"回头看"。2019年7月，中国启动了第二轮中央环保督察行动。第二轮环保督察整改方案明确整改任务2164项，根据进度情况，截至2022年底，已完成1275项，完成率近60%，其余整改任务正在积极有序地推进。此外，督察工作服务于大局，着眼于被督察对象是否完整准确地执行了新发展理念，推动各地平衡发展经济和保护生态环境，走在生态优先、绿色发展的路上。各地区把握督察整改的机会，围绕服务区域重大战略，努力实现经济社会发展全面绿色转型，实现经济效益、环境效益、社会效益多赢。例如，河北省文安县大力推进人造板产业综合整治，空气质量持续改善，传统产业向"绿"而行。上海市杨浦滨江从"工业锈带"变为"生活秀带"，老工业企业集聚地变成居民后花园。浙江省有序推进特色行业整治和转型升级，改造提升杭州富阳造纸、宁波慈溪橡胶、台州温岭造船、绍兴柯桥印染、金华兰溪纺织 5 个产业特色片区。福建省宁德市加强海上养殖综合整治，海洋生态环境优化，海上养殖业健康可持续发展。

5. 污染物专项治理行动计划

党的十八大以来，为打赢水、大气、土壤污染防治三大攻坚战，中国先后出台了"大气十条""水十条""土十条"污染物专项治理行动计划。

（1）"大气十条"。

2013 年初，中国多个地区出现雾霾"爆表"现象。针对不断加剧的空气污染问题，同年 9 月，国务院出台《大气污染防治行动计划》（以下简称"大气十条"）。"大气十条"从科学发展、生态文明的战略高度出发，重视改革创新，坚持治旧控新、减煤增气、激励约束并举，着力建立政府主导、企业主体、市场运作、公众参与的环境保护新机制，从再生产全过程入手，综合运用经济、科技、法律和必要的行政手段，提出了十条 35 项具体措施，涵盖了减少污染物排放、优化升级产业结构、加快企业技术改造、调整能源结构、严格节能环保准入、完善环境经济政策、健全环境法律法规体系、建立区域协作机制、妥善应对重污染天气、明确政府企业和社会的责任等多个方面。"大气十条"要求，到 2017 年，使全国空气质量总体改善，重污染天气较大幅度减少；京津冀、长三角、珠三角等区域空气质量明显好转，力争再用五年或更长时间，逐步消除重污染天气，全国空气质量明显改善。具体而言，全国地级及以上城市可吸入颗粒物浓度比 2012 年下降 10% 以上，并对空气污染较为严重的京津冀地区作了更高的要求。在"大气十条"的收官之年，为确保各项目标任务顺利完成，并切实改善京津冀及周边地区空气质量，环境保护部会同京津冀及周边地区大气污染防治协作小组及有关单位制定《京津冀及周边地区 2017 年大气污染防治工作方案》，该方案将华北地区"2+26"个城市划入京津冀大气污染传输通道实施范围,并提出全面推进冬季清洁取暖、工业企业采暖季错峰生产和严格控制机动车排放等高压调控政策。

"大气十条"实施5年来,45项重点工作任务全部按期完成。较之于2013年,2017年全国地级及以上城市PM10平均浓度下降了22.7%。其中,京津冀、长三角、珠三角等重点区域PM2.5平均浓度分别下降了39.6%、34.3%和27.7%;北京市PM2.5年均浓度降至58微克/立方米,低于60微克/立方米的目标阈值;"大气十条"确定的空气质量改善目标全面完成。全国整体空气质量大幅改善。2017年,全国338个地级及以上城市二氧化硫浓度较2013年下降41.9%,74个重点城市优良天数比例为73.4%,比2013年上升了7.4个百分点,重污染天数减少51.8%。除此之外,"大气十条"的实施推动了产业、能源和交通结构调整,全国淘汰落后产能3亿吨,钢铁、焦化、建材等重点行业超低排放改造覆盖率达到80%以上。全国煤炭消费占一次性能源消费的比重由67.4%下降至60%左右。京津冀大气污染传输通道城市完成电代煤、气代煤470万户,削减散煤1000余万吨。全国燃煤机组累计完成超低排放改造7亿千瓦,占煤电装机容量的71%。淘汰地条钢1.4亿吨。10205家国家重点监控企业全部安装在线监测,实现24小时实时监管。同时节能环保产业快速发展,2017年节能环保产业总产值达到4.5万亿元,占GDP比重达6.5%。然而,政策执行过程中出现的环保"一刀切"也对区域经济社会发展产生了较大的负面影响,比如过快过猛推行煤改气和煤改电,引致部分地区出现气荒、安全事故增加、补贴不到位、居民用不起暖气、中小企业大量关停等各种问题和压力。

(2)"水十条"。

环保部门公布的调查数据显示,2012年,全国十大水系、62个主要湖泊分别有31%和39%的淡水水质达不到饮用水要求,严重影响人们的健康、生产和生活。为整治日益严峻的水污染问题,2015年4月,国务院发布《水污染防治行动计划》(以下简称"水十条"),把"节水优先、空间均衡、系统治理、两手发力"作为根本原则,并从污染减排、经济结构优化升级、水资源保护、科技支撑、市场机制引导、环境执法和公众参与等10个方面提出了238项针对性举措。这项政策要求到2020年，全国水环境质量有阶段性的提升，污染严重水体明显减少，饮用水安全保障水平持续提高，地下水超采受到严格控制，地下水污染加剧趋势得到初步遏制，近岸海域环境质量稳中向好，京津冀、长三角、珠三角等区域水生态环境状况有所改善。到2030年，力争全国水环境质量总体好转，水生态系统功能初步恢复。到21世纪中叶，生态环境质量全面提高，生态系统实现良性循环。同年，中国启动水污染问责制。与"大气十条"相比，"水十条"更加注重发挥社会和市场的作用。2016年，中国开始全面推动落实"水十条"，31个省份出台了36项相关政策以细化执行。为贯彻落实"水十条"政策中关于水资源保护的目标要求，2016年12月，中央全面深化改革领导小组第二十八次会议通过《关于全面推行河长制的意见》，它旨在加强河湖管理保护，构建责任明确、协调有序、监管严格、保护有力的河湖管理保护机制，为维护河湖健康生命，实现河湖功能永续利用提供制度保障。该意见提出了全面建立省、市、县、乡四级河长体系，明确各级河长的职责和考核问责机制，提出了加强水资源保护、水域岸线管理、水污染防治、水环境治理、水生态修复和执法监管六个方面的主要任务。

自"水十条"发布以来，在党中央、国务院的坚强领导下，全国水环境质量总体保持持续改善势头。截至2018年底，全国城镇建成运行污水处理厂4332座，污水处理能力1.95亿立方米/天。1586个水源地6251个问题整改完成率达99.9%，搬迁治理3740家工业企业，关闭取缔1883个排污口。根据《2018中国生态环境状况公报》，中国在1935个地表水水质国控断面中，一类至三类断面比例为71%，同比上升3.1%；劣四类断面比例为6.7%，同比下降1.6%。2019年，全国地级及以上城市黑臭水体消除率为86.7%，其中36个重点城市消除率为96.2%。2019年，899个县级饮用水水源地3626个问题中整治完成3624个，累计完成2804个水源地10363

个问题整改，7.7亿居民饮用水安全保障水平得到巩固提升。2019年，全国二氧化硫、氮氧化物、化学需氧量、氨氮排放总量同比分别下降4.4%、3.5%、3.2%、3.3%。2019年，全国97.8%的省级及以上工业集聚区建成污水集中处理设施并安装自动在线监控装置。加油站地下油罐防渗改造已完成95.6%。地级及以上城市排查污水管网6.9万千米，消除污水管网空白区1000多平方千米。累计依法关闭或搬迁禁养区内畜禽养殖场（小区）26.3万多个，完成了18.8万个村庄的农村环境综合整治。但是，中国水污染防治形势依然严峻，在城乡环境基础设施建设、氮磷等营养物质控制、流域水生态保护、监测数据质量等方面还存在一些突出问题，需要加快推动解决。

（3）"土十条"及相关政策。

土壤是经济社会可持续发展的物质基础，关系人民群众的身体健康，关系美丽中国建设，保护好土壤环境是推进生态文明建设和维护国家生态安全的重要内容。由于中国经济发展总体粗放，产业结构和布局仍不尽合理，污染物排放总量较高，土壤作为大部分污染物的最终受体，其环境质量受到显著影响。因此，当前中国土壤环境总体状况堪忧，部分地区污染较为严重，党中央和国务院对此高度重视。根据《全国土壤污染状况调查报告》，截至2013年，全国土壤总的点位超标率达到了16.1%。因肥料滥用、农药污染等因素导致的耕地土壤点位超标率更是高达19.4%，耕地污染的面积为1.5亿亩。为缓解日益严峻的土壤污染形势，逐步改善土壤环境质量，2016年5月，国务院发布《土壤环境保护与污染治理防治行动计划》（以下简称"土壤十条"）。政策提出，到2020年，受污染耕地安全利用率达到90%左右，污染地块安全利用率达到90%以上。到2030年，受污染耕地安全利用率达到95%以上，污染地块安全利用率达到95%以上。同年，中国在土壤防治方面布设完成22000个基础点位，1500个风险监控点建成，初步建成了国家土壤环境网。2017年8月，中国全面启动土壤污染状况详查。2018年8月1日，由生态环境部出台的《工矿用地土壤环境管理办法（试行）》正式施行。2018年8月31日，《中华人民共和国土壤污染防治法》（以下简称《土壤污染防治法》）出台，为预防和整治土壤污染提供了正式的法律依据。

自"土十条"发布以来，31个省份人民政府根据"土十条"要求，相继制订并印发省级土壤污染防治工作方案。截至2019年12月，中央财政累计下达280亿元，专项支持土壤污染防治工作。"土十条"实施三年来，耕地周边工矿污染源得到有力整治，建设用地人居环境风险联合监管机制逐步形成，土壤污染加重趋势得到初步遏制，土壤生态环境质量保持总体稳定。据统计，2016—2018年，全国累计完成耕地周边工矿企业排查整治任务1.5万个，完成受污染耕地安全利用面积达到4000万亩，治理修复面积达到1000万亩，重度污染耕地种植结构调整或退耕还林还草面积达到2000万亩，受污染耕地安全利用率达到90%左右。土壤污染防治与修复试点示范工程工作稳步推进，探索出一批可复制可推广的技术模式和经验做法。土壤污染防治科技创新能力不断提升，土壤污染防治产业发展初具规模。2019年以来，随着《土壤污染防治法》施行，全国各地结合实际，进一步出台《土壤污染防治条例》，扎实推进土壤污染防治工作。在建设用地污染防治方面，全国累计完成建设用地土壤环境风险管控和修复任务1.2万个，完成建设用地土壤环境风险管控和修复面积达1.5亿平方米。建立了建设用地土壤环境管理信息系统，实现了建设用地土壤环境管理全过程信息化。在农产品产地土壤环境监测方面，全国已经完成了农产品产地土壤重金属污染的普查，正在进行农用地土壤污染状况的详查。建立了国家土壤环境监测网和农产品产地土壤环境监测网，对全国农用地、建设用地、重点行业企业周边等区域进行了动态监测。在资金投入和社会参与方面，中央财政累计拨出了100亿元的专项资金支持土壤污染防治工作。各省也加大了对土壤污染防治的财政支持力度，加快建立省级土壤污染防治基金。同时，创新资金筹集方式，完善多元化投融资机制，吸引社会资本主动投资参与耕地污染治理修复工作。加强宣传教育和社会监督，提高公众对土壤污染防治的认识和参与度。

(二) 市场激励型环境规制政策概述

1. 排污权交易制度

中国排污权交易制度最早可以追溯到 20 世纪 80 年代在水污染领域进行的排污权交易实践（黄向岚等，2018）。2001 年 12 月，中国历史上第一笔排污权交易在江苏省南通市达成（武普照和王倩，2010）。2002 年，江苏省率先发布《江苏省二氧化硫排污权交易管理暂行办法》，全面推行二氧化硫排污权交易。2007 年，由国家环境保护总局主导，中国排污权交易试点范围进一步扩大到 11 个试点省份。截至 2012 年，所有试点地区完成建立省级或市级排放交易中心。从实际的交易情况看，截至 2013 年底，试点政策交易金额累计已达 40 多亿元，11 个试点省份的年平均排放量由试点前（2004—2007 年）的 975.723 万吨减少到试点后（2008—2015 年）的 396.075 万吨（任胜钢等，2019）。

近年来，全球气候变暖问题日益严重。为减少碳排放，党的十八届三中全会通过的《中共中央关于全面深化改革若干重大问题的决定》要求推行碳排放权交易制度。碳排放权交易制度的基本原理是，由政府或者授权机构设定温室气体的排放总量上限，并按照行业和经济活动单位（通常是企业）的情况，结合区域和历史的因素，初步分配控排目标，生成碳排放配额。碳排放配额可以无偿或者有偿地分配，也可以通过竞拍、竞标等方式确定。碳排放配额的持有者可以根据自己的排放状况和成本收益，通过市场化的方式，进行碳排放配额的交易、转让、抵押等活动，形成合理的碳排放权价格。碳排放权交易制度的目标是，利用市场竞争和价格杠杆机制，激励减排成本较低的单位增加减排，减排成本较高的单位减少减排或者购买碳排放权，从而使得社会总治污成本达到最低，实现资源配置的最优化。此外，碳排放权交易制度也可以推动绿色技术创新和转型升级，提升生产效率和产品质量，增强核心竞争力。从 2013 年 6

月起，深圳、上海、北京、广东、天津、湖北和重庆先后启动碳排放权交易试点（钱浩祺等，2019）。截至 2017 年底，七个试点地区的碳交易市场配额现货累计成交量突破 2 亿吨碳当量，累计成交金额超过 47 亿元（黄向岚等，2018）。2017 年 12 月 19 日，中国正式在全国范围内统一实行碳排放权交易体系，发电行业成为首批纳入行业。截至 2021 年底，全国排污权有偿使用和交易总金额为 245 亿元，一级市场（含排污权有偿使用费）金额约为 176 亿元，占比72%；二级市场（企业间）交易约 69 亿元，占比 28%。全国排污权有偿使用和交易累计减少化学需氧量 120 万吨、氨氮 9.6 万吨、二氧化硫 62.5 万吨、氮氧化物 50.8 万吨。

2. 排污收费制度

中国在 1979 年 9 月颁布《中华人民共和国环境保护法（试行）》，这是中国第一部环境保护法律，也是排污收费的法律依据。根据这部法律，国务院于 1982 年 2 月制定并实施了《征收排污费暂行办法》，这是中国排污收费制度正式建立和运行的标志。这一制度要求排放污染物的单位和个人按照排污量和标准缴纳排污费，以体现污染者付费原则，促进环境保护和资源节约。2000 年，中国修订了《中华人民共和国大气污染防治法》，进一步完善了排污收费制度，从法律层面明确了"按排放污染物的种类和数量征收排污费"的总量收费制度（王勇等，2019）。为了完善排污收费制度，国务院于 2003 年 1 月颁布并于同年 7 月 1 日起施行了《排污费征收使用管理条例》（以下简称《条例》）。该《条例》在原有的超标收费的基础上增加了总量收费的方式，以控制污染物总量。同时，也规定了排污费收入的收支管理和使用原则，要求排污费收入专款专用，用于环境保护和污染治理。此外，这部条例还扩大了排污收费的范围，包括了噪声、放射性物质等新的污染物（王敏和冯宗宪，2013）。

随着中国经济的快速增长，环境污染问题越来越突出。为了应对日趋严重的环境问题，国务院于 2007 年 5 月印发了《节能减排综合性工作方案》，提出了一系列的措施和目标。其中，为了控制二氧化硫的排放，要求将二氧化硫排污费在三年内逐步提高一倍，从原来的 0.63 元/当量增加到 1.26 元/当量。同时，为了促进城市污水的处理，国务院要求全面征收并提高城市污水处理费，每吨水平均收费标准原则上不低于 0.8 元。为了进一步完善排污收费制度，国家发展和改革委员会、财政部和生态环境部三部委于 2014 年 9 月联合发布了《关于调整排污费征收标准等有关问题的通知》。这份通知提出了一系列措施和要求，包括调整和优化排污费征收标准，提高排污费收缴率，并实行差别化排污收费政策。2018 年 1 月，《中华人民共和国环境保护税法》正式生效，是中国环保"费改税"的重要里程碑（张小筠和刘戒骄，2019）。

对比排污费和环境保护税的不同之处，从优惠政策上来看，排污费只规定了一档优惠政策，即排放应税大气污染物或水污染物的浓度值低于地域规定标准 50% 减半征收，而环境保护税多增了一档优惠政策，即纳税人排放应税大气污染物或者水污染物的浓度值低于 30%，减按 75% 征收环保税。从分配比例来看，排污费实行中央和地方 1∶9 分配比例，而环境保护税则全部作为地方收入。从收费标准来看，国家只规定排污费下限而未规定上限，各省份可上浮收费标准。而国家既规定了环境保护税的上限，又规定了下限。大气和水污染物的税额下限沿用排污费最低标准，税额上限则设定为下限的 10 倍。此外，排污费由环保部门征收管理，环境保护税由税务部门征收，环保部门依法监测管理企业排污，并确定"企业申报、税务征收、环保协同、信息共享"的征管模式。

3. 清洁发展机制

1997 年达成的《京都议定书》为工业化国家（附件一国家）和发展中国家（非附件一国家）分配了不同的减排责任。为了帮助工业化国家高效地实现其在《京都议定书》下的减排目标并促进发展中国家参与应对全球变暖的共同行动，《京都议定书》引入了一项灵活履约机制——清洁发展机制（CDM）。基于减排成本最小化的原则，CDM 鼓励《京都议定书》附件一中有减排承诺的发达国家与发展中国家联合开展减排项目。该机制的实施依托于具体的 CDM 项目。当 CDM 项目排放的温室气体低于正常基准时，相应的减排量经 CDM 执行委员会（Executive Board，EB）核准后成为可在国际市场上交易的碳排放权（Hultman et al.，2011），最终将被有减排约束的发达国家购买。因此，CDM 可视为发达国家给予发展中国家的一项减排补贴。

中国在 CDM 项目方面的成绩不仅体现在项目数量上，还体现在减排效果上。截至 2015 年 7 月 14 日，中国境内注册实施的 CDM 项目达到 3807 个，占全球注册项目总数的 47.86%。而截至 2017 年 8 月 31 日，全球所有注册的 CDM 项目共实现经核准的 18.73 亿吨二氧化碳当量的温室气体减排，平均每个项目实现约 23.54 万吨二氧化碳当量的核准减排量。其中，中国所有注册的 CDM 项目经核准的减排量为 10.43 亿吨二氧化碳当量，全球占比高达 55.69%，超过一半。而且，中国每个项目的平均减排量约为 27.40 万吨二氧化碳当量，高于全球平均水平。

（三）公众参与型环境规制概述

公众是环境治理的重要主体，也是弥补政府与市场"失灵"和促进环境公平不可或缺的一环，这使公众环境参与成为全球共同关注的话题。公众参与型环境规制是指通过各种方式，使公众在环境保护的决策、实施和监督过程中发挥作用的一种环境规制模式，具体而言，行业协会、企业自身或其他社会组织提出协议、承诺或计划，但不具有强制性，相关企业可以参与也可以不参与。由于公众环保责任感不足加之缺乏法律上的明确支持，中国公众参与型环境规制长期缺位。随着物质生活水平的提高，中国公众对优美生态环境的需求愈益迫切。此外，中国公众参与环境保护被动参与多，主动参与少，形式上参与多，实质性参与少。公众参与方式主要集中在末端参与，即在环境遭到污染和生态遭到破坏之后，公众受到污染影响之后才参与到环境保护之中，相应地对保证环境参与权、表达权的全过程参与较少，且参与活动往往受到局限，缺乏公众参与的有效性和广泛性。针对上述情况，环境保护部部务会议在2015年通过了《环境保护公众参与办法》，在政策鼓励下，近年来中国公众逐渐开始运用诸如向环保部门来信和上访，通过新闻媒体、网络等方式制造社会舆论，通过环保组织与污染企业谈判或协商等非正式环境规制手段以维护自身的环境利益（张平和张鹏鹏，2016）。

根据生态环境部的通报，2018年全国"12369环保举报联网管理平台"共接到公众举报710117件，同比增长14.7%，其中电话举报365361件，微信举报250083件，网上举报80771件，受理率高达85.3%。从查处情况来看，受理的举报中属实比例约为七成。对于举报属实的处理意见中，对企业下达限期整改和现场纠正的占比最多，分别为34.8%和32%。同时，公众还可以通过司法途径，对侵害其合法权益或者造成公共利益损害的环境违法行为提起诉讼，要求停止侵害、消除危险、恢复原状、赔偿损失等。《中华人民共和国民事诉讼法》《中华人民共和国行政诉讼法》等法律赋予了公众对环境问题进行民事诉讼或行政诉讼的权利，并由最高人民法院出台的《关于审理环境资源案件若干问题的解释》进行审判指导。此外，还有环境影响评价公众参与的形式，在专项规划和建设项目的环境影响评估过程中，征求和听取公众对环境影响报告书草案的意见，并根据公众意见对报告书进行修改完善。《中华人民共和国环境影响评价法》《规划环境影响评价条例》《建设项目环境保护管理条例》等法律法规都对环境影响评价公众参与作出了明确的规定，并由生态环境部制定的《环境影响评价公众参与办法》进行具体操作指导。

中国公众参与型环境规制增加了环境决策的民主性和科学性，提高了环境执法的公正性和有效性，促进了环境督察的广泛性和及时性，激发了环境保护的积极性和创造性，增强了环境保护的公信力和公众满意度。然而，与发达国家相比，中国公众的环保意识依然淡薄，环保活动参与程度较低，主要依赖于媒体曝光，非政府环保组织数量依然较少且规模较小,其向排污企业施压的能力十分有限。而且,中国公众参与环境规制的制度建设并不完善,环保部门的信息反馈机制以及对公众非正式规制行为的保障机制尚未建立,使公众对环境诉求的表达顾虑重重、更缺乏向政府当局或规制机构施压的有效渠道(原毅军和谢荣辉,2014)。总体上,中国公众参与型环境规制的有效发挥需依赖行政部门的强制力和法律法规的不断完善,未来还有很长的一段路要走(张小筠和刘戒骄,2019)。

综上所述,随着中国环境规制的机构改革与发展,中国环境规制政策体系不断完善,并在实践中催生了众多创造性的政策抓手。经过数十年发展,中国已初步形成命令—控制型、市场激励型、公众参与型三维一体的环境规制政策体系。当前,命令—控制型环境规制仍是中国环境规制政策体系中运用最广泛的政策类型,市场激励型环境规制正在多个领域得到越来越多的运用,而公众参与型环境规制尚处于起步发展阶段,在相当长一段时间内仍无法跻身为主流环境规制工具。

三 中国环境规制的总体治理效果

改革开放以来,随着经济的快速发展,中国资源环境约束日益明显,居民环保意识不断强化,社会环保呼声日渐高涨。为应对持续恶化的生态环境,党中央和国务院出台了一系列环保政策和法规,不断调整和完善中国环境规制体系。特别是党的十八大以来,以习近平同志为核心的党中央首次将"生态文明"写入党章,成为中国生态文明建设史上的里程碑。其中,以生态环境部为核心的各级环保部门积极投入到污染防治攻坚战中,推动中国生态环境保护工作迈入新台阶。

(一)环境污染治理投资变动

图 2-2 显示,自 2001 年以来,中国环境污染治理投资不断加大。从 2001 年的 1166.7 亿元增加到 2010 年的 7612.2 亿元,十年增长了 5.5 倍,年均增长率高达 23.17%,同期环境污染治理投资占

GDP比重也从2001年的1.05%提高到1.84%,提高了0.79个百分点。自2011年以来,中国环境污染治理投资总体上继续攀升,但占GDP比重呈下降态势,从2010年的1.84%下滑到2017年的1.15%,这可能是因为"十一五"时期,中国执行了较为严格的污染物总量控制计划和节能减排政策,前期的治污投资增长较快、效果较为明显,因此导致"十一五"后的治污投资增长相对较慢。

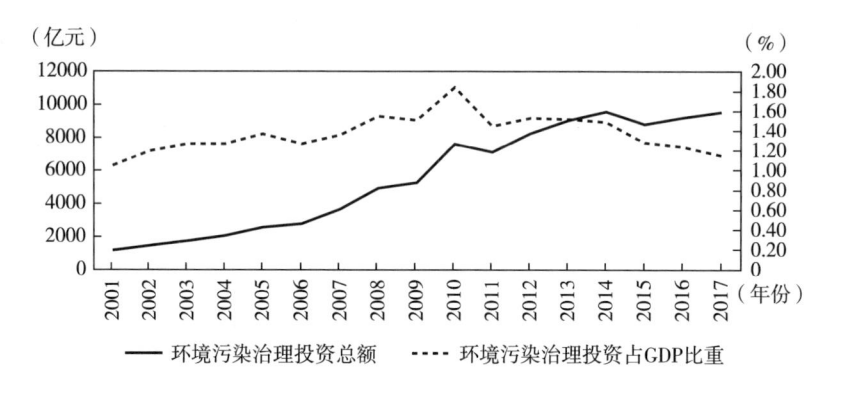

图2-2 中国环境污染治理历年投资总额及其占比

资料来源:《中国环境统计年鉴》(2018)。

从图2-3中国环境治污投资支出结构来看,城镇环境基础设施建设始终是中国环境污染治理投资的主要领域,包括燃气、集中供热、排水、园林绿化和市容环境卫生五个方面,其投资长期维持在中国环境污染治理投资的50%左右;环保验收项目投资是中国治污投资的第二大板块,这方面投资主要是指建设项目执行"三同时"制度[①]时的环保投资,与环境政策执行效果密切相关,其占总治污投资比重呈先增大后缩小的趋势;作为中国环境污染治理投资的第三个板块,针对老工业污染源的治理投资占比总体上呈下降态势。

---

① "三同时"制度,主要针对生态环境有潜在威胁的新建、改建、扩建等建设项目,要求这类建设项目防治环境污染和生态破坏的设施,必须与主体工程同时设计、同时施工、同时投产。

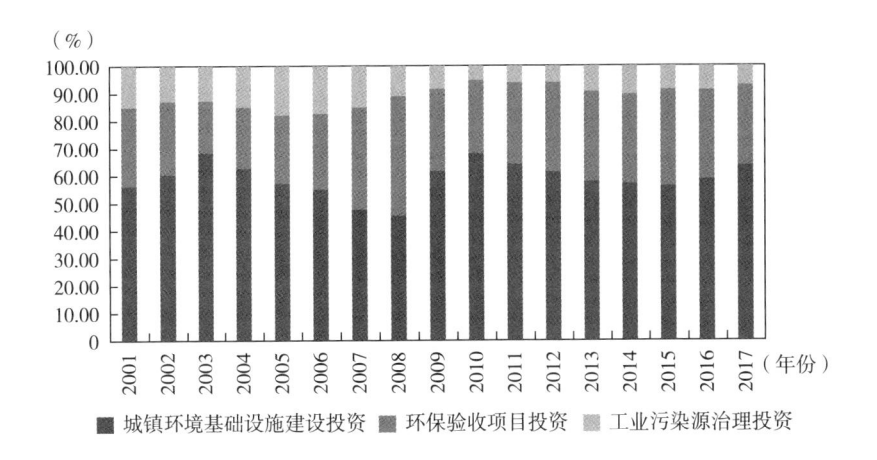

图 2-3 中国环境污染治理投资支出结构历年变动

资料来源：《中国环境统计年鉴》(2018)。

进一步考察工业污染源治理投资支出结构（见图 2-4），可以发现，废气、废水和固体废物这三类污染物的治理投资占中国工业污染源治理投资的七成以上。其中，固体废物治理投资相对较少，并呈下降态势，废水治理投资占比也保持下降态势，并且下降趋势较为明显。相较之下，废气治理投资占比上升趋势较为明显，特别是"大气十条"发布的 2013 年，废气治理投资占比从 2012 年的 51.49%跃升到 75.43%，提高了近 24 个百分点，充分反映出党的十八大以来，大气污染正成为中国环境污染治理的重点对象。

（二）气体污染治理效果

图 2-5 表明，"十五"和"十一五"时期，随着工业化的快速推进，中国工业废气排放总量增长较快，从 2000 年的 138145 亿立方米增加到 519168 亿立方米，增长了 2.75 倍，年均增速高达 14.16%。其间，中国工业废气治理投入尽管也在不断增加，但增速相对较慢。以投入使用的工业废气治理设施数为例，同期仅增长了 28.77%，这显然难以满足快速扩张的工业废气治理需求。进入"十二五"以来，随着中国大气污染治理力度的加大，中国工业废气排

放总量趋于平稳。工业废气治理设施数量从 2010 年的 187401 套增长到 2015 年的 290886 套，五年增长了 55.22%，年均增速达到 9.19%，同期工业废气治理设施运行费用始终维持在历史较高水平（见图 2-6）。

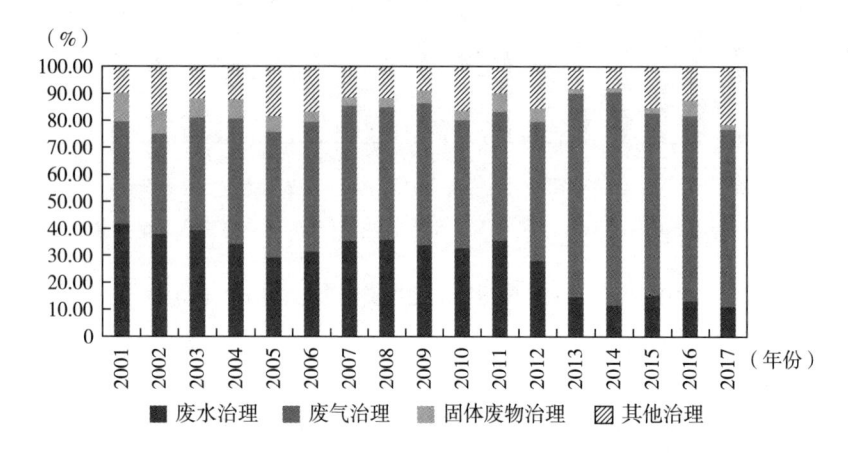

图 2-4　中国工业污染源治理投资支出结构历年变动

资料来源：《中国环境统计年鉴》(2018)。

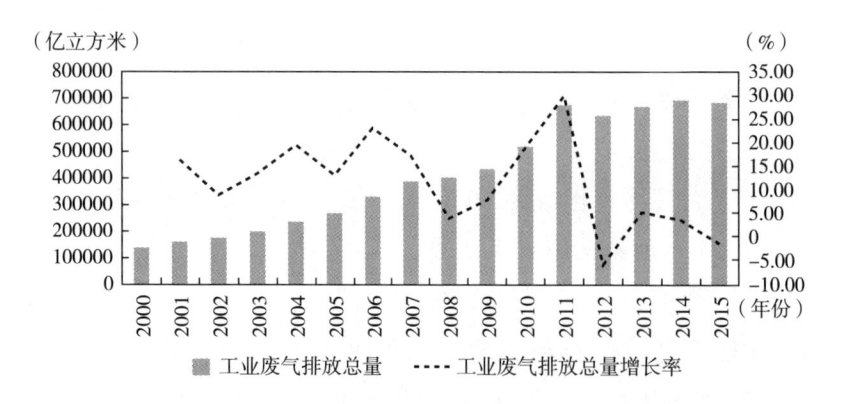

图 2-5　中国工业废气排放总量及其增长率历年变化

资料来源：《中国环境统计年鉴》(2018)。

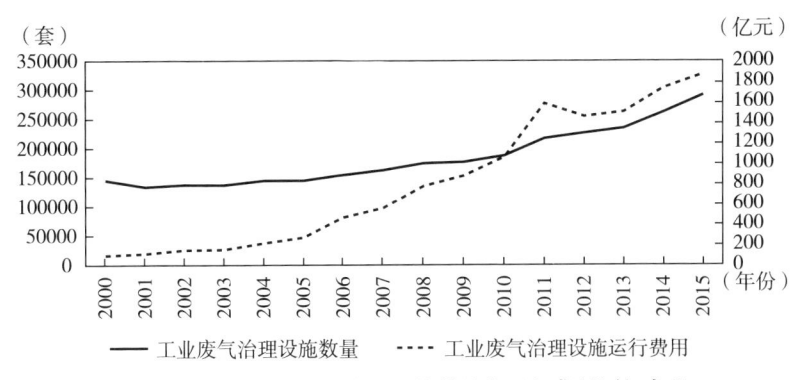

图 2-6 中国工业废气治理设施数量和运行费用历年变化

资料来源:《中国环境统计年鉴》(2018)。

从主要的空气污染物种类来看,中国二氧化硫排放具有显著的阶段性变化。图2-7显示,"十五"时期,中国二氧化硫排放总量不断增长。进入"十一五"以来,随着中国针对二氧化硫总量控制计划的有效实施,这一趋势开始逆转,中国二氧化硫排放开始下降,进入"十二五"以后,中国二氧化硫排放的下降趋势继续保持。由于工业行业的二氧化硫排放是中国二氧化硫排放的主要来源,其变化轨迹决定了中国二氧化硫排放总量的走势,因而二者变化趋势高度吻合。相较之下,生活来源的二氧化硫排放对总量贡献较少,但近年来呈快速增长态势,需引起重视。

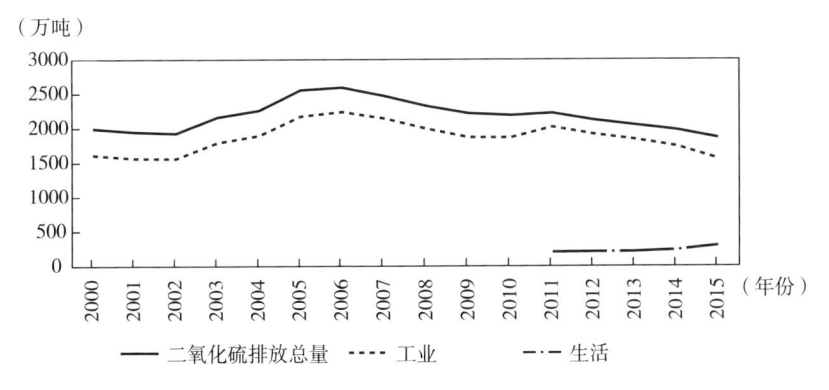

图 2-7 中国二氧化硫排放历年变化

资料来源:《中国环境统计年鉴》(2018)。

进一步细分工业二氧化硫的行业来源，可以发现，作为中国工业二氧化硫排放大户，电力、热力业排放的二氧化硫占工业行业二氧化硫比重呈下降态势（见图2-8），特别是"十二五"以来下降趋势十分明显，从2010年的52.8%下降到2015年的32.5%，下降了20.3个百分点，这与中国近年来加大对电力行业的治理力度有关。非金属矿物制品业和黑色金属冶炼业排放的二氧化硫占比总体上呈上升态势，但由于二者排放占比相对较低，总体上，这三大二氧化硫高排放行业排放占比呈下降态势。

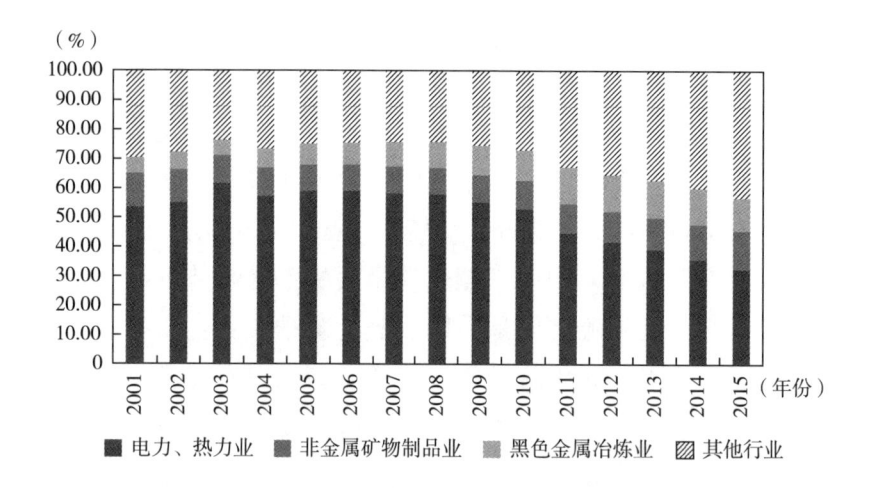

图 2-8　中国工业行业二氧化硫排放结构历年变动

资料来源：《中国环境统计年鉴》（2018、2010）和《2015年环境统计年报》。

图2-9显示，"十二五"时期，中国氮氧化物排放量不断下降。从2011年的2404.3万吨下降到2015年的1851万吨，年均降低6.33%，这与中国工业来源和机动车来源的氮氧化物减排有关，二者占中国氮氧化物排放来源的95%以上。相较之下，集中式来源的氮氧化物排放量十分有限，并且保持平稳。生活来源的氮氧化物排放对总量贡献较低，但近年来增长较快，需要引起重视。同期，中国烟粉尘排放量呈波动变化，2011—2013年，排放量基本持平，

2014年增长较为明显，2015年开始下降（见图2-10）。这种变化主要由工业源和生活源的烟粉尘变动趋势主导，二者的波动变化趋势也较为明显。相较之下，机动车烟粉尘排放量始终保持下降态势，这可能与近年来中国加大对机动车尾气排放治理力度有关。集中式烟粉尘排放量则较为平稳，并且几乎可以忽略不计。

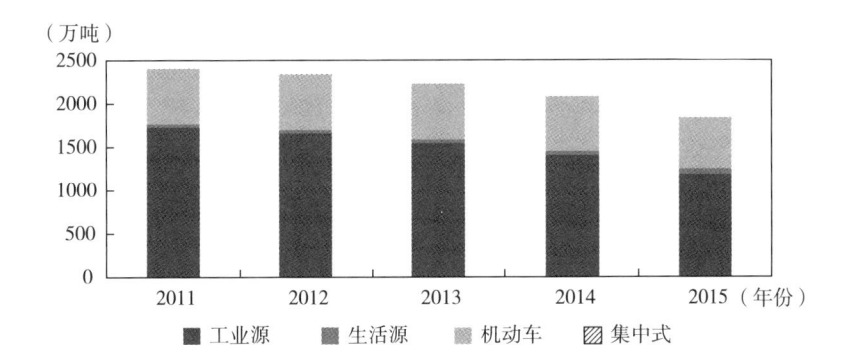

图2-9 "十二五"时期中国各类来源氮氧化物排放历年变化

资料来源：《2015年环境统计年报》。

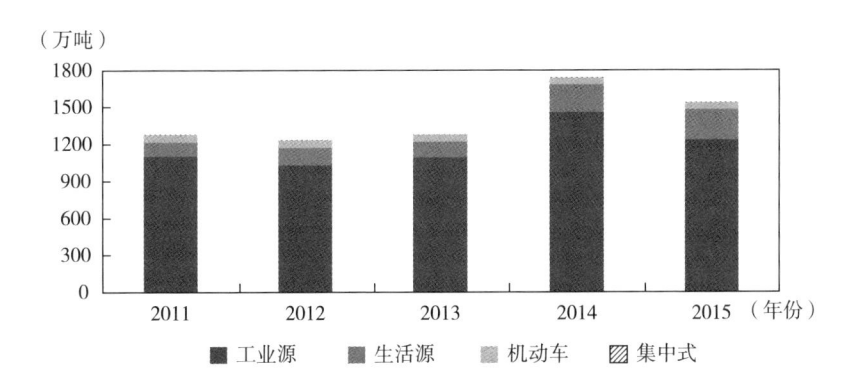

图2-10 "十二五"时期中国各类来源烟粉尘排放历年变化

资料来源：《2015年环境统计年报》。

（三）水污染治理效果

图2-11显示，自2000年以来，中国废水排放总量不断增长，

但增速渐趋平稳,年均增速从"十五"时期的4.78%下降到"十一五"时期的3.31%,"十二五"时期年均增速仍保持在3.56%左右,这主要是由快速扩张的城镇化导致居民生活废水排放总量快速增长所致。同期,中国生活废水排放总量增长趋势与全国总的废水排放量变化趋势基本保持一致。相较之下,中国工业废水排放总量则呈现先增长后下降的倒"U"形变化轨迹。特别是"十一五"以来,中国工业废水排放总量走势开始逆转,并保持下降态势。

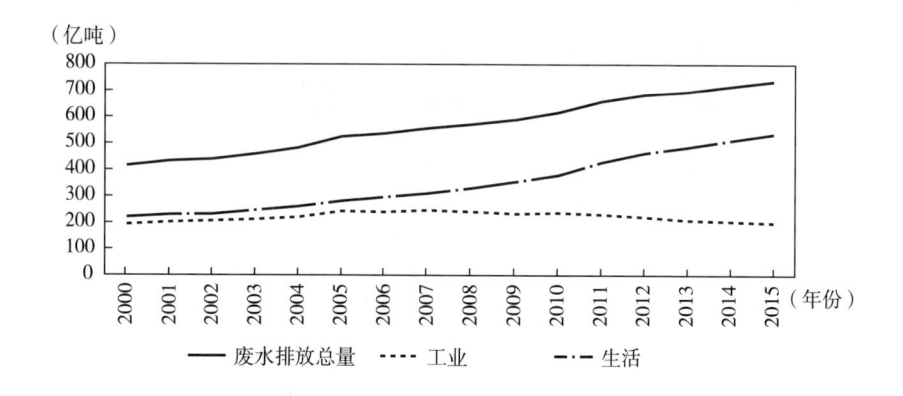

图2-11 中国废水排放总量历年变化

资料来源:《中国环境统计年鉴》(2018)。

从主要的废水污染物种类来看,中国化学需氧量排放量在"十五"时期和"十一五"时期保持下降趋势(见图2-12),这主要是由中国工业行业化学需氧量排放量降低所致。后者在"十五"时期和"十一五"时期分别年均减少4.67%和4.75%,而同期中国生活废水排放总量则呈现先增长后下降态势。"十二五"时期,中国化学需氧量排放量继续保持下降态势①,无论是工业源还是生活源化学需氧量排放量均保持下降趋势。进一步细分工业化学需氧量的行业来

---

① 2011年,中国扩大了废水污染物排放量的统计口径,导致化学需氧量和氮氧化物排放量2011年的数值显著增大。

源，可以发现，中国造纸业的化学需氧量排放量对工业行业化学需氧量排放总量的贡献自"十一五"以来下降十分明显，从2005年的33.6%降低到2015年的11.41%。相较之下，农副食品加工业、化学原料及制品业和纺织业的化学需氧量排放量对总量的贡献保持平稳（见图2-13）。这可能是因为"十一五"以来，中国重点对造纸业加强了化学需氧量的总量控制计划。总体上，上述四大传统水污染行业对工业源的废水排放量贡献自2006年以来逐步减小。

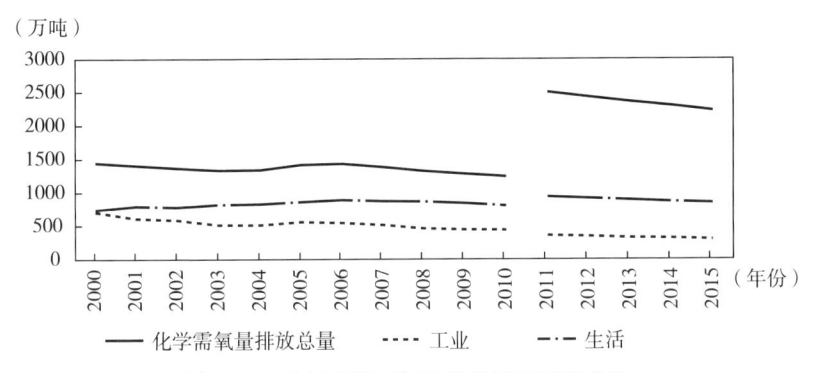

图 2-12　中国化学需氧量排放总量历年变化

资料来源：《中国环境统计年鉴》（2018）。

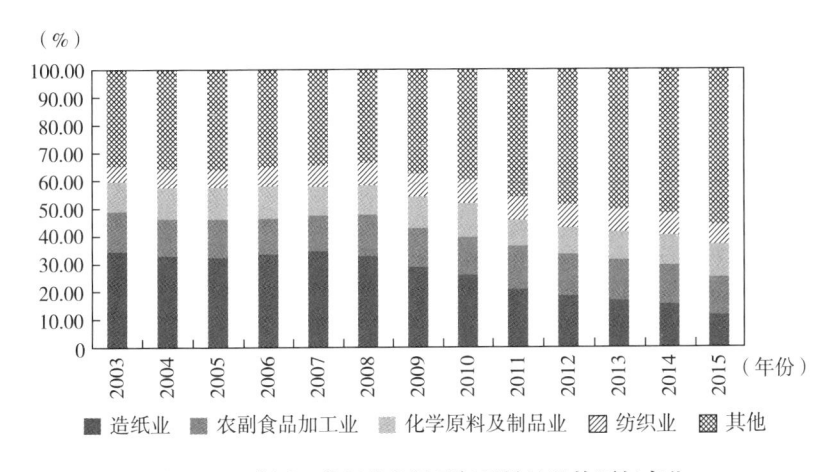

图 2-13　中国工业行业化学需氧量排放结构历年变化

资料来源：《中国环境统计年鉴》（2018）。

作为另一种重要的水污染物指标，中国氨氮排放总量除"十五"时期有所增长外，"十一五"时期和"十二五"时期均保持下降态势（见图2-14）。其中，工业源的氨氮排放量基本与总量增长保持同步，生活源的氨氮排放量则分别经历了在"十五"时期有所增长、"十一五"时期保持平稳、"十二五"时期减少的态势。

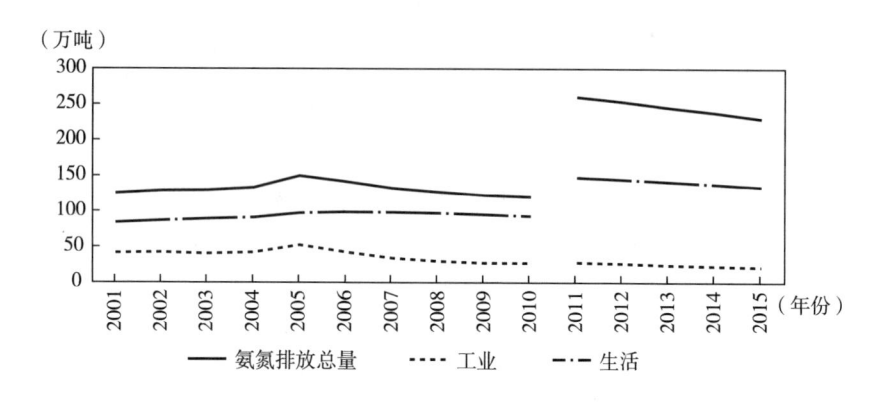

图 2-14　中国氨氮排放总量历年变化

资料来源：《中国环境统计年鉴》（2018）。

（四）固体污染治理效果

图2-15显示，"十五"时期、"十一五"时期，中国工业源的固体废物排放量不断降低，从2000年的3186.2万吨持续降低到2010年的498.2万吨，年均减少16.94%，这主要与中国加大对工业固体废物的治理有关。同期，中国工业固体废物的综合利用率从2000年的45.90%攀升到2010年的66.7%。进入"十二五"时期以来，中国工业固体废物排放量继续降低，工业固体废物的综合利用率保持平稳，维持在60%左右。

综上可见，随着中国环境规制力度的加大，中国环境污染治理投资不断增长，占GDP比重始终维持在1%以上，并重点投向城镇环境基础设施建设方面。总体上，工业废气、废水和固体废物治理效果较为明显，工业二氧化硫、工业化学需氧量、工业氨氮等主要工业污染物指标的增长趋势得以扭转，重点行业的工业污染减排效果十分明显。但是生活源的"三废"污染近年来快速增长，影响中国环境污染的总体治理成效，特别是在废水污染方面，生活源的废水污染已成为中国总废水污染的主力，并推动后者继续攀升。

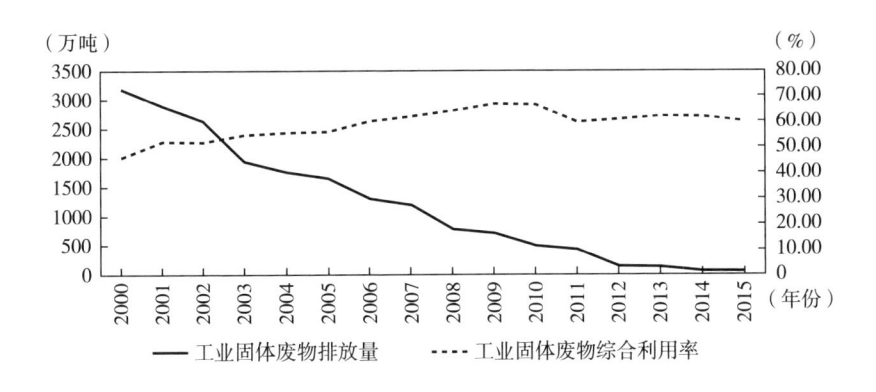

图 2-15　中国工业固体废物排放量和综合利用率历年变化

资料来源：《中国环境统计年鉴》（2018）。

第三节　本章小结

从现有研究来看，环境外部性是污染问题的经济根源。为治理环境污染问题，理论界分别形成了基于行政思维、市场思维与环境自治思维的三种环境规制流派。其中，基于行政思维的命令—控制型环境规制和基于市场思维的市场激励型环境规制均试图借助公共部门干预来实现环境外部性的内部化，且是中国主流的环境规制工具。通过对考察这两类环境规制工具环境绩效和经济绩效的文献的综述，可以发现，在环境绩效方面，命令—控制型环境规制的减排效果更优。而在经济绩效方面，市场激励型环境规制似乎更可能诱致波特效应。

改革开放以来，随着中国环境规制机构的行政级别不断提高、管理职权逐步扩大，加之一系列自上而下的命令—控制型环境规制政策的出台与实施，共同推动中国环境规制的不断强化，并取得了较好的政策减排效果。当前，命令—控制型环境规制仍是中国环境执法部门最主要的规制手段，但近年来诸如环境税和排污权交易制度等市场激励型环境规制手段在中国环保实践中得到越来越多的运用，这有利于推动中国环境规制体系的健全与完善。

总之，对已有研究的回顾一方面有助于明确本项研究在文献中的定位，进而提炼出本研究可能的创新点；另一方面对后续研究的拓展有一定的指引作用。而对中国环境规制相关制度背景的梳理，不仅为后文理论和实证分析提供了适用的政策场景，同时也便于我们得出更具针对性的政策建议。

第 三 章

环境规制与企业绩效：理论框架

第一节 引言

当前，中国经济已经进入高质量发展阶段。这迫切需要将过去高污染、高能耗的粗放型经济增长方式转变为兼顾绿色与发展的集约型经济增长方式。然而，要实现更高质量、更有效率、更加公平、更可持续的发展，要兼顾人民群众日益增长的美好生活需要和优美生态环境需要，离不开良好的环境治理体系设计。

经济学界关于环境治理体系设计的探讨由来已久，主流的规制工具可以分为命令—控制型和市场激励型环境规制两大类。前者是指政府采用行政手段强制市场主体进行污染控制的行为，包括制定环境技术标准或实施禁令等，后者则主张政府采取市场手段来激励排污者减排，常见的手段包括环境税费、减排补贴和排污权交易制度等。一般认为，前者比较严苛，后者则相对灵活。然而，二者孰优孰劣？目前学界还存在一定争议。为此，本章试图在 Xepapadeas 和 de Zeeuw（1999）模型的基础上，将命令—控制型和市场激励型环境规制纳入统一的分析框架，对二者的环境绩效和经济绩效进行相对深入的分析和探讨，并重点比较两类环境规制工具的经济效率。

这部分的理论分析将为后续第四章至第六章的实证分析提供理论基础。

第二节 基础模型

一 模型构建

参考 Xepapadeas 和 de Zeeuw (1999) 的模型设定，考虑一家投入不同年龄机器进行生产的企业，机器年龄 $\alpha \in [0, h]$。其中 h 为最大的达到报废时限的机器年龄。$v(\alpha)$ 和 $s(\alpha)$ 分别为 α 年龄机器的产量和生产过程中的污染排放量，由于机器老化会降低其使用性能和工作效率，并且更新的机器在设计时往往也运用了更先进的生产和环保技术，因此年龄越大的机器产量越小、排污量越大[①]，即 $v'(\alpha) \leq 0$，$s'(\alpha) \geq 0$。$x(t, \alpha)$ 为企业内部 t 年 α 年龄机器的存量，则 t 年企业的总产出为：

$$Q(t) = \int_0^h v(\alpha) x(t, \alpha) d\alpha \tag{3-1}$$

假定存在不同年龄机器 ($\alpha \in [0, h]$) 的交易市场，$b(\alpha)$ 为购买一台年龄为 α 的机器的费用。由于越老的机器生产效率越低，售价也越便宜，因此 $b'(\alpha) \leq 0$。并且假定达到报废时限的机器不具有任何市场价值，这意味着 $b(h) = 0$。与 Xepapadeas 和 de Zeeuw (1999) 的分析一致，我们假定机器价格 $b(\alpha)$ 是给定的、仅与机器年龄有关。$u(t, \alpha)$ 为 t 年 α 年龄机器购进 [$u(t, \alpha) > 0$] 或卖出 [$u(t, \alpha) < 0$] 的数量，t 年企业在机器市场上买卖机器的总成本（总收入）为：

$$T(t, \alpha) = b(\alpha) u(t, \alpha) + \frac{1}{2} u^2(t, \alpha) \tag{3-2}$$

式 (3-2) 右边第一项为机器的直接购买费用，第二项反映了

[①] Feichtinger 等 (2005, 2006) 指出，当存在学习效应时，更老的机器可能产出更多、排污更少。我们的模型暂不考虑这一点。

买卖机器的调整成本，包括机器的交易、安装和调试费用等。已知产出价格为 p 时，企业选择在每个时点买进或售出不同年龄的机器以最大化其利润。为简化分析，我们假定贴现因子为 0 并且企业并不存在融资约束。与 Xepapadeas 和 de Zeeuw（1999）不同的是，我们并未考虑机器的运行成本，在资本密集型行业中，机器运行的人工成本较低。另外，我们发现考虑机器运行成本只会增加计算和分析的复杂度而不会改变主要结论①。因此，当不考虑任何环境规制时，企业目标函数是：

$$\max_{\{u(t,\alpha)\}} \pi = \int_0^\infty \int_0^h \left\{ pv(\alpha)x(t,\alpha) - \left[b(\alpha)u(t,\alpha) + \frac{1}{2}u^2(t,\alpha)\right] \right\} d\alpha dt \tag{3-3}$$

$$\text{s.t.} \quad \frac{\partial x(t,\alpha)}{\partial t} = -\frac{\partial x(t,\alpha)}{\partial \alpha} + u(t,\alpha), \text{ or } \frac{\partial x(t,\alpha)}{\partial t} + \frac{\partial x(t,\alpha)}{\partial \alpha} = u(t,\alpha) \tag{3-4}$$

$$x(0,0) = 0, \quad x(t,\alpha) \geq 0 \tag{3-5}$$

式（3-3）刻画了一个由局部线性微分方程描述的具有转移动态的无限水平最优控制问题（Carlson et al., 1991）。其中，$x(t,\alpha)$ 为控制变量。约束条件（3-4）表明，给定年龄 α 的机器存量变动率 $\frac{\partial x(t,\alpha)}{\partial t}$ 等于该年龄机器随着机器老化而减少的存量 $-\frac{\partial x(t,\alpha)}{\partial \alpha}$ 以及新购买的该年龄的机器数量 $u(t,\alpha)$。约束条件（3-5）意味着任何时点任何年龄的机器数量非负，并且期初企业不拥有最新的机器。

求解上述问题的汉密尔顿方程为：

$$H = pv(\alpha)x(t,\alpha) - \left[b(\alpha)u(t,\alpha) + \frac{1}{2}u^2(t,\alpha)\right] + \lambda u(t,\alpha) \tag{3-6}$$

---

① 当考虑机器运行和维修成本时，显然更老的机器运行和维修成本更高，这意味着更老机器的净产出越低，这等同于当不考虑机器运行和维修成本时，更年轻机器的产出更多，因此是否考虑机器运行成本不影响我们模型的主要结果。

式（3-6）的一阶条件为：

$$\frac{\partial H}{\partial u}=0, \text{ or } u(t,\alpha)=\lambda(t,\alpha)-b(\alpha) \tag{3-7}$$

$$\frac{\partial \lambda(t,\alpha)}{\partial t}+\frac{\partial \lambda(t,\alpha)}{\partial \alpha}=-\frac{\partial H}{\partial x}=-pv(\alpha) \tag{3-8}$$

参照 Xepapadeas 和 de Zeeuw（1999）的处理方法，我们假定企业处于稳态水平①，即 $\frac{\partial \lambda}{\partial t}=\frac{\partial x}{\partial t}=\frac{\partial u}{\partial t}=0$。此时，可以去掉时间下标并记 $\frac{\partial \lambda}{\partial \alpha}=\dot{\lambda}$，$\frac{\partial x}{\partial \alpha}=\dot{x}$。则稳态下的最优化条件可以改写为：

$$u(\alpha)=\lambda(\alpha)-b(\alpha) \tag{3-9}$$

$$\dot{\lambda}=-pv(\alpha) \tag{3-10}$$

$$\dot{x}=u(\alpha) \tag{3-11}$$

因此，前述最优控制问题在稳态水平下可以改写为：

$$\max_{\{u(\alpha)\}} \pi=\int_0^h \left\{pv(\alpha)x(\alpha)-\left[b(\alpha)u(\alpha)+\frac{1}{2}u^2(\alpha)\right]\right\}\mathrm{d}\alpha \tag{3-12}$$

s.t. $\dot{x}=u(\alpha)$，$x(0)=0$，$x(\alpha)\geqslant 0$ \qquad (3-13)

二 模型求解

在稳态水平下，根据式（3-10）并结合固定水平的最优化控制问题的边界条件 $\lambda(h)=0$，可以得到：

$$\lambda(\alpha)=\int_\alpha^h pv(\alpha)\mathrm{d}\rho \tag{3-14}$$

$\lambda(\alpha)$ 反映了安装一台年龄 α 的机器持续使用直至其报废的收益。由式（3-9）可进一步得到 $u(\alpha)$ 的表达式：

$$u(\alpha)=\int_\alpha^h pv(\rho)\mathrm{d}\rho-b(\alpha) \tag{3-15}$$

根据式（3-11）并结合约束条件 $x(0)=0$，可计算出不同年龄的

---

① Feichtinger 等（2005）证明，最多需经过 h 年，企业将达到其稳态水平。

最优机器存量：

$$x(\alpha) = \int_0^\alpha \left[\int_z^h pv(\rho)\,d\rho - b(z)\right]dz \tag{3-16}$$

相应地，稳态水平下，企业的最优产量和排污量分别为：

$$Q = \int_0^h \int_0^\alpha \int_z^h v(\alpha)pv(\rho)\,d\rho dz d\alpha - \int_0^h \int_0^\alpha v(\alpha)b(z)\,dz d\alpha \tag{3-17}$$

$$S = \int_0^h \int_0^\alpha \int_z^h s(\alpha)pv(\rho)\,d\rho dz d\alpha - \int_0^h \int_0^\alpha s(\alpha)b(z)\,dz d\alpha \tag{3-18}$$

稳态水平下，污染密集度 θ、平均机器年龄 g 和机器的平均生产率水平 f 分别记为：

$$\theta = \frac{S}{Q},\ g = \frac{\int_0^h \alpha x(\alpha)\,d\alpha}{\int_0^h x(\alpha)\,d\alpha},\ f = \frac{\int_0^h v(\alpha)x(\alpha)\,d\alpha}{\int_0^h x(\alpha)\,d\alpha} \tag{3-19}$$

需要注意的是，前述分析中产出价格 p 被假定为外生给定。因此，接下来需放松这一条件，即将价格内生化。假定市场上存在 N 家生产同质商品的企业进行竞争。产品市场的需求函数为：

$$p = \bar{p} - N \times Q^*$$

因此，均衡价格为：

$$p^* = \frac{\bar{p} + N \times B}{1 + N \times C} \tag{3-20}$$

其中，

$$B = \int_0^h \int_0^\alpha v(\alpha)b(z)\,dz d\alpha$$

$$C = \int_0^h \int_0^\alpha \int_z^h v(\alpha)v(\rho)\,d\rho dz d\alpha$$

将式(3-20)代入式(3-16)至式(3-19)和式(3-3)中，可确定企业的最优机器存量 $x^*(\alpha)$、总产量 Q^*、总排污量 S^*、污染密集度 θ^*、平均机器年龄 g^*、生产率水平 f^* 和利润水平 π^*。

第三节 考虑命令—控制型环境规制的情形

基础模型中并未考虑外生的环境政策冲击,当不存在环境规制时,由于减排会增加生产成本,因此企业并无主动减排的动机。现在考虑政府施加一种强制性环境技术标准,即政府通过行政命令要求企业给生产运行中的每台机器统一安装污染处理能力不低于$\delta(\delta \in (0, 1])$的过滤设备。$\delta$越大,政府对企业污染处理水平的要求越高,这意味着政府实施的命令—控制型环境规制越严格。需要说明的是,在 Xepapadeas 和 de Zeeuw(1999)的模型中,环境规制手段为针对单位污染排放征收的从量排污税,而本节模型主要关注强制性环境技术标准δ。相比于更灵活的排污税而言,强制性环境技术标准具有"一刀切"性质,属于典型的命令—控制型环境规制的政策实践形式。每台过滤设备的市场价格为$\frac{\gamma}{2}\delta^2$,与其污染处理能力正相关。对于企业而言,这意味着边际减排成本递增。此时,企业的总排污量为:

$$S(\delta) = \int_0^h s(\alpha)(1-\delta)x(\alpha, \delta)d\alpha$$

企业的总污染排放量不仅取决于生产规模即投入的机器数量,还取决于排污效率即每台机器的排污量,而后者与过滤设备的污染处理能力负相关。

稳态条件下的最优控制问题可以表述为:

$$\max_{\{u(\alpha)\}} \pi = \int_0^h \left\{ \left[pv(\alpha) - \frac{\gamma}{2}\delta^2 \right] x(\alpha) - \left[b(\alpha)u(\alpha) + \frac{1}{2}u^2(\alpha) \right] \right\} d\alpha \tag{3-21}$$

$$\text{s. t. } \dot{x} = u(\alpha), \ x(0) = 0, \ x(\alpha) \geq 0 \tag{3-22}$$

式中,δ为外生变量,反映了政府实施命令—控制型环境规制的强度,其如何影响受规制企业的生产决策行为是我们接下来考虑的重点。

重新求解上述最优控制问题,可以得到:

$$x(\alpha) = \int_0^\alpha \left[\int_z^h \left[pv(\rho) - \frac{\gamma}{2}\delta^2 \right] d\rho - b(z) \right] dz \qquad (3-23)$$

为简化分析和计算,参照 Xepapadeas 和 de Zeeuw（1999）的策略,我们对上述问题中有关方程设定为线性形式,并进一步将机器最大年龄 h 和过滤设备的价格因子 γ 标准化为1。具体而言,我们设定:

$$v(\alpha) = a(1-\alpha), \ s(\alpha) = s\alpha, \ b(\alpha) = b(1-\alpha)(0<b<\bar{b}, \ 0<a<1, \ s>0) \qquad (3-24)$$

同时,参考 Xepapadeas 和 de Zeeuw（1999）的设定,假定存在两个在不同行政区域选址生产但在同一市场上进行产品竞争的企业①,本地（国）企业受到本地政府的环境规制,外地（国）企业则不受环境规制。现实中,由于中国环境分权和地区间非均衡化发展,位于不同地区的企业往往面临不同规制力度的环境政策,如2013年出台的《大气污染防治行动计划》对京津冀、长三角、珠三角等区域的空气污染治理力度作了更高的要求。因此,模型中的2家企业也可以理解为受到更高环境规制强度和更低环境规制强度的两类企业。

容易计算出,受到环境规制的企业和未受到环境规制的企业特定年龄的机器购进（售出）和持有量分别为:

$$u^R(\alpha) = \frac{1}{2}(-1+\alpha)[2b+aP(-1+\alpha)+\delta^2] \qquad (3-25)$$

$$x^R(\alpha) = \frac{1}{12}\alpha\{6b(-2+\alpha)+2aP[3+(-3+\alpha)\alpha]+3(-2+\alpha)\delta^2\} \qquad (3-26)$$

$$u^U(\alpha) = \frac{1}{2}[2b+aP(-1+\alpha)](-1+\alpha) \qquad (3-27)$$

---

① 我们发现,企业数量的多少不会改变主要结论,但会增加计算复杂度。因此,将 N 简化为 2。

$$x^U(\alpha) = \frac{1}{6}\alpha\{3b(-2+\alpha)+aP[3+(-3+\alpha)\alpha]\} \tag{3-28}$$

相应的总产出为：

$$Q^R = \frac{1}{80}a(-10b+4aP-5\delta^2) \tag{3-29}$$

$$Q^U = \frac{1}{40}a(-5b+2aP) \tag{3-30}$$

借鉴 Pal（2012）和 Xu 等（2016）的做法，我们将产品市场上的潜在购买力 $\bar{p}$ 标准化为 1，因此有 $p=1-Q^R-Q^U$。进而可以得到均衡价格：

$$p^* = \frac{5[16+a(4b+\delta^2)]}{8(10+a^2)} \tag{3-31}$$

将式（3-31）代入式（3-25）至式（3-28）中可分别得到受规制企业和未受规制企业的最优机器购进（售出）和持有数量：

$$u^R(\alpha) = \frac{(-1+\alpha)\{80(2b+\delta^2)+a[80(-1+\alpha)+4ab(-1+5\alpha)+a(3+5\alpha)\delta^2]\}}{16(10+a^2)} \tag{3-32}$$

$$x^R(\alpha) = \alpha \frac{80a[3+(-3+\alpha)\alpha]+120(-2+\alpha)(2b+\delta^2)+a^2\{4b[3+\alpha(-9+5\alpha)]+[-9+\alpha(-3+5\alpha)]\delta^2\}}{48(10+a^2)} \tag{3-33}$$

$$u^U(\alpha) = \frac{(-1+\alpha)\{160b+a[80(-1+\alpha)+4ab(-1+5\alpha)+5a(-1+\alpha)\delta^2]\}}{16(10+a^2)} \tag{3-34}$$

$$x^U(\alpha) = \alpha \frac{240b(-2+\alpha)+80a[3+(-3+\alpha)\alpha]+a^2\{4b[3+\alpha(-9+5\alpha)]+5[3+(-3+\alpha)\alpha]\delta^2\}}{48(10+a^2)} \tag{3-35}$$

进一步地，可分别算出受规制企业和未受规制企业的总产出、总排污量、污染密集度、平均机器年龄和生产率水平。由于本地政府仅关注环境规制对本地受规制企业生产和排污行为的影响，因此，此处仅给出本地受规制企业的相关计算结果。

$$Q^R = \frac{a[16a-40b-(20+a^2)\delta^2]}{32(10+a^2)} \qquad (3-36)$$

$$S^R = \frac{1}{240}s(-1+\delta)\left(50b+25\delta^2 - \frac{45a[16+a(4b+\delta^2)]}{4(10+a^2)}\right) \qquad (3-37)$$

$$\theta^R = \frac{s(1-\delta)[400b+4a(-36+ab)+(200+11a^2)\delta^2]}{6a[-16a+40b+(20+a^2)\delta^2]} \qquad (3-38)$$

$$g^R = \frac{400b+4a(-36+ab)+(200+11a^2)\delta^2}{640b+4a(-60+ab)+(320+17a^2)\delta^2} \qquad (3-39)$$

$$f^R = \frac{6a[-16a+40b+(20+a^2)\delta^2]}{640b+4a(-60+ab)+(320+17a^2)\delta^2} \qquad (3-40)$$

分别求解式（3-31）至式（3-33）和式（3-36）至式（3-40）关于环境规制强度 δ 的一阶导数，可得：

$$\frac{\partial p^*}{\partial \delta} = \frac{5a\delta}{4(10+a^2)}; \quad \frac{\partial Q^R}{\partial \delta} = -\frac{a(20+a^2)\delta}{16(10+a^2)}$$

$$\frac{\partial u^R(\alpha)}{\partial \delta} = \frac{(-1+\alpha)[80+a^2(3+5\alpha)]\delta}{8(10+a^2)}$$

$$\frac{\partial x^R(\alpha)}{\partial \delta} = -\frac{\alpha\{120(2-\alpha)+a^2[9-\alpha(-3+5\alpha)]\}\delta}{24(10+a)}$$

$$\frac{\partial S^R}{\partial \delta} = \frac{s\{-144a+200[2b+\delta(-2+3\delta)]+a^2[4b+11\delta(-2+3\delta)]\}}{192(10+a^2)}$$

$$\frac{\partial \theta^R}{\partial \delta} = \frac{\begin{array}{l}32s(2a-5b)[-36a+(100+a^2)b]-8sa(10+a^2)(8+ab)\delta+\\4s[48a(35+2a^2)(-4000-210a^2+a^4)b]\delta^2-\\(20+a^2)(200+11a^2)s\delta^4\end{array}}{6a[-16a+40b+(20+a^2)\delta^2]^2}$$

$$\frac{\partial g^R}{\partial \delta} = -\frac{48a(10+a^2)(8+ab)\delta}{[640b+4a(-60+ab)+(320+17a^2)\delta^2]^2}$$

$$\frac{\partial f^R}{\partial \delta} = \frac{48a^2(10+a^2)(8+ab)\delta}{[640b+4a(-60+ab)+(320+17a^2)\delta^2]^2}$$

可以确定，在可行域（$s>0$, $0<a<1$, $0<b<\bar{b}$, $0<\delta<\delta_{\max}$）内，$\frac{\partial p^*}{\partial \delta}>0$; $\frac{\partial Q^R}{\partial \delta}<0$; $\frac{\partial u^R(\alpha)}{\partial \delta}<0$; $\frac{\partial x^R(\alpha)}{\partial \delta}<0$; $\frac{\partial S^R}{\partial \delta}<0$; $\frac{\partial \theta^R}{\partial \delta}<0$; $\frac{\partial g^R}{\partial \delta}<0$; $\frac{\partial f^R}{\partial \delta}>0$。

为更直观反映上述命令—控制型环境规制对企业生产经营行为的影响，我们通过数值模拟方式对结果进行分析。设 $b=0.3$、$a=0.85$、$s=0.1$，图 3-1 至图 3-6 分别显示了相应的数量关系。

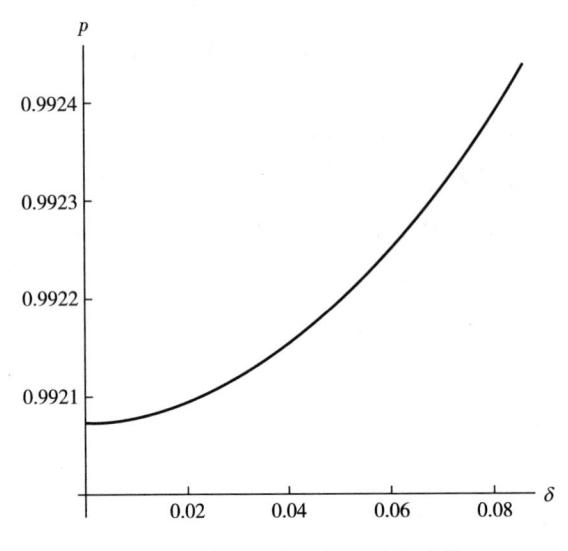

图 3-1　产品价格 p 与 δ 的关系①

注：$b=0.3$，$a=0.85$，$s=0.1$；下同。

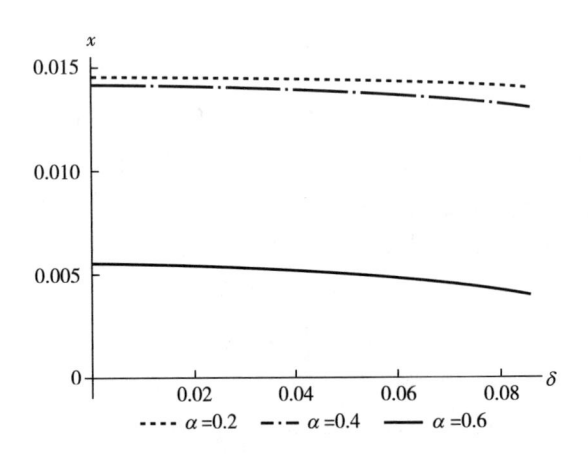

图 3-2　不同年龄机器存量 x 与 δ 的关系

---

① 部分图形为凸显曲线形态，横轴与纵轴交点并没有设在原点处。

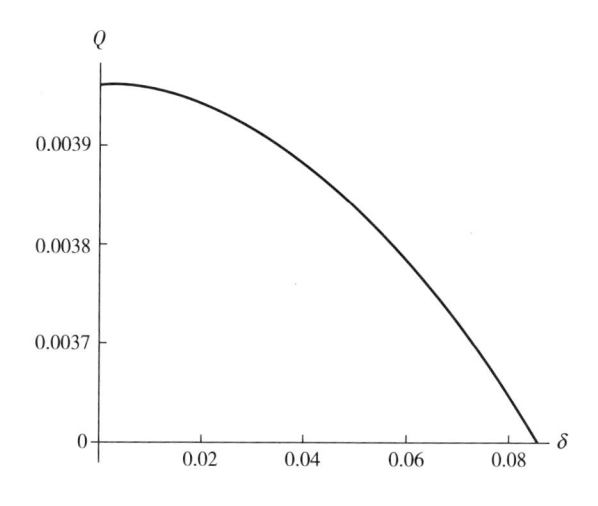

图 3-3　企业总产出 Q 与 δ 的关系

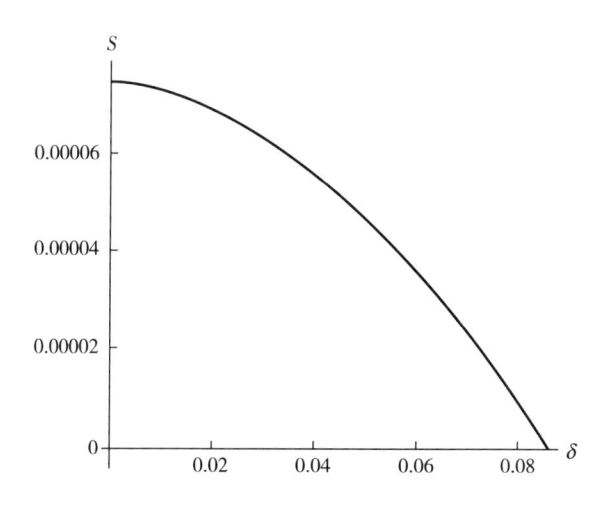

图 3-4　企业总污染排放量 S 与 δ 的关系

图 3-2 显示，随着命令—控制型环境规制强度 δ 的增大，受规制企业内部不同年龄机器存量水平减少，企业产出也随之下降（见图 3-3）。由于环境规制使得未受规制企业的产出增加部分并不足以弥补受规制企业的产出减少部分，因此市场上总的产出减少，导致产品价格上升（见图 3-1）。值得注意的是，随着 δ 的增大，企业加

快绿色资本更新，即卖出更多高污染、低效率的老机器，从而使老机器的存量减少得更多，而对新机器的存量则较少削减，这使企业内部平均的机器年龄更小（见图3-6）。更年轻的机器生产效率更高，并且排污更少，因而企业内部机器的平均生产率水平提升、平均排污水平下降，这意味着单位产出的污染排放量也随之下降（见图3-5）。随着产出的减少和污染密集度的降低，受规制企业的总排污量更快地下降（见图3-4）。

图3-5　企业污染密集度 θ 与 δ 的关系

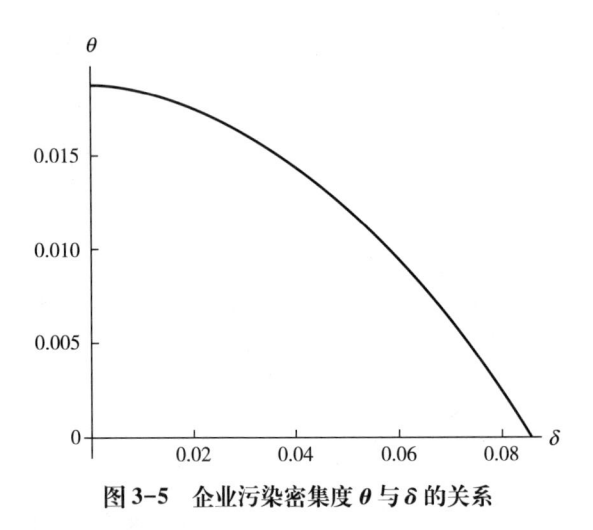

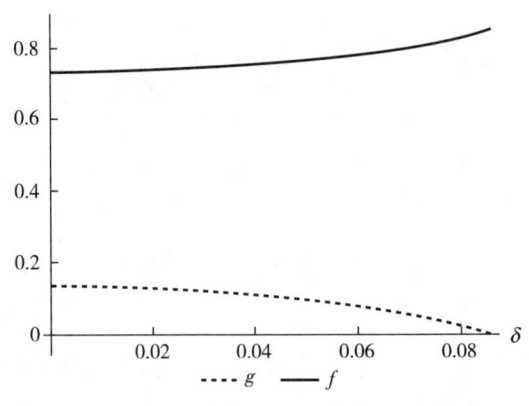

图3-6　企业平均机器年龄 g、生产率 f 与 δ 的关系

基于上述分析,我们得出命题1:

命题1:在命令—控制型环境规制下,企业通过绿色资本更新可以同时实现污染减排和生产率提升。

模型中,由于假设更新的机器生产效率更高并且排污更少,因此当迫于行政命令安装污染过滤设施导致环境规制的遵从成本增加时,企业持有机器的边际成本增加,这使其降低各种机器的存量水平,即压缩生产规模。在这个过程中,由于老机器效率低下、产出较低,对成本变动更为敏感,因此强制性环境技术标准导致其存量水平下降更多,而对新机器的影响则较少,从而使企业内部的机器存量结构(资本结构)更加年轻化,进而推动平均机器(资本)生产率水平的提升,并加快总排污量和单位产出排污量的下降。

上述命题的一个典型例证是中国造纸行业的革新。长期以来,中国造纸行业生产规模小、生产工艺和设备落后(陈晓东,2009),不少小型造纸厂靠进口国外落后的二手制浆造纸设备进行生产,带来了严重的水体污染(赵伟,2012)。自2006年国务院发布《"十一五"期间全国主要污染物排放总量控制计划》并强调要"在电力、冶金、建材、化工、造纸、纺织印染和食品酿造等重点行业大力推行清洁生产"以来,"十一五"时期中国造纸行业共淘汰落后产能1000余万吨,关停了2000多家高耗能、高污染的制浆造纸企业。主要废水污染物指标化学需氧量的排放由159.6万吨降至109.7万吨,降幅高达31.3%,废水排放达标率则进一步提升至93.5%。化学需氧量排放强度由0.069吨/万元降至0.025吨/万元,降幅高达63.8%。与此同时,中国造纸行业加快了工业改造和技术升级步伐。造纸装备企业改造投入达到50亿元以上。国家统计局的数据显示,2006—2009年造纸及纸制品行业投资额合计3729亿元,投资额年增长高达20%以上,新增年产10万吨及以上中高档各类纸机和纸板机140余台,新增先进产能3400万吨,一批生产技术装备先进、产品竞争力强的现代化造纸企业集团脱颖而出,行业集中度和生产率水平得到显著提升。

第四节　考虑市场激励型环境规制的情形

前述部分考察了以强制性环境技术标准为代表的命令—控制型环境规制对企业绩效的影响。已有研究表明，企业对排污税、减排补贴和可交易排污许可权等市场激励型环境规制的行为响应区别于前者（Milliman and Prince, 1989; Jaffe et al., 2005）。接下来，我们将重点考察排污税和减排补贴的规制绩效。

一　排污税

考虑政府对企业排放的污染每单位征收 τ 的排污税。此时，企业既可以选择为机器排放的污染缴纳排污税，也可以为避免排污税主动进行减排，即为每台机器安装处理能力为 δ_α 的过滤设施。同样，过滤设备的单位使用成本为 $\frac{\gamma}{2}\delta_\alpha^2$。区别于强制性环境技术标准，在面临排污税时，企业可以更为灵活地为每种年龄的机器安装不同处理能力的过滤设备。此时，稳态条件下的最优控制问题可以表述为：

$$\max_{\{u(\alpha),\delta_\alpha\}} \pi = \int_0^h \left\{ \left[pv(\alpha) - \tau s(\alpha)(1-\delta_\alpha) - \frac{\gamma}{2}\delta_\alpha^2 \right] x(\alpha) - \left[b(\alpha)u(\alpha) + \frac{1}{2}u^2(\alpha) \right] \right\} d\alpha \tag{3-41}$$

s.t. $\dot{x} = u(\alpha)$, $x(0) = 0$, $x(\alpha) \geq 0$ \hfill (3-42)

求解关于 δ_α 的偏导数，可得：

$$\tau s(\alpha) = \gamma \delta_\alpha \tag{3-43}$$

式（3-43）的左边为企业为机器安装的过滤设备的处理能力提升一单位节约的排污税支出，右边则为相应的过滤设备使用成本增量。因此，给每类机器安装的过滤设备的最优污染处理能力应处在使二者相等的水平上，即：

$$\delta_\alpha = \frac{\tau s(\alpha)}{r} \tag{3-44}$$

将式（3-44）代入式（3-41）中，则上述最优控制问题可重新表述为：

$$\max_{\{u(\alpha)\}} \pi = \int_0^h \left\{ \left[pv(\alpha) - \tau s(\alpha) \left(1 - \frac{\tau s(\alpha)}{2r}\right) \right] x(\alpha) - \left[b(\alpha)u(\alpha) + \frac{1}{2}u^2(\alpha) \right] \right\} d\alpha \tag{3-45}$$

s.t. $\dot{x} = u(\alpha)$, $x(0) = 0$, $x(\alpha) \geq 0$ \hfill (3-46)

此时，可知：

$$x(\alpha, \tau) = \int_0^\alpha \left[\int_z^h \left[pv(\alpha) - \tau s(\alpha)\left(1 - \frac{\tau s(\alpha)}{2r}\right) - \frac{\gamma}{2}\delta^2 \right] d\rho - b(z) \right] dz \tag{3-47}$$

$$S(\tau) = \int_0^h s(\alpha)\left(1 - \frac{\tau s(\alpha)}{r}\right) x(\alpha, \tau) d\alpha \tag{3-48}$$

与前述分析一致，将年龄 h 和过滤设备的价格因子 γ 标准化为 1，并采取式（3-24）的线性设定形式。假定 1 家本地企业和 1 家外地企业在市场上进行同质产品竞争，本地企业被征收排污税，外地企业不被征收排污税，同时将 p 标准化为 1。则均衡价格为：

$$p^{T*} = \frac{720 + 180ab + as\tau(54 - 19s\tau)}{72(10 + a^2)} \tag{3-49}$$

进而可以得到本地受规制企业的机器购进（售出）和持有量、产出、总排污量、污染密集度、平均机器年龄和生产率水平：

$$u^T(\alpha) = \frac{(-1+\alpha)\begin{Bmatrix} 720a(-1+\alpha) + a^2\{36b(-1+5\alpha) + \\ s\tau[18(1+7\alpha) - s(5+3\alpha)(1+8\alpha)\tau]\} + \\ 240\{6b + s\tau[3(1+\alpha) - s(1+\alpha+\alpha^2)\tau]\} \end{Bmatrix}}{144(10 + a^2)} \tag{3-50}$$

$$x^T(\alpha) = \frac{\alpha\begin{Bmatrix}720a[3+(-3+\alpha)\alpha]+180\{12b(-2+\alpha)+\\s\tau[4(-3+\alpha^2)-s(-4+\alpha^3)\tau]\}+\\36a^2b[3+\alpha(-9+5\alpha)]+a^2s\{18[-3+\alpha(-9+7\alpha)]+\\s\{15+\alpha[57-\alpha(19+18\alpha)]\}\tau\}\end{Bmatrix}}{432(10+a^2)}$$

(3-51)

$$Q^T = \frac{a[360(2a-5b)-54(20+a^2)s\tau+19(20+a^2)s^2\tau^2]}{1440(10+a^2)} \quad (3-52)$$

$$S^T = \frac{s\begin{Bmatrix}126\{240(-8+9b)+a[-760+a(-111+26b)]\}s\tau-\\3780[-36a+(100+a^2)b]+189(1400+83a^2)s^2\tau^2-\\(64800+3953a^2)s^3\tau^3\end{Bmatrix}}{181440(10+a^2)} \quad (3-53)$$

$$\theta^T = \frac{s\begin{Bmatrix}126\{240(-8+9b)+a[-760+a(-111+26b)]\}s\tau\\-3780[-36a+(100+a^2)b]+189(1400+83a^2)s^2\tau^2-\\(64800+3953a^2)s^3\tau^3\end{Bmatrix}}{126a[360(2a-5b)-54(20+a^2)s\tau+19(20+a^2)s^2\tau^2]} \quad (3-54)$$

$$g^T = \frac{-2160a+a^2[60b+s\tau(222-83s\tau)]+40[150b+s\tau(96-35s\tau)]}{-3600a+a^2[60b+11s\tau(30-11s\tau)]+240[40b+s\tau(25-9s\tau)]}$$

(3-55)

$$f^T = \frac{2a[360(-2a+5b)+54(20+a^2)s\tau-19(20+a^2)s^2\tau^2]}{-3600a+a^2[60b+11s\tau(30-11s\tau)]+240[40b+s\tau(25-9s\tau)]}$$

(3-56)

同样分别求解式（3-49）至式（3-56）关于排污税τ的一阶导数，可得：

$$\frac{\partial p^{T*}}{\partial \tau} = \frac{as(27-19s\tau)}{36(10+a^2)}$$

$$\frac{\partial Q^T}{\partial \tau} = \frac{a(20+a^2)s(-27+19s\tau)}{720(10+a^2)}$$

$$\frac{\partial u^T(\alpha)}{\partial \tau}=-\frac{s(-1+\alpha)\{-360(1+\alpha)+240s(1+\alpha+\alpha^2)\tau+a^2[-9(1+7\alpha)+s(5+3\alpha)(1+8\alpha)\tau]\}}{72(10+a^2)}$$

$$\frac{\partial x^T(\alpha)}{\partial \tau}=s\alpha\frac{9a^2[-3+\alpha(-9+7\alpha)]+sa^2\{15+\alpha[57-\alpha(19+18\alpha)]\}\tau-180[6-4s\tau+a^2(-2+s\alpha\tau)]}{216(10+a^2)}$$

$$\frac{\partial S^T}{\partial \tau}=\frac{s^2\{-31920a+a^2[-4662+1092b+s\tau(10458-3953s\tau)]+720[-112+126b+5s\tau(49-18s\tau)]\}}{60480(10+a^2)}$$

$$\frac{\partial \theta^T}{\partial \tau}=\frac{s^2\left\{\begin{array}{l}22680\{-40a[30+a(76+3a)]+1200b+ab\{16240+\\a[30+(104-9a)a]\}-20(1080+13a^2)b^2\}+\\7560\{-88000b+36720a+a^2[-5190b+a(2304+\\19ab)]\}s\tau-36s^2\tau^2\times\{1200(4487-5706b)+2877200a+\\592200a^2-414730a^2b+a^3[186640+7a(2307+247b)]\}+\\108(20+a^2)(64800+3953a^2)s^3\tau^3-19(20+a^2)\\(64800+3953a^2)s^4\tau^4\end{array}\right\}}{126a[360(2a-5b)-54(20+a^2)s\tau+19(20+a^2)s^2\tau^2]^2}$$

$$\frac{\partial g^T}{\partial \tau}=-\frac{48(10+a^2)s\{45[-40b+a(40+3ab)]-5[-400b+a(312+19ab)]s\tau+11(20+a^2)s^2\tau^2\}}{\{-3600a+a^2[60b+11s\tau(30-11s\tau)]+240[40b+s\tau(25-9s\tau)]\}^2}$$

$$\frac{\partial f^T}{\partial \tau}=\frac{48a(10+a^2)s[45(-40b+a(40+3ab)]-5[s\tau+11(20+a^2)s^2\tau^2]}{\{-3600a+a^2[60b+11s\tau(30-11s\tau)]+240[40b+s\tau(25-9s\tau)]\}^2}$$

可以确定，在可行域（$s>0$，$0<a<1$，$0<b<\bar{b}$，$0<\tau<\tau_{max}$）内，$\frac{\partial p^{T*}}{\partial \tau}>0$，$\frac{\partial Q^T}{\partial \tau}<0$，$\frac{\partial u^T(\alpha)}{\partial \tau}<0$，$\frac{\partial x^T(\alpha)}{\partial \tau}<0$，$\frac{\partial S^T}{\partial \tau}<0$，$\frac{\partial \theta^T}{\partial \tau}<0$，$\frac{\partial g^T}{\partial \tau}<0$，$\frac{\partial f^T}{\partial \tau}>0$。

与强制性环境技术标准下的结果相同，更高水平的排污税降低了企业的生产规模，导致企业内部的机器存量水平下降（见图3-8），从而减少了企业产出（见图3-9）。尽管未受规制企业会趁机扩大生产规模，但市场上总的产量仍会下降，从而使得产品价格上升（见图3-7）。同理，由于环境规制的成本效应，企业会加快淘汰高污染、低效率的老机器,从而推动企业内部机器存量结构的年轻化(见图3-8),这将有助于提高机器的平均生产率水平(见图3-12),并降低单位产出的污染排放量(见图3-11)和总污染排放量(见图3-10)。

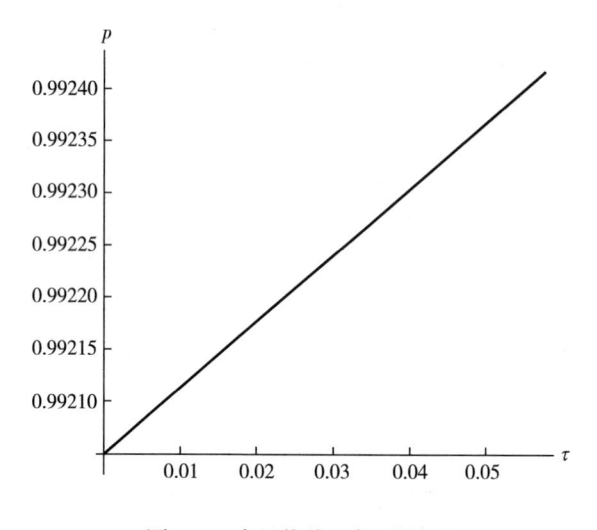

图3-7 产品价格 p 与 τ 的关系

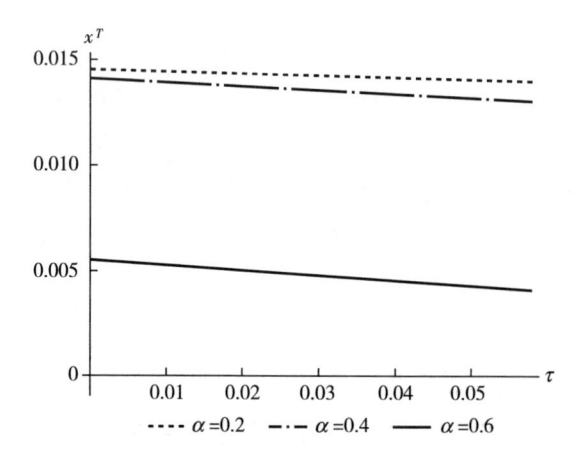

图3-8 不同年龄机器存量 x^T 与 τ 的关系

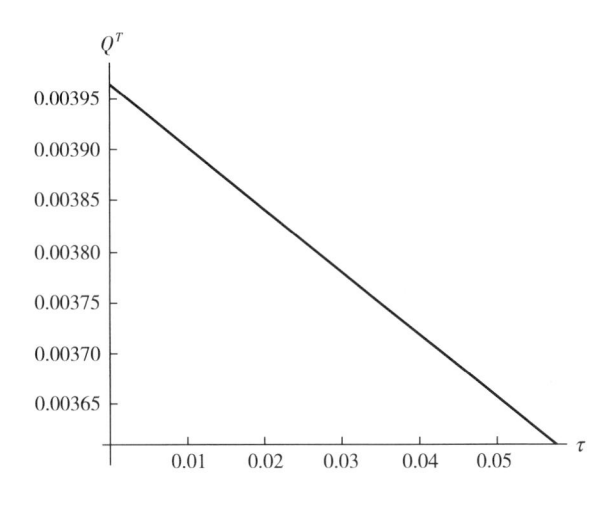

图 3-9　企业总产出 Q^T 与 τ 的关系

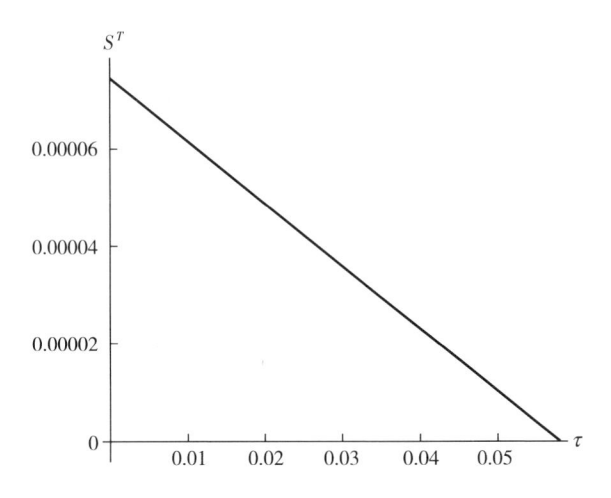

图 3-10　企业总污染排放量 S^T 与 τ 的关系

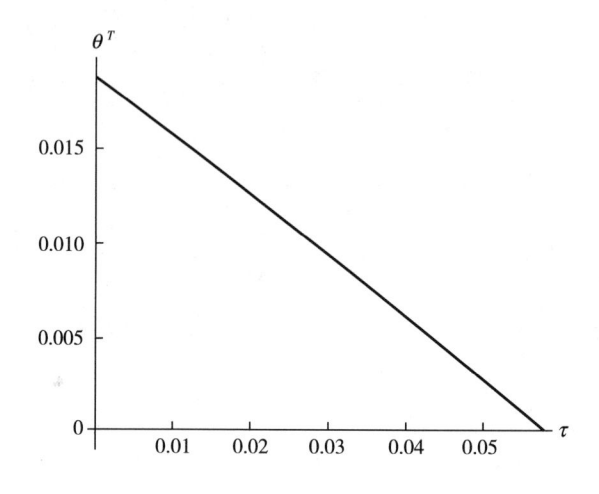

图 3-11　企业污染密集度 θ^T 与 τ 的关系

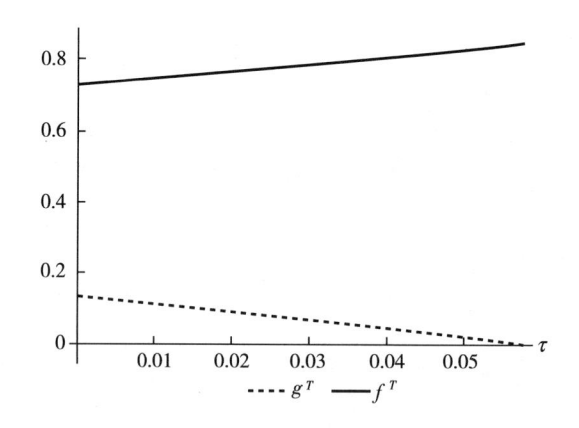

图 3-12　企业平均机器年龄 g^T、生产率 f^T 与 τ 的关系

二　减排补贴

现在考虑政府对企业实施一项减排补贴计划，给定企业的基准排放量 $\overline{S}$，政府对企业在基准排放量 $\overline{S}$ 水平上减少的每单位排放量补贴 β。为获得减排补贴，企业可以压缩产量，也可以考虑为每台机器安装处理能力为 δ_α 的过滤设施。同样，过滤设备的单位使用成本为 $\dfrac{\gamma}{2}\delta_\alpha^2$。此时，稳态条件下的最优控制问题可以表述为：

$$\max_{\{u(\alpha),\delta_\alpha\}} \pi = \int_0^h \left\{ \left[pv(\alpha) - \frac{\gamma}{2}\delta_\alpha^2 \right] x(\alpha) - \left[b(\alpha)u(\alpha) + \frac{1}{2}u^2(\alpha) \right] \right\} d\alpha +$$
$$\beta \bar{S} - \int_0^h \beta s(\alpha)(1-\delta_\alpha) x(\alpha) d\alpha \qquad (3-57)$$

s.t. $\dot{x} = u(\alpha)$, $x(0) = 0$, $x(\alpha) \geq 0$, $\int_0^h s(\alpha)(1-\delta_\alpha)x(\alpha)d\alpha \leq \bar{S}$

$$(3-58)$$

求解关于 δ_α 的偏导数可得：
$$\beta s(\alpha) = \gamma \delta_\alpha \qquad (3-59)$$

与式（3-43）相同，式（3-59）左右两侧分别反映了企业安装过滤设备的边际减排收益和成本，则过滤设备的最优污染处理水平为：

$$\delta_\alpha = \frac{\beta s(\alpha)}{r} \qquad (3-60)$$

将式（3-60）代入式（3-57）中，则上述最优控制问题可重新表述为：

$$\max_{\{u(\alpha)\}} \pi = \int_0^h \left\{ \left[pv(\alpha) - \beta s(\alpha)\left(1 - \frac{\beta s(\alpha)}{2r}\right) \right] x(\alpha) - \right.$$
$$\left. \left[b(\alpha)u(\alpha) + \frac{1}{2}u^2(\alpha) \right] \right\} dy + \beta \bar{S} \qquad (3-61)$$

s.t. $\dot{x} = u(\alpha)$, $x(0) = 0$, $x(\alpha) \geq 0$, $\int_0^h s(\alpha)(1-\delta_\alpha)x(\alpha)d\alpha \leq \bar{S}$

$$(3-62)$$

由于 $\beta \bar{S}$ 为外生给定，不受企业决策影响，因此企业利润最大化等同于最大化式（3-61）等号右边第一项。如果令 $\beta = \tau$，可以发现上述最优化问题等同于排污税情形下的最优控制问题，这说明减排补贴等价于环境税。

在减排补贴的情形下，企业减排的激励来自因减少排放获得的补贴收入；在排污税的情形下，企业减排的激励则来自因减少排放而节约的排污税支出，二者均与减排量正相关。而相应的减排成本则都来自安装过滤设备导致的成本增加以及压缩产能导致的净收入减少。因此，在排污税和减排补贴的情形下，企业实际面临相同的决策权衡。最优的决策点即位于将生产规模（包括机器的买卖数量和存量水平）和过滤设施处理能力保持在使企业的边际减排收益等于边际减排成本的水平上，以最大化其利润。

因此，采取和前文一致的方程和参数简化形式，依旧可以得到

$\frac{\partial p^{S*}}{\partial \beta}>0, \frac{\partial Q^S}{\partial \beta}<0, \frac{\partial u^S(\alpha)}{\partial \beta}<0, \frac{\partial x^S(\alpha)}{\partial \beta}<0, \frac{\partial S^S}{\partial \beta}<0, \frac{\partial \theta^S}{\partial \beta}<0, \frac{\partial g^S}{\partial \beta}<0, \frac{\partial f^S}{\partial \beta}>0$。

由此可以得出引理1：

引理1：减排补贴对企业生产决策的影响等价于排污税。

引理1表明，当存在绿色资本更新时，减排补贴亦可同时实现污染减少和生产率水平提升。考虑到排污税和减排补贴同属于市场激励型环境规制手段，我们得出命题2：

命题2：在市场激励型环境规制下，企业通过绿色资本更新可以同时实现污染减排和生产率提升。

与命令—控制型环境规制的传导机制相同，在市场激励型环境规制下，更老的机器的生产效率更低、排污更多，对环境规制的遵从成本更为敏感。因此，当面临更严格的环境规制时，企业会加快淘汰老机器，而相对多地使用更清洁、高效的新机器进行生产，从而推动生产性资本的更新换代。

现实中，依旧不乏相关的例证。比如在面临环保税开征的现实压力下，华能烟台发电有限公司加大环保改造力度，2016年完成两台机组超低排放改造，每年可减排二氧化硫约1000吨、氮氧化物约240吨、烟尘约95吨；2017年上半年进一步完成另两台机组超低排放改造，并持续深化节能技改，结合机组检修，先后组织实施了机组空预器增容改造、凝汽器洁能管改造等，机组能耗指标得到了进一步优化，有效提高了能源使用效率。山东九羊集团公司是年产值达200亿元的钢铁企业，也是排放大户，在2018年1月《中华人民共和国环境保护税法》出台后，公司淘汰落后产能100万吨、新增

优特钢产能 150 万吨,同时,加快上马环保和节能设备,不仅有效降低了排污量,而且提高了资本生产效率。

第五节 不同环境规制工具经济绩效的比较

前述分析表明,无论是以强制性环境技术标准为代表的命令—控制型环境规制,还是以排污税(减排补贴)为代表的市场激励型环境规制,只要存在绿色资本更新,受规制企业均可以同时实现污染减排和生产率提升。然而,考虑到不同环境规制工具下企业的响应方式有所差异,这可能对企业利润造成影响。

根据式(3-21)、式(3-45)和式(3-61)可分别计算得到强制性环境技术标准、排污税和减排补贴三种环境规制工具下受规制企业的利润水平:

$$\pi^R = \frac{-480a^3\delta^2 - 9600a(2b+\delta^2) + 6400(2b+\delta^2)^2 + 40a^2(96+8b^2+38b\delta^2+17\delta^4) + a^4(16b^2+16b\delta^2+19\delta^4)}{1536(10+a^2)^2} \quad (3\text{-}63)$$

$$\pi^T = \frac{\begin{Bmatrix} 15120[240a^2-1200ab+(1600+20a^2+a^4)b^2] + \\ 30240[-18a(20+a^2)+(25+a^2)(40+a^2)b]s\tau - \\ 252\{4800(-8+9b)-15200a+60a^2(-74+49b)+ \\ a^3[-760+a(-141+52b)]\}s^2\tau^2 - 252(28000+3320a^2+ \\ 109a^4)s^3\tau^3 + (1296000+158120a^2+5379a^4)s^4\tau^4 \end{Bmatrix}}{1451520(10+a^2)^2}$$

$$(3\text{-}64)$$

---

① 在减排补贴下,假定市场上只存在 2 家企业进行同质产品竞争时,$\overline{S} = \frac{[36a-(100+a^2)b]s}{48(10+a^2)}$。

$$\pi^S = \frac{\begin{Bmatrix} 15120[240a^2-1200ab+(1600+20a^2+a^4)b^2]+ \\ 272160a^2(2a-5b)s\beta-252\{4800(-8+9b)+ \\ a[-15200+60a(-74+49b)-760a^2+a^3(-141+52b)]\}s^2\beta^2- \\ 252(28000+3320a^2+109a^4)s^3\beta^3+ \\ (1296000+158120a^2+5379a^4)s^4\beta^4 \end{Bmatrix}}{1451520(10+a^2)^2}$$

(3-65)

进一步求解式（3-63）至式（3-65）分别关于 δ、τ 和 β 的一阶导数和二阶导数，可以得到：

$$\frac{\partial \pi^R}{\partial \delta} = \frac{8[-30a(20+a^2)+(1600+95a^2+a^4)b]\delta+(6400+680a^2+19a^4)\delta^3}{384(10+a^2)^2};$$

$$\frac{\partial^2 \pi^R}{\partial \delta^2} = \frac{-240a(20+a^2)+8(1600+95a^2+a^4)b+3(6400+680a^2+19a^4)\delta^2}{384(10+a^2)^2};$$

$$\frac{\partial \pi^T}{\partial \tau} = \frac{s\begin{Bmatrix} 7560[-18a(20+a^2)+(25+a^2)(40+a^2)b]- \\ 126\{4800(-8+9b)-15200a+[60a^2(-74+49b)-760a^3+ \\ a^4(-141+52b)]\}s\tau-189(28000+3320a^2+109a^4)s^2\tau^2+ \\ (1296000+158120a^2+5379a^4)s^3\tau^3 \end{Bmatrix}}{362880(10+a^2)^2}$$

$$\frac{\partial^2 \pi^T}{\partial \tau^2} = \frac{s^2\begin{Bmatrix} 638400a+31920a^3-40a^2[-4662+3087b+ \\ s\tau(10458-3953s\tau)]-14400[-112+126b+ \\ 5s\tau(49-18s\tau)]+3a^4[1974-728b+s\tau(-4578+1793s\tau)] \end{Bmatrix}}{120960(10+a^2)^2}$$

$$\frac{\partial \pi^S}{\partial \beta} = \frac{s\begin{Bmatrix} 3a^4s\beta[5922-2184b+s\beta(-6867+1793s\beta)]+1915200as\beta+ \\ 5040a^3(27+19s\beta)+21600s\beta[224-252b+5s\beta(-49+12s\beta)]- \\ 40a^2\{189b(45+49s\beta)+s\beta[-13986+s\beta(15687-3953s\beta)]\} \end{Bmatrix}}{362880(10+a^2)^2}$$

$$\frac{\partial^2 \pi^S}{\partial \beta^2} = \frac{s^2 \left\{ \begin{matrix} 638400a+31920a^3-40a^2[-4662+3087b+s\beta(10458-3953s\beta)]- \\ 14400[-112+126b+5s\beta(49-18s\beta)]+ \\ 3a^4[1974-728b+s\beta(-4578+1793s\beta)] \end{matrix} \right\}}{120960(10+a^2)^2}$$

可以确定，在参数可行域 ($s>0$, $0<a<1$, $0<b<\bar{b}$) 内，$\frac{\partial \pi^R}{\partial \delta}<0$，$\frac{\partial \pi^S}{\partial \beta}>0$，$\frac{\partial^2 \pi^T}{\partial \tau^2}>0$，$\frac{\partial^2 \pi^S}{\partial \beta^2}>0$。当 $\tau \in (0, \tau^*]$①时，$\frac{\partial \pi^T}{\partial \tau}<0$；当 $\tau \in (\tau^*, \tau_{\max}]$时，$\frac{\partial \pi^T}{\partial \tau}>0$。当 $\delta \in (0, \delta^*]$②时，$\frac{\partial^2 \pi^R}{\partial \delta^2}<0$；当 $\delta \in (\delta^*, \delta_{\max})$时，$\frac{\partial^2 \pi^R}{\partial \delta^2}>0$。

从企业利润对不同环境规制工具的响应来看，当实施强制性环境技术标准时，企业利润是关于环境规制强度递减的函数。环境规制越严格，企业利润越小，并且当环境规制强度较小时，随着 δ 的增大，企业利润加速下降，如图 3-13 所示；当征收排污税时，企业利润与环境规制强度呈现明显的"U"形曲线变化关系。当排污税征收水平较低时，随着排污税的增加，企业利润下降，并且下降速度趋缓；而当排污税超过一定阈值 τ^* 时，企业利润则与排污税正相关。并且随着排污税的增加，企业利润加速上升，如图 3-14 所示；当实施减排补贴时，企业利润是关于环境规制强度递增的一个凸函数。随着减排补贴力度的增加，企业利润加速上升，如图 3-15 所示。

可以看出，相较于强制性环境技术标准而言，排污税和减排补贴对企业利润的负面影响更小。这主要是因为，强制性环境技术标准

---

① 经证明，存在一个正的排污税率 τ^*，使在 τ^* 左右两侧，排污税对企业利润分别具有负向和正向的边际影响。

② $\delta^* = 2\sqrt{\frac{2}{3}} \sqrt{\frac{600a+30a^3-1600b-95a^2b-a^4b}{6400+680a^2+19a^4}}$。

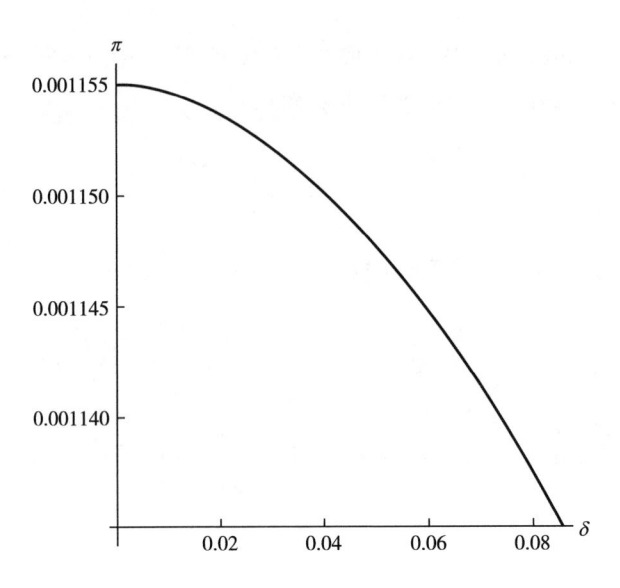

图 3-13 环境技术标准下 π 与 δ 的关系

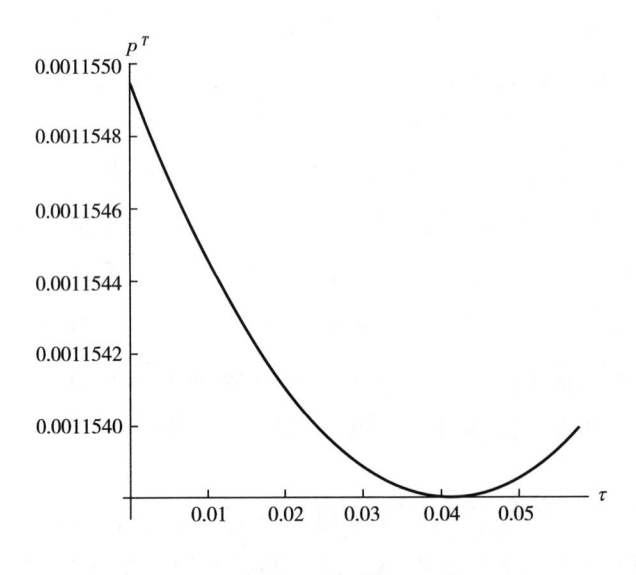

图 3-14 排污税下 π^T 与 τ 的关系

通过"一刀切"的行政命令方式实施环境规制，即强制企业为生产机器统一安装一定标准的污染过滤设备，这种做法限制了企业减排的自主性，从而大大提高了企业遵从环境规制的成本，并且这种成本

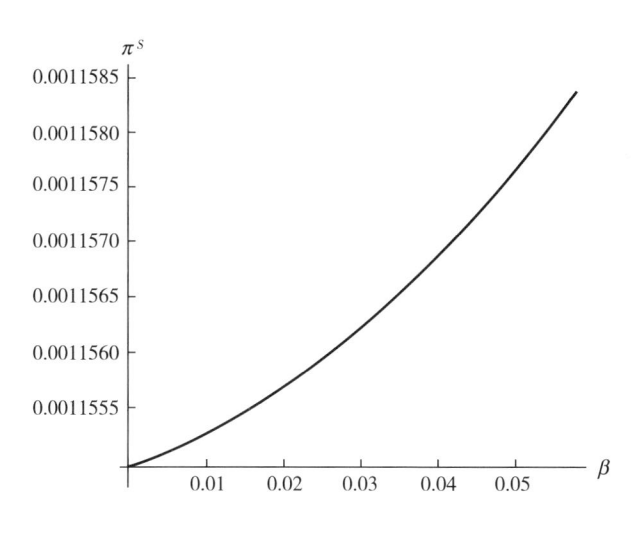

图 3-15　减排补贴下 π^s 与 β 的关系

效应始终大于通过绿色资本更新带来的生产率提升效应，从而导致企业利润表现出负向变动。当实施排污税时，企业遵从环境规制的方式相对灵活，可以自主选择为不同年龄的机器安装不同污染处理能力的过滤设备，使企业遵从环境规制的成本相对较低。但是，当排污税水平较低时，绿色资本更新带来的生产率提升的收益仍不足以弥补环境规制的遵从成本，从而使得利润下降。只有当排污税达到一定程度后，生产率提升带来的正面效应将超过环境规制的成本效应，从而使得利润上升。考虑到生产率水平随着环境规制的强化而加速提升，随着排污税水平的提高，生产率提升对利润的驱动作用将越来越明显。在减排补贴下，减排带来的补贴以及通过绿色资本更新引致的生产率提升效应足以覆盖安装过滤设备的直接成本和降低生产规模的间接成本，最终使得企业利润增加。

综上所述，在以强制性环境技术标准为代表的命令—控制型环境规制下，环境规制引致的生产率提升效应并不足以覆盖其成本效应，最终导致企业利润水平下降；而在以排污税和减排补贴为代表的市场激励型环境规制下，环境规制引致的生产率提升效应在一定条件下可以覆盖其成本效应，从而提升企业利润水平。据此，可进一步得到命题 3 和命题 4：

命题 3：命令—控制型环境规制对企业利润有负向影响。

命题 4：在一定条件下，市场激励型环境规制对企业利润有正向影响。

为更好比较不同规制工具对企业绩效的影响，我们分别计算出强制性环境技术标准、排污税和减排补贴下企业利润对减排的敏感程度。

$$\Delta \pi S^R = \frac{\partial \pi^R}{\partial S^R} = \frac{\frac{\partial \pi^R}{\partial \delta}}{\frac{\partial S^R}{\partial \delta}}$$

$$= \frac{8[-30a(20+a^2)+(1600+95a^2+a^4)b]\delta+(6400+680a^2+19a^4)\delta^3}{2(10+a^2)s\{-144a+200[2b+\delta(-2+3\delta)]+a^2[4b+11\delta(-2+3\delta)]\}}$$

(3-66)

$$\Delta \pi S^T = \frac{\partial \pi^T}{\partial S^T} = \frac{\frac{\partial \pi^T}{\partial \tau}}{\frac{\partial S^T}{\partial \tau}}$$

$$= \frac{\begin{Bmatrix} 7560[18a(20+a^2)-(25+a^2)(40+a^2)b]+126[4800(-8+9b)- \\ 15200a+60a^2(-74+49b)-760a^3+a^4(-141+52b)]s\tau+189(28000+ \\ 3320a^2+109a^4)s^2\tau^2-(1296000+158120a^2+5379a^4)s^3\tau^3 \end{Bmatrix}}{6(10+a^2)s\{31920a-720[-112+126b+5s\tau(49-18s\tau)]+ \\ 4662a^2-1092a^2b+a^2s\tau(-10458+3953s\tau)\}}$$

(3-67)

$$\Delta \pi S^S = \frac{\partial \pi^S}{\partial S^S} = \frac{\frac{\partial \pi^S}{\partial \beta}}{\frac{\partial S^S}{\partial \beta}}$$

第三章　环境规制与企业绩效：理论框架　103

$$= \frac{\begin{array}{l}68040a^2(2a-5b)+189(28000+3320a^2+109a^4)s^2\beta^2\\ 126[4800(8+9b)-15200a+60a^2(74+49b)-\\ 760a^3+a^4(141+52b)]s\beta+(1296000+158120a^2+5379a^4)s^3\end{array}}{\begin{array}{l}6(10+a^2)s\{-31920a+240[-336+378b+5s\beta(49+54s\beta)]+\\ a^2[-4662+1092b+s\beta(3486+3953s\beta)]\}\end{array}}$$

(3-68)

可以确定，在参数可行域（$s>0$，$0<a<1$，$0<b<\bar{b}$）内，$\frac{\partial \pi^R}{\partial S^R}>0$，$\frac{\partial \pi^S}{\partial S^S}<0$，$\frac{\partial \Delta \pi S^S}{\partial \beta}<0$，$\frac{\partial \Delta \pi S^T}{\partial \tau}<0$。当 $\tau \in (0, \tau^*]$ 时，$\frac{\partial \pi^T}{\partial S^T}>0$；当 $\tau \in (\tau^*, \tau_{\max}]$ 时，$\frac{\partial \pi^T}{\partial S^T}<0$。当 $\delta \in (0, \delta^{**}]$[①]时，$\frac{\partial \Delta \pi S^R}{\partial \delta}>0$；当 $\delta \in (\delta^{**}, \delta_{\max}]$ 时，$\frac{\partial \Delta \pi S^R}{\partial \delta}<0$。

从图 3-16 至图 3-18 中可以更直观地看出，当实施强制性环境技术标准时，减少一单位排放，对企业利润始终具有负向影响，这说明命令—控制型环境规制需要在环境保护和本土企业发展之间进行权衡，并且当政府面临较高的环境目标（这意味着需要实施较严格的环境规制以达到目标减排量）时，命令—控制型环境规制下减少一单位排放对企业利润的负向影响更大，这使得政府面临更艰难的权衡取舍。在排污税下，仅当政府面临较低的环境目标时，减少一单位排放才会对企业利润产生负向影响。而当政府面临较高的环境目标时，上述权衡不复存在，此时，减少一单位排放有助于企业利润提升。在减排补贴下，政府则无须在环境保护和本土企业发展之间进行权衡，因为减少一单位排放对企业利润始终具有正向影响。可见，在一定的环境目标约束下，较之于命令—控制型环境规制，市场激励型环境规制对企业利润的负面影响更小，应该成为政府的

---

① 经证明，存在一个正的环境技术标准 δ^{**}，使得在 δ^{**} 左右两侧，企业利润对减排的敏感程度随着环境技术标准的增加先强化后减弱。

优先选择。

结合以上分析与命题 3 和命题 4，我们得出推论 1：

推论 1：较之于命令—控制型环境规制，市场激励型环境规制更有效。

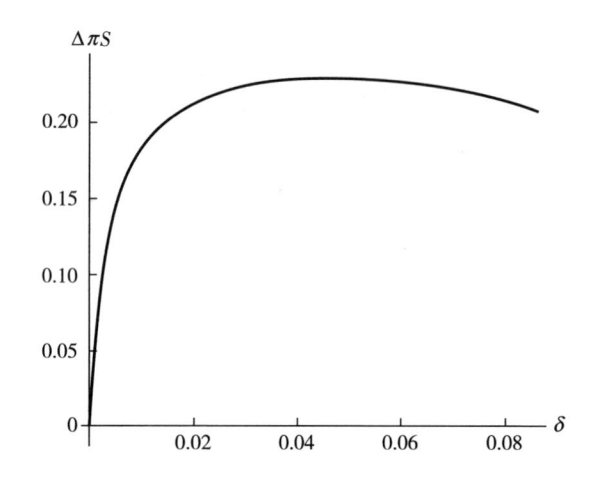

图 3-16 环境技术标准下 $\Delta\pi S$ 与 δ 的关系

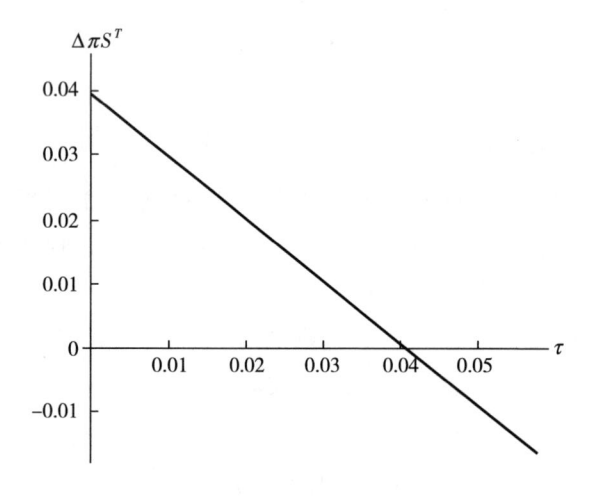

图 3-17 排污税下 $\Delta\pi S^T$ 与 τ 的关系

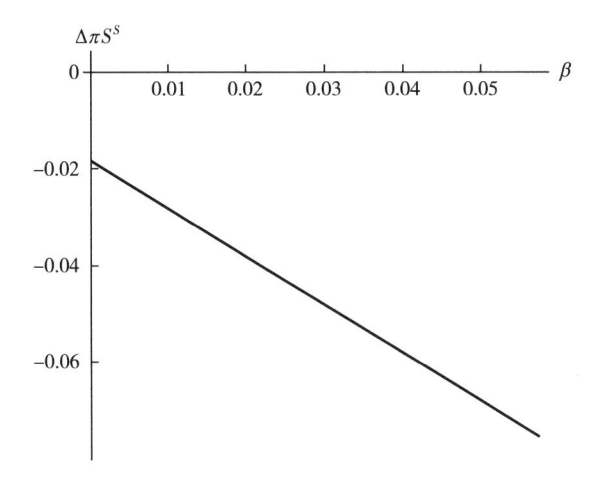

图 3-18　减排补贴下 $\Delta\pi S^s$ 与 β 的关系

第六节　本章小结

本章将强制性环境技术标准、排污税和减排补贴纳入 Xepapadeas 和 de Zeeuw（1999）的寡头竞争分析框架，进而考察不同环境规制工具下企业环境绩效和经济绩效的变化。较之于 Xepapadeas 和 de Zeeuw（1999）的模型而言，我们的模型允许在排污税和减排补贴形式下受规制企业可以引入末端治污设备以应对排污成本的增加，从而更接近现实。研究发现：一是无论是以强制性环境技术标准为代表的命令—控制型环境规制，还是以排污税和减排补贴为代表的市场激励型环境规制，二者均可以通过加速企业绿色资本更新进而同时实现污染减排和生产率提升。二是在强制性环境技术标准下，环境规制引致的生产率提升效应并不足以弥补其成本效应，最终导致企业利润下降。三是在以排污税和减排补贴为代表的市场激励型环境规制下，环境规制引致的生产率提升效应在一定条件下可以覆盖其成本效应，从而提升企业利润。四是在面临较高的环境目标时，相较于命令—控制型环境规制而言，在市场激励型环境规制下，政府在环境保护和本土企业发展之间所面临的权衡取舍更小，因而后者比前者更有效。

尽管不同于以新技术研发和新产品开发为代表的自主式创新，但绿色资本更新亦可视作一种技术引进与吸收形式的生产工艺创新，本章的理论分析因而支持了弱"波特假说"。如果将利润视为企业关注的终极经济绩效指标，则本章的理论分析也表明：强"波特假说"仅在市场激励型环境规制下成立。围绕本章提出的4个命题，第四章、第五章和第六章将分别基于中国的清洁生产标准、排污收费和清洁发展机制的政策实践进行实证检验。

第 四 章

命令—控制型环境规制、绿色资本更新与企业绩效
——来自清洁生产标准的证据

第一节 引言

在第三章理论模型中，我们对命令—控制型环境规制的环境绩效和经济绩效进行了理论分析并提出了两个重要的理论命题：一是在命令—控制型环境规制下，企业可以通过绿色资本更新同时实现污染减排和生产率提升（命题1）。二是命令—控制型环境规制对企业利润有负向影响（命题3）。为检验这两个理论命题，本章基于1998—2012年中国工业企业数据和工业污染源重点调查数据，使用双重差分法实证检验了以清洁生产标准为代表的命令—控制型环境规制对企业废水类污染物排放强度和全要素生产率的影响，并对估计结果执行了多种稳健性检验。为揭示绿色资本更新的作用机制，本章同时考察了绿色资本更新、自主创新和末端治理三种可能的作用渠道。同时，本章也进一步考察了清洁生产标准实施对企业利润的影响。作为额外的实证检验，本章也考察了清洁生产标准实施对

企业废气类污染物排放强度的影响,并就清洁生产标准政策执行过程中是否存在对大企业和纳税大户放松规制要求的规制偏倚现象进行了探讨。

本章研究是对现有环境规制文献的有益增补和推进。尽管国内评估环境规制政策效果的经验研究已十分丰富,但对于清洁生产标准这项前端预防型环境规制的政策效果仍关注较少(张慧玲和盛丹,2019)。并且在有限的经验研究中(韩超和胡浩然,2015;龙小宁和万威,2017;张彩云等,2017;张彩云,2019;高翔和袁凯华,2020),几乎未见使用企业层面的排污和能耗数据展开细致翔实的实证分析。另外,本章研究也揭示了命令—控制型环境规制下企业绿色资本更新的行为响应过程,丰富了组织行为方面的研究。

第二节　政策背景

为提高资源利用效率、保护和改善环境,2002年6月29日,九届全国人大常委会第二十八次会议审议并通过了《中华人民共和国清洁生产促进法》(以下简称《清洁生产促进法》)。该法第三十八条指出,"新建、改建和扩建项目应当进行环境影响评价,对原料使用、资源消耗、资源综合利用以及污染物产生与处置等进行分析论证,优先采用资源利用率高以及污染物产生量少的清洁生产技术、工艺和设备"。《清洁生产促进法》同时也规定,对违反本法有关条款的行为,环保部门可采取限期改正、罚款等行政手段。

为推动《清洁生产促进法》的贯彻落实,2004年8月,中国出台了《清洁生产审核暂行办法》(以下简称《暂行办法》),《暂行办法》要求对重点企业实施强制性清洁生产审核并于当年10月开始实施。由于《暂行办法》并没有给出如何评价企业清洁生产水平的具体规定,自2003年以来,生态环境部陆续发布了56项清洁生产的行业标准,为《审核办法》执行提供科学依据。该类清洁生产行业标准依据生命周期分析原理，将涉及生产和管理的所有过程划分为生产工艺与装备要求、资源能源利用指标、污染物产生指标、废物回收利用指标、产品指标、环境管理六类指标，再将每类指标分为三级水平：一级代表国际清洁生产先进水平，二级代表国内清洁生产先进水平，三级代表国内清洁生产基本水平。

以 2003 年中国针对炼焦行业发布的清洁生产标准为例，在资源能源利用方面，共设置了包括工序能耗、吨焦耗新鲜水量、吨焦耗蒸汽量、吨焦耗电量、千克标准煤耗热量（细分为焦炉煤气和高炉煤气）、焦炉煤气利用率和水循环利用率共计 7 个细类指标，每个细类指标又分别对应不同等级的清洁生产要求，如在工序能耗（标准煤/焦）方面，一级水平要求不超过 150 千克/吨，二级水平要求不超过 170 千克/吨，三级水平要求不超过 180 千克/吨。在水污染物产生指标方面，不同清洁生产水平下蒸氨工段环节针对化学需氧量的产生量要求分别不高于 1.2 千克/吨（一级）、2.0 千克/吨（二级）和 4.0 千克/吨（三级）。而在生产工艺与装备大类下的煤气净化装置要求方面，针对酚氰废水的装置要求是，一级和二级水平应在处理后水质达到 GB13456—92《钢铁工业水污染物排放标准》一级标准，而三级水平仅要求处理后水质达到这一排放标准的二级标准。总之，清洁生产行业标准要求企业通过现场核查来弄清污染物来源，分析各项污染数据变化并找到污染排放的原因，通过一系列措施在生产的各个环节控制污染物排放，提出并实施节能、节水、减污、降碳等清洁生产方案。不同于末端治理，清洁生产标准要求企业全程参与，鼓励企业进行生产工艺改造和流程创新，有助于优化企业内部资源配置。

2011 年，国家环境保护部公布的《建设项目环境影响技术评估导则》指出，对于目前已经发布清洁生产标准的行业"新建和改扩建项目清洁生产水平至少要达到国内先进水平，引进项目清洁生产水平力争达到国际先进水平""对于目前尚未发布清洁生产标准的行业将项目清洁生产水平的主要评估指标与国内外同行业的代表企业进行对比分析，应达到或高于现有代表企业的水平"。由此可见，与没有发布清洁生产标准的行业相比，发布了清洁生产标准的行业面临更高的环境技术要求和准入限制（龙小宁和万威，2017）。

清洁生产标准的实施带来了环境、经济和社会等方面的效益。具体而言，清洁生产标准的实施有效降低了工业、农业、建筑业等领域的资源能源消耗和污染物排放，改善了环境质量，促进了生态文明建设。据统计，2019 年，全国清洁生产审核企业共同削减化学需氧量 10.8 万吨、二氧化硫 11.4 万吨、氮氧化物 9.1 万吨、二氧化碳排放量约 1.2 亿吨，节水约 16.7 亿吨，节电约 51.5 亿千瓦时。

第三节 实证设计

一　样本分组与双重差分模型设定

鉴于清洁生产标准政策对企业生产有一定的环境技术要求，与我们理论模型中的环境技术标准政策较为接近，本章以清洁生产标准的实施作为命令—控制型环境规制的一次政策实践，并采用固定效应双重差分模型评估相应的环境绩效和经济绩效。基准回归方程如下：

$$emission_{it} = \alpha_0 + \beta_1 did_{it} + \theta X_{it} + \lambda_{pt} + \mu_i + \varepsilon_{it} \quad (4-1)$$

$$TFP_{it} = \alpha_0 + \delta_1 did_{it} + \theta X_{it} + \lambda_{pt} + \mu_i + \varepsilon_{it} \quad (4-2)$$

式中，下标 i 表示企业，t 表示年份。$emission_{it}$ 和 TFP_{it} 分别是企业 i 在 t 年的污染排放强度和全要素生产率。关于污染排放强度，本章主要选取单位产出的工业废水排放量和化学需氧量等水污染指标来考察。关于 TFP 的测算，本章分别参考 Olley 和 Pakes（以下简称 OP）（1996）与 Levinsohn 和 Petrin（以下简称 LP）（2003）的方法，使用工业企业数据库中报告的工业增加值[①]作为总产出来测算。

[①] 2004 年的工业增加值使用支出法进行估算。具体测算公式为：增加值＝总产出－中间要素投入＋增值税。当增值税为负数时，赋值为 0。

X_{it} 为控制变量，包括企业年龄（age）、出口占比（export）、国有背景（soe）和劳动力规模（size）。λ_{pt} 为省份—年份固定效应，以控制省级层面随时间变化的外生冲击，如碳排放权交易试点、"十一五"减排政策等政策冲击。μ_i 为企业固定效应，以控制不随时间变化的企业特征。ε_{it} 为随机扰动项。此外，为控制企业序列相关问题，本章将标准误聚类到企业层面进行处理（Bertrand et al., 2004; 李科和徐龙炳，2011）。

双重差分变量 did_{it} 为核心解释变量。构造这一变量的关键在于进行合适的样本分组，以识别出政策在企业层面上的执行差异。鉴于清洁生产标准政策面向特定行业并要求行业内所有企业在生产工艺与装备、废物回收利用、资源能源利用、污染物产生、产品和环境管理等生产全过程满足一定的技术标准（韩超和胡浩然，2015），预期那些所在行业实施清洁生产标准的企业将面临更高的环境规制要求。因此，本章根据企业所在四分位行业在观测期内是否实施清洁生产标准划分处理组和控制组。由于不同行业实施清洁生产标准的时间存在差异[①]，本章设定当企业 i 所在四分位行业在 t 年实施了清洁生产标准时，$did1_{it}=1$；否则，$did1_{it}=0$。

二 数据处理与变量说明

本章分析的政策包括清洁生产行业标准和清洁生产评价指标体系。其中，前者信息收集于生态环境部的官方网站，剔除了宾馆饭店业中6个四分位行业后[②]，实际匹配到工业企业和污染企业数据的四分位行业有52个；后者信息源于国家发展和改革委员会与工业和信息化部的官方网站，截至2012年底，国家发展和改革委员会共发布了30项工业行业清洁生产评价指标体系，共涉及50个四分位行业，

[①] 在政策时间设定上，我们参照龙小宁和万威（2017）的处理方式，对于部分行业标准发布时间在下半年的视为政策在次年发生。

[②] 分别是行业6610、6620、6690、6710、6720、6790。

剔除掉未能匹配到的 6 个四分位行业后①，实际共 44 个四分位行业纳入清洁生产评价指标体系。

本章回归使用的基础数据分别来自 1998—2012 年中国工业企业数据库、中国工业污染源重点调查企业数据库。作为中国环境统计年鉴和中国城市统计年鉴中环境统计指标计算和编制的基础素材，该数据库近年来才为学界所使用。在工业企业数据和工业污染源重点调查数据匹配方面，我们首先基于法人代码将二者进行匹配，对于未匹配到的样本然后再基于企业名称+行政代码的方式进行匹配，最终匹配到 633004 个观测值。在数据处理上，我们借鉴 Brandt 等（2012，2014）、聂辉华等（2012）的处理方式，先后基于法人代码、企业名称、法人代表、电话号码和邮编等信息交叉识别同一企业，并删除了职工人数少于 8 人、流动资产或固定资产净值大于总资产、累计折旧小于当期折旧、资产负债率小于 0、开业年份大于统计年份以及工资、增值税、财务费用为负的样本，同时删除了实收资本及其细项、开业年份、出口交货值、销售产值、职工人数等关键指标缺失值。由于本章回归中使用到的绝大多数变量均作对数化处理，因此与之相关的负数观测值实际上也并未考虑。此外，本章也对回归中使用到的所有价格变量进行了平减，如固定资产和投资使用投资价格指数平减，工业总产值、增加值、销售收入、营业收入等使用工业品出厂价格指数平减，中间要素投入则使用工业购进品价格指数平减。最终，本章得到 1998—2012 年共计 561080 个观测值。

本章使用到的主要变量的描述性统计信息如表 4-1 所示。

表 4-1　　　　　　　　　描述性统计

变量名	变量定义与处理	样本量	均值	标准差	最小值	最大值
$did1$	当年企业所在行业是否实施清洁生产标准	561080	0.119	0.324	0	1

---

① 分别是行业 0710、2822、2614、2631、3145、0790。

续表

变量名	变量定义与处理	样本量	均值	标准差	最小值	最大值
did2	当年企业所在行业是否实施清洁生产评价体系	561080	0.154	0.361	0	1
tfp_op	OP法全要素生产率对数化	389196	1.56	1.133	-8.358	8.239
acf_op	ACF-OP法下的全要素生产率	389196	1.839	1.128	-7.997	9.044
tfp_lp	LP法全要素生产率对数化	389196	6.411	1.28	-3.004	12.617
acf_lp	ACF-LP法下的全要素生产率	389196	2.512	1.113	-7.235	8.655
keffiency	资本生产率对数化	389196	-0.706	1.33	-11.554	10.297
wasteair	工业废气排放强度（万标立方米/千元）对数化	389249	-2.849	2.243	-15.898	11.845
wastewater	工业废水排放强度（万标立方米/千元）对数化	458029	-0.365	2.242	-16.399	14.817
so2	二氧化硫排放强度（千克/千元）对数化	409115	-0.965	2.367	-16.91	12.708
pso2	二氧化硫产生量强度（千克/千元）对数化	307317	-0.602	2.37	-16.91	12.708
cod	化学需氧量排放强度（千克/千元）对数化	411162	-2.528	2.571	-16.581	12.336
pcod	化学需氧量产生量强度（千克/千元）对数化	346947	-1.44	2.698	-17.984	12.801
inv	固定资产投资（千元）对数化	266819	7.88	2.068	-4.505	17.989
mfix	生产经营用固定资产投资（千元）对数化	144952	8.073	1.994	-3.101	17.195
depre	当年折旧（千元）对数化	444255	7.083	1.919	-0.329	17.23
coal	煤炭消耗强度，单位产值耗煤量（吨/千元）对数化	268857	-2.968	2.033	-16.19	11.411
oil	燃油消耗强度，单位产值耗油量（吨/千元）对数化	52962	-6.079	2.237	-18.108	4.893
gas	燃气消耗强度，单位产值耗气量（万立方米/千元）对数化	16036	-7.104	2.595	-17.667	5.873
watercap	废水治理设施处理能力（吨/日）对数化	325978	5.186	2.713	-4.605	17.736
waterequip	废水治理设施（套）对数化	327568	0.235	0.511	0	13.929
newpro	新产品产值占销售收入比重（%）	405008	4.199	14.96	0	92.521
innov	研发投入占销售收入比重（%）	182102	0.216	0.899	0	6.5

续表

变量名	变量定义与处理	样本量	均值	标准差	最小值	最大值
$ros1$	销售利润率，利润总额占营业收入比重（%）	288687	3.365	9.972	-39.646	37.768
$ros2$	销售利润率，主营业务利润占营业收入比重（%）	288669	3.342	10.493	-41.37	38.152
soe	是否国有企业	561080	0.148	0.355	0	1
age	企业年龄对数化	561080	2.335	0.91	0	7.602
$export$	出口占销售收入比重（%）	561080	13.064	28.842	0	100
$size$	劳动力规模，职工人数对数化	561080	5.527	1.179	2.197	12.201
$capacity$	企业是否属于"十一五"淘汰落后生产能力的行业	561080	0.067	0.25	0	1
tax	税费占比（‰），企业税费占省内企业税费总和比重	535048	0.483	1.389	0	10.615
$asset$	资产规模占比（‰），企业总资产占省内企业资产总和比重	539477	0.542	1.469	0	10.694

注：研发投入占比（$innov$）和利润率（$ros1$ 和 $ros2$）分别进行了左右1%水平下的缩尾，新产品产值占比（$newpro$）、资产规模占比（$asset$）和税费占比（tax）则进行了右侧1%水平下的缩尾。

第四节 基准回归结果

一 基准回归结果分析

基准回归结果如表4-2所示。奇数列控制了企业、年份固定效应，偶数列则进一步控制了随时间和地区变动的省份—年份固定效应。列（1）至列（4）分别报告了清洁生产标准实施对工业企业废水排放强度和化学需氧量排放强度的影响，可以看出，双重差分变量前系数均显著为负。列（5）至列（8）报告了关于生产率的回归结果。同样，无论使用OP法还是LP法测算全要素生产率，$did1$ 的估计系数均显著为正。由表4-2可知，清洁生产标准的实施有利于抑制工业企业的污染排放强度并提高其全要素生产率。相对于行业内未实施清洁生产标准的企业而言，行业内实施清洁生产标准的企业工业废水和化学需氧量排放强度下降了约 8 个百分点，且全要素生产率提升了 5—6 个百分点①。这一结果为命题 1 提供了初步证据。

表 4-2　　　　　　　　　　基准回归分析

变量	*wastewater*		*cod*		*tfp_op*		*tfp_lp*	
	(1)	(2)	(3)	(4)	(5)	(6)	(7)	(8)
*did*1	-0.078*** (0.014)	-0.082*** (0.013)	-0.066*** (0.016)	-0.084*** (0.016)	0.112*** (0.009)	0.052*** (0.007)	0.120*** (0.009)	0.058*** (0.007)
soe	0.147*** (0.012)	0.111*** (0.012)	0.096*** (0.016)	0.076*** (0.016)	-0.080*** (0.009)	-0.094*** (0.008)	-0.055*** (0.008)	-0.069*** (0.008)
age	0.047*** (0.006)	0.031*** (0.006)	0.031*** (0.008)	0.017** (0.008)	-0.009** (0.004)	-0.018*** (0.004)	0.014*** (0.004)	0.005 (0.004)
export	0.002*** (0.000)	-0.001*** (0.000)	0.002*** (0.000)	-0.000 (0.000)	0.004*** (0.000)	0.000*** (0.000)	0.004*** (0.000)	0.000*** (0.000)
size	-0.403*** (0.007)	-0.255*** (0.007)	-0.437*** (0.008)	-0.277*** (0.008)	-0.317*** (0.005)	-0.078*** (0.006)	0.157*** (0.005)	0.403*** (0.006)
企业固定效应	Y	Y	Y	Y	Y	Y	Y	Y
年份固定效应	Y		Y		Y		Y	
省份—年份固定效应		Y		Y		Y		Y
观测值	458029	458029	411162	411162	389196	389196	389196	389196
调整 R^2	0.055	0.090	0.064	0.093	0.144	0.268	0.113	0.252

注：***、**、*分别表示在 1%、5% 和 10% 的水平下显著；下同。

上述回归结果表明，清洁生产标准的实施可以实现污染减排和效率提升的双赢。本章认为，这一政策效果的实现主要得益于实施

---

① 由于被解释变量取对数，相应的增长率计算公式为 $(e^\beta-1)\times100\%$。可以发现，当系数绝对值较小时，增长率近似于系数值。

清洁生产标准有效提高了企业的节能减排积极性。不同于末端治理，清洁生产标准是一种典型的前端预防型环境规制（张慧玲和盛丹，2019），不仅要求生产过程清洁，同时要求能源清洁和产品清洁，从而减少污染物的产生（刘和旺和张双，2019）。受到清洁生产标准的强制性规制后，企业开始重新审视生产流程，并竭力将规制实施前的不良产出变废为宝，在减小处置成本的同时提升资源利用率。在这个过程中，企业一方面可能会通过淘汰掉原有的高耗能、高污染的旧设备，购置更加节能环保的新设备，来改进生产工艺流程进而提升能效；另一方面也可能会增加研发投入、加快绿色技术的自主创新来实现节能减排，二者均有助于实现上述环境绩效和经济绩效的双赢。当然，在面临清洁生产标准的刚性压力下，为继续达标生产，企业也可能仅仅投资于末端治理的专用清洁设备，这也有助于减少企业最终污染排放水平。总之，基准回归结果无法给出具体的作用机制，这尚需进一步的实证检验。

从控制变量的回归系数来看，国有企业的生产率水平显著更低，而其污染排放强度则更高。这可能是因为国有企业普遍面临代理问题（钱颖一，1999；李文贵和余明桂，2015）和预算软约束（林毅夫和李志赟，2004；龚强和徐朝阳，2008），缺乏提升市场竞争能力的内在激励，不利于企业效率提升（吴延兵，2012）。另外，国有企业由于效率较低，单位产出的能源要素投入更多[①]（陈钊和陈乔伊，2019），因而其污染排放强度相对更高。年龄越大的企业污染排放强度越大，这可能是因为老企业使用相对简易落后的生产工艺和设备（徐保昌等，2016），导致其能源消耗和污染排放强度更大，这也不利于其生产率提升。企业的出口参与水平显著提升了其全要素生产率并降低了其污染排放强度。一方面，激烈的国际市场竞争有助于倒逼企业转型升级并形成"干中学"效应（Blalock and Gertler, 2004）。另一方面，国际市场上环保主义的流行特别是发达国家跨境

[①] 表 4-7 的回归结果表明，国有企业煤炭和石油的能源要素投入强度更高。

碳关税和高环保标准能够迫使出口企业改进技术设备，优化生产管理，从而降低单位产品的能源消耗和污染排放强度（Hübler, 2012）。劳动力规模越大的企业污染排放强度越低，这可能与工业企业在能源使用中的规模经济有关（陈钊和陈乔伊，2019），而关于其生产率水平的回归系数符号则并不明确[①]。

二 动态效应分析

为了考察清洁生产标准实施随时间的动态变化效果，本章借鉴 Beck 等（2010）、Moser 和 Voena（2012）等的做法，将基准计量模型式（4-1）和式（4-2）扩展为：

$$emission_{it} = \alpha_0 + \beta_4 treat \times before^{4-} + \sum_{i=1}^{3}\beta_i treat \times before^i + \sum_{j=1}^{2}\tau_j treat \times after^j + \tau_3 treat \times after^{3+} + \theta X_{it} + \lambda_{pt} + \mu_i + \varepsilon_{it} \tag{4-3}$$

$$TFP_{it} = \alpha_0 + \delta_4 treat \times before^{4-} + \sum_{i=1}^{3}\delta_i treat \times before^i + \sum_{j=1}^{2}\varphi_j treat \times after^j + \varphi_3 treat \times after^{3+} + \theta X_{it} + \lambda_{pt} + \mu_i + \varepsilon_{it} \tag{4-4}$$

其中，交乘项 $treat \times before^i$ 和 $treat \times after^j$ 分别表示实施清洁生产标准的行业是否处在实施年份的前 i 年和后 j 年。如果观测期内企业所在行业始终未实施清洁生产标准，则上述交乘项均为 0。对于观测期内所在行业实施清洁生产标准的处理组，当企业处在实施清洁生产标准年份前的第 i 年（$i=1, 2, 3$）时，$treat \times before^i = 1$，否则为 0；如果企业处在实施清洁生产标准年份前的第四年或更早时，$treat \times before^{4-} = 1$；当企业处在实施清洁生产标准年份后的第 j 年（$j=1, 2$）时，$treat \times after^j = 1$，否则为 0；而当企业处在实施清洁生产标准年份后的第三年及以上年份时，$treat \times after^{3+} = 1$，否则为 0。系数 $\beta_4(\delta_4)$、

[①] 这可能与不同衡量方法有关。较之于 LP 法而言，OP 法在测算全要素生产率时除了使用不同的关于生产率的代理变量外，还额外控制了企业年龄和国有背景等变量。后续稳健性检验中参考 Ackerberg 等（2015）的处理方式重新测算全要素生产率并进行回归时，劳动力规模的回归系数符号依旧不明确。

$\beta_i(\delta_i)$ 和 $\tau_j(\varphi_j)$、$\tau_3(\varphi_3)$ 分别刻画了被解释变量在清洁生产标准实施前后的动态效果。

表 4-3 报告了清洁生产标准实施对企业污染排放强度和生产率的动态效应。从列（1）和列（2）可以看出，在清洁生产标准实施前，尽管早期处理组相对于控制组似乎有更高的污染排放强度，但在邻近清洁生产标准实施前，处理组相比于控制组在污染排放强度方面基本没有显著的差异。附录图 A4-1 中进一步报告了处理组和控制组在 2003 年清洁生产标准实施前处理组与控制组在污染排放强度方面的时间变化趋势，可以发现处理组和控制组在工业废水和化学需氧量排放强度方面基本保持平行。然而，在清洁生产标准实施一年后，处理组的污染排放强度便显著降低，这说明清洁生产标准的污染减排效果是比较即时的，并没有出现明显的时滞。一方面，清洁生产行业标准从发布到生效实施存在一定的时间间隔，加上政策实施当年的准备，使企业有较充足的时间投入污染治理。另一方面，企业短期内也可以通过添置末端治污设施来实现减排要求。

表 4-3 动态效应检验

变量	wastewater (1)	cod (2)	tfp_op (3)	tfp_lp (4)
$treat \times before^{4-}$	0.133*** (0.019)	0.115*** (0.023)	-0.044*** (0.010)	-0.047*** (0.010)
$treat \times before^{3}$	0.024 (0.017)	0.026 (0.022)	-0.002 (0.010)	-0.007 (0.010)
$treat \times before^{2}$	0.030* (0.016)	0.007 (0.019)	0.005 (0.010)	-0.003 (0.010)
$treat \times before^{1}$	-0.018 (0.014)	-0.009 (0.017)	-0.002 (0.010)	-0.000 (0.010)
$treat \times after^{1}$	-0.049*** (0.015)	-0.057*** (0.018)	0.021* (0.011)	0.009 (0.011)

续表

变量	wastewater （1）	cod （2）	tfp_op （3）	tfp_lp （4）
$treat \times after^2$	-0.033* （0.018）	-0.103*** （0.021）	0.068*** （0.020）	0.062*** （0.020）
$treat \times after^{3+}$	-0.033* （0.018）	-0.076*** （0.022）	0.032*** （0.009）	0.042*** （0.009）
soe	0.109*** （0.012）	0.074*** （0.016）	-0.094*** （0.008）	-0.068*** （0.008）
age	0.031*** （0.006）	0.018** （0.008）	-0.017*** （0.004）	0.005 （0.004）
export	-0.001*** （0.000）	-0.000 （0.000）	0.000*** （0.000）	0.000*** （0.000）
size	-0.256*** （0.007）	-0.277*** （0.008）	-0.077*** （0.006）	0.403*** （0.006）
企业固定效应	Y	Y	Y	Y
省份—年份固定效应	Y	Y	Y	Y
观测值	458029	411162	389196	389196
调整 R^2	0.090	0.094	0.268	0.252

列（3）和列（4）关于企业全要素生产率的动态效应回归结果显示，清洁生产标准实施的前三年内，处理组的 TFP 相对于控制组而言并没有显著的差异，分组变量和时间虚拟变量的交乘项系数甚至为负。但在政策实施后，交乘项系数由负转正，并在政策实施的两年以后显著为正。尽管政策效果存在一定的时滞，但考虑到企业生产效率的提升并非一蹴而就，无论是通过绿色资本更新改造生产工艺流程，抑或加快绿色技术的自主创新，企业的能效提升都是一个逐步显现成效的过程。

从图 4-1 的动态效应结果来看，在清洁生产标准实施的前 3 年内，关于水污染的交乘项系数基本在 0 值左右徘徊，清洁生产标准实施后，估计系数则明显低于 0。关于 TFP 的图示结果则与之相反。

总体上，本章双重差分模型的平行趋势要求得到满足。

(a) 工业废水排放强度

(b) 化学需氧量排放强度

(c) OP法全要素生产率

(d) LP法全要素生产率

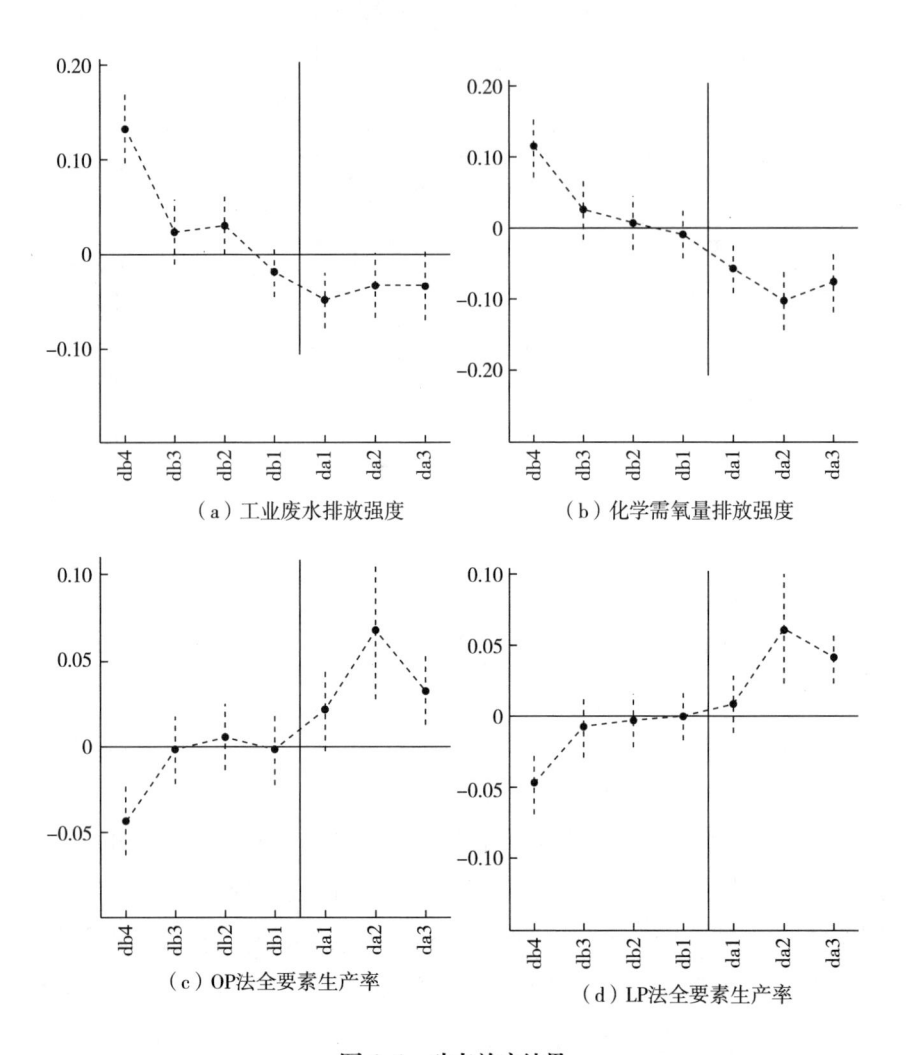

图 4-1 动态效应结果

三 稳健性检验

为确保本章估计结果的稳健性，我们采取以下四种方法对基准回归结果进行了再检验。

(一) 仅考虑政策前后存续企业

清洁生产行业标准由生态环境部出台并在全国范围内推广实施，

对企业而言可以视作一次相对外生的政策冲击，但仍难以排除企业的选择性行为。实践中，最常见的情形是政策发生后，部分高污染、高耗能企业退出市场或转行，而部分清洁高效型企业进入市场，这可能使基准估计结果有偏，为控制企业进入退出的潜在影响（Shi and Xu，2018），我们剔除掉清洁生产标准实施后进入和退出该行业的企业，以确保观测样本为政策前后始终存续的企业。表4-4列（1）至列（4）的回归结果表明，双重差分变量的估计系数依旧显著，并且系数符号和大小与基准回归结果较为一致。

（二）控制"十一五"淘汰落后生产能力计划影响

"十一五"时期，中国发布了针对电力、炼铁、炼钢、焦炭和水泥等传统高耗能、高污染行业的淘汰落后生产能力计划，这是一个由国家发改委牵头，各地区、有关部门配合，通过法律、经济、技术及必要的行政手段，大力推动落后产能淘汰的工作。为避免这一政策对我们试图考察的清洁生产行业标准效果的影响，我们尝试在基准回归中添加该政策变量[1]以控制住潜在的政策干扰，表4-4列（5）至列（8）表明，回归结果也未发生显著的变化。与预期一致，淘汰落后生产能力计划面向行业的企业污染排放强度在政策发布后显著降低了。

（三）替换核心解释变量

考虑到清洁生产评价指标体系与清洁生产标准的实施均致力于推动企业生产过程中的节能减排，二者功能类似，在行业覆盖上存在很大重叠，且在实际执行中相辅相成，我们也依据清洁生产评价指标体系的实施构造双重差分变量 $did2_{it}$，以作为核心解释变量的替代性衡量。表4-5列（1）至列（4）的回归结果表明，关于水污染排放强度和TFP的回归系数依旧分别显著为负和显著为正。

---

[1] 此处同样构造双重差分变量 $capacity_{it}$，时间分界点为2006年，处理组为附录表A4-3中位于四分位行业代码的企业。

(四) 重新计算 TFP

基准回归分析中我们分别使用 OP 法和 LP 法测算全要素生产率，由于二者分别使用投资和中间要素投入作为生产率的代理变量，并且使用不同的控制变量，导致计算出的 TFP 数值差异较大，这可能影响我们估计结果的稳健性。为此，我们参考 Ackerberg 等（2015）的处理方式，分别基于 OP 和 LP 框架，重新测算调整后的全要素生产率[1]。表 4-5 列（5）至列（6）的回归结果表明，关于调整后的 TFP 的回归系数值依旧在 5%—6%，且在 1% 的水平下显著。

(五) 缩短观测样本

对本章基准估计结果可能形成干扰的是在清洁生产标准政策实施过程中，可能存在因企业退出而导致的样本选择问题[2]，特别是清洁生产标准政策是先后实施的，可能存在政策预期问题。由于 2003 年中国首次实施清洁生产标准政策，当年实施的清洁生产标准政策相对于其他年份实施的政策而言政策的外生冲击较强，一定程度上可以减少企业的自选择行为。并且鉴于我们考察的主要是规模较大的污染性工业企业，企业的退出也需要一定时间[3]，在政策发生的较短时间内，企业退出的概率较小。为此，我们尝试将样本周期截至 2006 年。由此，本章的处理组样本实际上为 2003 年实施清洁生产标准的四个行业[4]的企业，政策后的观测周期仅为 3 年，在这段较

---

[1] ACF-OP 和 ACF-LP 法下的 TFP 均值水平分别为 1.839 和 2.512，二者差异较小。

[2] 比如部分企业不愿意或无法（由于成本或其他原因）执行清洁生产标准，可能退出市场。这样实施清洁生产标准后存留在市场的企业可能本身具有更高的生产率和更低的污染排放强度。

[3] 对于资本密集型的污染性工业企业而言，完成对生产设备和厂房等固定资产的处置，需要一定时间。

[4] 分别是石油炼制业（2511）、炼焦行业（2520）和制革行业（猪轻革）（1910）。尽管 2006 年 10 月 1 日中国又发布了十项行业清洁生产标准，但由于政策发生在下半年，受处理的企业当年还来不及响应，因此可以认为，在 2006 年及其以前，处理企业主要是受 2003 年清洁生产行业标准影响的企业。

短时间内企业退出概率较低。表4-6列（1）至列（4）的回归结果表明，核心解释变量的回归系数符号和显著性水平基本不变，回归系数绝对值反而更大。这似乎表明，清洁生产标准具有较显著的短期效应。列（5）至列（8）进一步将政策后观测周期缩短到一年的回归结果显示，清洁生产标准的实施依旧对企业污染排放强度和全要素生产率分别具有抑制和提升效果[①]。因此，本章回归中的样本选择性问题似乎并不严重。

表 4-4　　　　　　　　　　稳健性检验之一

检验方法	仅考虑政策前后存续企业				控制"十一五"淘汰落后生产能力计划影响			
变量	wastewater	cod	tfp_op	tfp_lp	wastewater	cod	tfp_op	tfp_lp
	(1)	(2)	(3)	(4)	(5)	(6)	(7)	(8)
$did1$	-0.085*** (0.014)	-0.088*** (0.017)	0.056*** (0.008)	0.061*** (0.007)	-0.039*** (0.013)	-0.047*** (0.016)	0.052*** (0.007)	0.060*** (0.007)
soe	0.114*** (0.013)	0.079*** (0.017)	-0.093*** (0.009)	-0.071*** (0.008)	0.111*** (0.012)	0.076*** (0.016)	-0.094*** (0.008)	-0.069*** (0.008)
age	0.037*** (0.006)	0.021** (0.009)	-0.016*** (0.004)	0.006 (0.004)	0.032*** (0.006)	0.018** (0.008)	-0.018*** (0.004)	0.005 (0.004)
$export$	-0.001*** (0.000)	-0.000 (0.000)	0.000*** (0.000)	0.000*** (0.000)	-0.001*** (0.000)	-0.000 (0.000)	0.000*** (0.000)	0.000*** (0.000)
$size$	-0.248*** (0.007)	-0.264*** (0.009)	-0.078*** (0.006)	0.405*** (0.006)	-0.258*** (0.007)	-0.279*** (0.008)	-0.078*** (0.006)	0.402*** (0.006)
$capacity$					-0.372*** (0.027)	-0.344*** (0.032)	-0.004 (0.011)	-0.012 (0.010)
企业固定效应	Y	Y	Y	Y	Y	Y	Y	Y
省份—年份固定效应	Y	Y	Y	Y	Y	Y	Y	Y
观测值	411293	374519	333473	333473	458029	411162	389196	389196
调整 R^2	0.093	0.096	0.287	0.268	0.092	0.094	0.268	0.252

---

① 表4-6列（5）废水排放强度的回归系数尽管为负但不显著，可能是因为1年的事后观测期无法较好捕捉到政策的减排效果。

表 4-5　　　　　　　　　稳健性检验之二

检验方法	使用清洁生产评价指标体系作为解释变量				重新计算 TFP	
变量	wastewater	cod	tfp_op	tfp_lp	acf_op	acf_lp
	(1)	(2)	(3)	(4)	(5)	(6)
$did1$					0.050*** (0.007)	0.053*** (0.007)
$did2$	-0.167*** (0.014)	-0.143*** (0.017)	0.051*** (0.008)	0.053*** (0.007)		
soe	0.111*** (0.012)	0.077*** (0.016)	-0.094*** (0.008)	-0.069*** (0.008)	-0.099*** (0.008)	-0.088*** (0.008)
age	0.031*** (0.006)	0.017** (0.008)	-0.017*** (0.004)	0.005 (0.004)	-0.022*** (0.004)	-0.012*** (0.004)
export	-0.001*** (0.000)	-0.000 (0.000)	0.000*** (0.000)	0.000*** (0.000)	0.000*** (0.000)	0.000*** (0.000)
size	-0.255*** (0.007)	-0.277*** (0.008)	-0.077*** (0.006)	0.403*** (0.006)	0.052*** (0.006)	-0.004 (0.006)
企业固定效应	Y	Y	Y	Y	Y	Y
省份—年份固定效应	Y	Y	Y	Y	Y	Y
观测值	458029	411162	389196	389196	389196	389196
调整 R^2	0.091	0.094	0.268	0.252	0.246	0.261

表 4-6　　　　　　　　　稳健性检验之三

检验方法	使用 1998—2006 年样本				使用 1998—2004 年样本			
变量	wastewater	cod	tfp_op	tfp_lp	wastewater	cod	tfp_op	tfp_lp
	(1)	(2)	(3)	(4)	(5)	(6)	(7)	(8)
$did1$	-0.145** (0.057)	-0.241*** (0.080)	0.222*** (0.032)	0.245*** (0.032)	-0.070 (0.057)	-0.161** (0.078)	0.241*** (0.034)	0.257*** (0.034)
soe	0.092*** (0.013)	0.079*** (0.019)	-0.099*** (0.009)	-0.073*** (0.008)	0.080*** (0.014)	0.076*** (0.021)	-0.097*** (0.009)	-0.068*** (0.009)
age	0.020*** (0.006)	0.006 (0.009)	-0.017*** (0.004)	0.004 (0.004)	0.016** (0.007)	0.002 (0.010)	-0.017*** (0.004)	0.002 (0.004)

续表

检验方法	使用 1998—2006 年样本				使用 1998—2004 年样本			
export	-0.001*** (0.000)	-0.001** (0.000)	0.000 (0.000)	0.000* (0.000)	-0.001** (0.000)	-0.001 (0.000)	0.000 (0.000)	0.000 (0.000)
size	-0.246*** (0.011)	-0.290*** (0.015)	-0.074*** (0.007)	0.403*** (0.007)	-0.237*** (0.013)	-0.292*** (0.017)	-0.101*** (0.009)	0.365*** (0.009)
企业固定效应	Y	Y	Y	Y	Y	Y	Y	Y
省份—年份固定效应	Y	Y	Y	Y	Y	Y	Y	Y
观测值	248442	207995	288632	288632	183858	149655	209901	209901
调整 R^2	0.033	0.040	0.051	0.105	0.027	0.036	0.035	0.070

第五节 机制分析

一 绿色资本更新的渠道检验

清洁生产标准作为一项强制性环境技术标准，可能会迫使企业改造生产工艺流程，以满足相应的环保要求。对于受规制企业而言，相对可行的一个做法是加快绿色资本更新，即加大对节能环保型生产设施的投资力度以淘汰原有的高耗能、高污染型生产设施，来实现政策要求和企业发展之间的平衡。为检验这种可能的作用渠道，我们将基准计量模型式（4-1）和式（4-2）中的被解释变量分别替换为可以捕捉和反映企业绿色资本更新的各种投资、折旧、资本效率和能耗指标。表 4-7 报告了相应的回归结果。

表 4-7　　绿色资本更新的机制检验

变量	inv (1)	mfix (2)	depre (3)	keffiency (4)	pcod (5)	coal (6)	oil (7)	gas (8)
did1	0.072*** (0.020)	0.203*** (0.073)	0.056*** (0.011)	0.041*** (0.008)	-0.040** (0.019)	-0.020** (0.010)	-0.162*** (0.042)	-0.160* (0.096)

续表

变量	inv	mfix	depre	keffiency	pcod	coal	oil	gas
	(1)	(2)	(3)	(4)	(5)	(6)	(7)	(8)
soe	-0.023 (0.015)	-0.023 (0.020)	-0.022** (0.010)	-0.136*** (0.010)	0.093*** (0.018)	0.066*** (0.012)	0.061** (0.029)	0.055 (0.062)
age	-0.043*** (0.007)	-0.033*** (0.010)	0.085*** (0.005)	-0.055*** (0.005)	0.018** (0.009)	-0.011** (0.005)	0.020 (0.016)	0.007 (0.046)
export	-0.000 (0.000)	-0.000 (0.000)	0.001*** (0.000)	0.000* (0.000)	-0.000 (0.000)	-0.000* (0.000)	0.000 (0.000)	0.001 (0.001)
size	0.413*** (0.010)	0.498*** (0.016)	0.358*** (0.006)	0.173*** (0.007)	-0.230*** (0.009)	-0.379*** (0.009)	-0.450*** (0.021)	-0.469*** (0.056)
企业固定效应	Y	Y	Y	Y	Y	Y	Y	Y
省份—年份固定效应	Y	Y	Y	Y	Y	Y	Y	Y
观测值	266819	144952	444255	389196	346947	268857	52962	16036
调整 R^2	0.089	0.025	0.153	0.208	0.068	0.175	0.149	0.091

表4-7列（1）是关于企业投资的回归结果。可以看出，清洁生产标准实施后，受处理企业的投资显著增加。列（2）回归结果显示，企业生产经营用的固定资本投资在清洁生产标准实施后显著增加。列（3）回归结果表明，清洁生产标准实施加剧了企业资本折旧。这些回归结果初步表明，企业在政策实施后有扩大投资、加快绿色资本更新的迹象。列（4）和列（5）回归结果显示，清洁生产标准实施后，企业的资本生产率显著提高，而其单位产出的化学需氧量产生量显著下降。列（6）至列（8）的回归结果则进一步表明，清洁生产标准实施后企业的煤炭、燃油和天然气等化石能源消耗强度显著降低。这些结果表明，清洁生产标准实施后，受处理企业不仅加快了生产设备投资，而且购进的生产设备更加节能、环保和高效，因而相对于未受政策影响的企业而言，其在政策实施后使用更少的能源投入、产生更少的污染，并实现更高的资本产出水平，从而实现基准回

归结果中的污染减排和生产率提升的双赢效果。总体而言，上述回归结果支持了绿色资本更新的作用机制，命题1得证。

鉴于绿色资本更新是企业引进和吸收先进绿色生产技术的一种渐进式工艺创新形式，上述分析表明，以清洁生产标准为代表的命令—控制型环境规制可以推动企业进行绿色生产工艺创新，即弱"波特假说"在清洁生产标准政策中成立。

二 对企业自主创新的影响

前述分析表明，清洁生产标准有助于推动企业进行绿色资本更新这种技术引进与吸收形式的生产工艺创新，是否会推动企业进行自主技术创新呢？鉴于绿色生产技术的自主创新也有助于实现污染减排和生产率提升，而且更受政策所期待，本章分别从研发投入和新产品产出两个维度来考察清洁生产标准实施对企业自主创新的作用效果。表4-8列（1）和列（2）报告了相应的回归结果。

表4-8　　　　　　　　自主创新与末端防治的机制检验

变量	$innov$ (1)	$newpro$ (2)	$waterequip$ (3)	$watercap$ (4)
$did1$	-0.079*** (0.007)	-0.121 (0.099)	-0.004 (0.004)	0.094*** (0.012)
soe	-0.038* (0.021)	-0.249* (0.128)	-0.000 (0.005)	-0.041*** (0.015)
age	0.010 (0.012)	-0.198*** (0.058)	0.014*** (0.002)	-0.007 (0.007)
$export$	0.001*** (0.000)	0.040*** (0.002)	-0.000 (0.000)	0.000 (0.000)
$size$	-0.024*** (0.007)	0.660*** (0.073)	0.032*** (0.002)	0.119*** (0.006)
企业固定效应	Y	Y	Y	Y
省份—年份固定效应	Y	Y	Y	Y

续表

变量	innov	newpro	waterequip	watercap
	（1）	（2）	（3）	（4）
观测值	182102	405008	327568	325978
调整 R^2	0.035	0.025	0.018	0.739

表4-8列（1）的回归结果表明，清洁生产标准实施后企业的研发投入并没有显著增加，反而有所下降。列（2）关于新产品产值的回归系数依旧为负，尽管不显著。上述结果表明，清洁生产标准政策并没有对企业自主创新产生显著的正向影响，考虑到企业在政策实施后会加快资本更新，甚而可能会对研发投入产生一定的挤出效应。鉴于自主创新本身需要一定的技术积累，回报周期较长，并且存在较大的不确定性（Choi et al., 2011; Hirshleifer et al., 2012; Minetti et al., 2015），在激烈的市场竞争下，对于相对短视的企业家而言，在面临外部环境规制压力时，进行自主创新很难成为其首选（高翔和袁凯华，2020）。相较之下，企业更可能将有限的经济资源用于绿色资本更新这种技术引进与吸收形式的生产工艺创新（张彩云和吕越，2018），以产生直接的节能减排效果。

三 末端治理的渠道检验

尽管实施清洁生产标准的政策初衷在于推动企业积极进行前端预防，即在生产过程中进行污染防控、通过节能减排来提质增效，但从政策接受者角度而言，为了能在短期内达到减排要求，尽可能减少政策对正常生产活动的影响，企业可能也会加大末端治污投资。为了检验这种可能的作用渠道，本节分别从废水治理设施数量及其处理能力两个维度考察了清洁生产标准实施的作用效果。表4-8列（3）和列（4）报告了相应的回归结果。

表4-8列（3）关于企业废水治理设施数量的回归系数并不显著，但是当使用废水治理设施日处理能力作为被解释变量时，估计

系数显著为正。平均而言，清洁生产标准实施使受处理企业的废水治理设施日处理能力显著增加了9.86%。这说明，清洁生产标准这种前端预防政策也具有末端治理效果。考虑到末端治污投资仅作为纯粹的治污投入，无法产生经济效益，对企业而言仅仅意味着成本，因此依旧无法解释企业生产率的提升。结合前述分析，本章认为，清洁生产标准实施通过绿色资本更新推动企业生产率的提升，并通过绿色资本更新和末端治理共同作用于企业减排。

第六节 进一步分析

一 对企业利润率的影响

前述回归结果表明，清洁生产标准实施提高了企业生产率水平，但是否也提高了企业利润率呢？对于追求利润最大化的企业家而言，相较于生产率水平而言，利润率显然是更值得关注的指标。从政策执行者的角度而言，尽可能避免环境规制对企业利润水平的负面影响可以有效减少政策执行过程中的阻力，便于政策顺利推行。为此，我们也考察了清洁生产标准实施对企业利润率的影响。表4-9报告了相应的回归结果。

表4-9　　　　清洁生产标准实施对企业利润率的影响

变量	$ros1$ (1)	$ros1$ (2)	$ros2$ (3)	$ros2$ (4)
$did1$	-0.366*** (0.094)	-0.310*** (0.094)	-0.307*** (0.097)	-0.226** (0.097)
soe	-0.626*** (0.151)	-0.608*** (0.150)	-0.486*** (0.153)	-0.457*** (0.152)
age	0.336*** (0.069)	0.284*** (0.069)	0.307*** (0.071)	0.245*** (0.071)

续表

变量	ros1 (1)	ros1 (2)	ros2 (3)	ros2 (4)
export	0.002 (0.002)	0.002 (0.002)	0.003* (0.002)	0.002 (0.002)
size	1.049*** (0.058)	1.008*** (0.057)	1.140*** (0.059)	1.090*** (0.059)
企业固定效应	Y	Y	Y	Y
年份固定效应	Y		Y	
省份—年份固定效应		Y		Y
观测值	288687	288687	288669	288669
调整 R^2	0.009	0.021	0.011	0.028

列（1）和列（3）仅控制了企业和年份固定效应。列（2）和列（4）则控制了企业与省份—年份固定效应。当使用利润总额占营业收入比重衡量利润率（张艳磊等，2015）时，清洁生产标准实施后受处理企业的利润率明显下降，平均降低了 0.3 个百分点。进一步使用主营业务利润占比衡量的利润率进行回归时，双重差分变量的估计系数依旧显著为负，系数值略有下降。这表明，清洁生产标准的实施对企业利润产生了一定的负面影响。鉴于清洁生产标准本质上是一种命令—控制型环境规制手段，这一结果为命题 3 提供了证据。

尽管清洁生产标准实施后，企业通过资本更新提高了生产效率，但是扩大生产投资本身会加剧企业折旧，这将减少当期的利润水平，另外企业购置末端治理设备也增加了生产运行成本，从而导致效率提升带来的收益仍无法补偿遵从环境规制带来的成本，进而降低了总体的利润水平和利润率。当然，其标准刚性减少了企业灵活减排的行动空间，这可能也增加了企业的遵从成本。

鉴于绿色资本更新可以视作一种渐进式生产工艺创新，上述结果可以理解为：在清洁生产标准这种命令—控制型环境规制下，通过绿色资本更新这种技术引进与吸收形式的生产工艺创新带来的收益无法补偿相应的环境规制遵从成本，即无法实现创新补偿。这意味着，强"波特假说"在清洁生产标准政策中并不成立。

二 对废气类污染的治理效果

前述回归分析中，我们主要使用水污染物指标来考察清洁生产标准的环境绩效。考虑到现实中不少重污染行业如钢铁、水泥等在工业生产过程中会同时排放废气和废水，清洁生产标准政策本身也并没有将治污对象仅聚焦于水污染，理论上，气体污染也应该在其作用范围内。为此，本节进一步考察了清洁生产标准实施对单位产出的工业废气排放量、二氧化硫排放量及其产生量的影响。表4-10报告了相应的回归结果。

表4-10　清洁生产标准实施对企业废气类污染物排放的影响

变量	wasteair (1)	wasteair (2)	so2 (3)	so2 (4)	pso2 (5)	pso2 (6)
did1	-0.003 (0.012)	-0.007 (0.012)	0.026* (0.014)	0.017 (0.014)	-0.001 (0.020)	-0.010 (0.020)
soe	0.103*** (0.012)	0.075*** (0.012)	0.100*** (0.014)	0.086*** (0.014)	0.077*** (0.014)	0.068*** (0.014)
age	0.028*** (0.005)	0.013*** (0.005)	0.025*** (0.006)	0.014** (0.006)	0.032*** (0.006)	0.023*** (0.006)
export	0.002*** (0.000)	-0.000 (0.000)	0.002*** (0.000)	-0.000 (0.000)	0.001*** (0.000)	-0.000 (0.000)
size	-0.514*** (0.007)	-0.325*** (0.009)	-0.437*** (0.008)	-0.296*** (0.009)	-0.339*** (0.011)	-0.263*** (0.011)
企业固定效应	Y	Y	Y	Y	Y	Y
年份固定效应	Y		Y		Y	
省份—年份固定效应		Y		Y		Y

续表

变量	wasteair (1)	wasteair (2)	so2 (3)	so2 (4)	pso2 (5)	pso2 (6)
观测值	389249	389249	409115	409115	307317	307317
调整 R^2	0.052	0.086	0.084	0.120	0.069	0.099

表4-10列（1）和列（2）反映了企业实施清洁生产标准对工业废气排放强度的影响。无论是否控制省份—年份固定效应，双重差分变量的估计系数始终不显著，尽管为负。列（3）关于二氧化硫的回归结果表明，清洁生产标准实施可能导致受处理企业的二氧化硫排放强度增加，列（4）控制省份—年份固定效应后，双重差分变量的估计系数不再显著，但依旧为正。列（5）和列（6）的回归结果进一步表明，清洁生产标准实施后受处理企业单位产出的二氧化硫产生量也不会显著减少。上述结果表明，清洁生产标准实施并未显著抑制企业的气体污染物排放。我们认为，这可能与实施清洁生产标准的行业集中在石化、纺织、造纸和冶炼等传统水污染行业有关，并且考虑到治污设备的专用性，这意味着污水处理设备难以适用于废气治理，因此废气污染的治理效果并不显著。总体上，清洁生产标准仅对工业企业的废水类污染有显著的治理效果，而对其废气类污染并没有明显的治理效果。

三 对规制偏倚的考察

尽管清洁生产行业标准由中央生态环境部统一制定，但实际政策执行主要由地方环保部门落实。后者虽然受到前者的垂直管辖，但由于在人、财、物方面依赖于地方政府，缺乏环保管理的独立性，因而同时也受到本级地方政府的领导（李光龙和周云蕾，2019）。一般而言，资本雄厚的大企业和纳税大户对地方经济增长和财政收入贡献较大，更容易受到地方政府的保护和规制偏倚（刘小鲁和李泓霖，2015）。这意味着，在清洁生产标准实施过程中，地方政府可能会放松对大企业和纳税大户的环境规制力度，从而减弱企业的治污积极性和环境治理效果。为考察这种潜在的政策异质性，我们分别在基准回归中纳入企业相对规模和税收贡献与双重差分变量的交互项。参考刘小鲁和李泓霖（2015）的计算方式，我们分别使用企业总资产占省内企业资产总和的比重和企业税费额占省内企业税费总和的比重来衡量企业的相对规模和税收贡献。其中，企业税费额由企业所得税、增值税、产品销售税金及附加和管理费用中的税金加总得到。表4-11报告了相应的回归结果。

表4-11　　　　　　资产规模与税收贡献的异质性检验

变量	(1) wastewater	(2) cod	(3) waterequip	(4) watercap	(5) wastewater	(6) cod	(7) waterequip	(8) watercap
$did1 \times asset$	-0.039*** (0.007)	-0.028*** (0.008)	0.001 (0.003)	0.053*** (0.008)				
$did1 \times tax$					-0.039*** (0.006)	-0.034*** (0.007)	-0.000 (0.003)	0.048*** (0.006)
$did1$	-0.050*** (0.014)	-0.061*** (0.017)	-0.006 (0.005)	0.046*** (0.013)	-0.050*** (0.014)	-0.050*** (0.017)	-0.003 (0.004)	0.059*** (0.013)
$asset$	-0.070*** (0.007)	-0.074*** (0.008)	0.017*** (0.003)	0.028*** (0.007)				
tax					-0.082*** (0.004)	-0.083*** (0.005)	0.007*** (0.002)	-0.003 (0.005)
soe	0.106*** (0.012)	0.070*** (0.016)	0.000 (0.005)	-0.040** (0.016)	0.109*** (0.012)	0.078*** (0.016)	-0.001 (0.005)	-0.040** (0.016)
age	0.033*** (0.006)	0.019** (0.008)	0.015*** (0.002)	-0.005 (0.007)	0.033*** (0.006)	0.019** (0.008)	0.013*** (0.002)	-0.007 (0.007)
$export$	-0.001*** (0.000)	-0.000 (0.000)	-0.000 (0.000)	-0.000 (0.000)	-0.001*** (0.000)	-0.000 (0.000)	-0.000 (0.000)	0.000 (0.000)
$size$	-0.232*** (0.007)	-0.251*** (0.009)	0.030*** (0.002)	0.114*** (0.007)	-0.265*** (0.007)	-0.292*** (0.009)	0.033*** (0.002)	0.130*** (0.007)

续表

变量	(1) wastewater	(2) cod	(3) waterequip	(4) watercap	(5) wastewater	(6) cod	(7) waterequip	(8) watercap
企业固定效应	Y	Y	Y	Y	Y	Y	Y	Y
省份—年份固定效应	Y	Y	Y	Y	Y	Y	Y	Y
观测值	441423	395096	316571	314978	436612	389925	310347	308778
调整 R^2	0.079	0.085	0.018	0.744	0.093	0.094	0.018	0.747

列（1）和列（2）的回归结果显示，资产规模更大的企业在清洁生产标准实施后其工业废水和化学需氧量排放强度出现了更大幅度的下降。列（3）关于企业废水治理设施数量的回归系数并不显著，但是当使用废水治理设施日处理能力作为被解释变量时，估计系数显著为正。这表明，受政策处理后资产规模更大的企业更显著增加末端治理投入。列（5）至列（8）报告了关于清洁生产标准实施与企业对地方税收贡献的交互效应。可以看出，对地方税收贡献越大的企业在政策实施后其污染排放强度下降幅度更大且治污投资更多。上述结果表明，清洁生产标准对大企业和纳税大户的环境治理效果更加显著，并没有出现预期的地方保护和规制偏倚。本章认为，可能的原因是大企业和纳税大户由于生产规模较大，污染排放总量通常也更高，对地方环境影响更大，备受公众和舆论关注，更容易成为地方环境治理的重点监控对象。实际上，在2003年清洁生产行业标准开始实施后，2005年12月，生态环境部便发布了面向重污染企业的《重点企业清洁生产审核程序的规定》，即是一个例证。另外，大企业和纳税大户由于资产雄厚、盈利能力强，融资约束较为宽松，更能承受环境规制的遵从成本，因而也容易成为地方推行环境政策的优先试点对象，从而导致其治污效果更为突出。

第七节　本章小结

本章以清洁生产标准的实施作为命令—控制型环境规制的一种政策实践，基于 1998—2012 年中国工业企业数据和工业污染源重点调查数据，使用双重差分法实证检验了清洁生产标准政策实施的环境绩效和经济绩效。研究结果表明：一是以清洁生产标准为代表的命令—控制型环境规制可以同时实现企业污染减排和全要素生产率提升的双赢。二是在清洁生产标准实施后，企业生产率的提升主要通过绿色资本更新实现，而其污染减排效果则同时得益于绿色资本更新和末端治理。三是由于生产率提升带来的收益不足以弥补企业遵从环境规制的成本，总体上，清洁生产标准实施对企业利润产生了负面影响。四是清洁生产标准实施仅对企业废水类污染物有显著的减排效果，而无助于企业废气类污染物的减排。五是在清洁生产标准实施过程中，并没有出现对大企业和纳税大户的地方保护和规制偏倚。

总体上，本章的实证结果为第三章理论模型中的命题 1 和命题 3 提供了经验证据。如果将绿色资本更新视为一种技术引进与吸收形式的生产工艺创新，则本章的实证结果也表明，以清洁生产标准政策为代表的命令—控制型环境规制尽管推动了企业进行生产工艺创新，但无法实现创新补偿，因而支持了弱"波特假说"，同时也拒绝了强"波特假说"。

第 五 章

排污税、绿色资本更新与企业绩效
—— 来自排污收费制度的证据

第一节 引言

在第三章理论模型中,我们对以排污税为代表的市场激励型环境规制的环境绩效和经济绩效进行了理论分析。研究发现:通过推动企业绿色资本更新,增加排污税可以同时实现污染减排和生产率提升(命题2)。并且当排污税达到一定水平时,增加排污税引致的生产率提升效应可以完全抵消遵从环境规制的成本效应,从而有利于企业利润提升(命题4)。为验证上述理论分析结果,本章以中国实施已久的排污收费制度作为一项"准排污税",并通过考察排污收费制度的政策效果来模拟分析排污税的制度绩效。具体而言,本章构建具体到企业层面的排污费征收强度,基于2004年全国经济普查数据和2005年中国工业企业数据与工业污染源重点调查数据,实证检验了以排污收费制度为代表的市场激励型环境规制对工业企业污染排放和生产率的影响,并重点考察了绿色资本更新的作用渠道,同时对企业自主创新和末端治理的潜在作用渠道进行了排除性分析,并进一步考察了排污费征收对企业利润的影响。

本章研究是对现有考察排污收费制度绩效文献的有益增补。目前学界关于中国排污收费的制度绩效以负面评价为主。虽然部分学者试图从制度设计本身挖掘内在的作用机制，但其具体传导到企业行为的作用渠道仍不甚明了，这方面的经验证据十分匮乏。另外，现有评估排污收费制度减排效果的实证研究尽管已十分丰富，但使用的几乎均是地区或行业层面的较为粗糙的排污数据，很少细化到企业层面，这一定程度上也制约了研究结论的适用性。不同于现有研究，本章基于中国工业企业数据和学界鲜有使用的工业污染源重点调查数据，考察了排污收费制度对工业企业生产率提升和污染减排的潜在政策红利，并重点分析了具体的作用渠道，研究发现可为今后中国环保税的优化和调整提供直接的政策启示。

第二节　政策背景

排污收费最早的政策实践可追溯至 1914 年德国在鲁尔流域实施的废水排放收费政策。然而，直到 1972 年经合组织（OECD）环境委员会提出"污染者付费"原则后，该制度才在全球范围内受到各国重视并被广泛应用。中国最早于 1979 年 9 月颁布《中华人民共和国环境保护法（试行）》并确立了排污收费的法律原则。1982 年 2 月，国务院发布了《征收排污费暂行办法》，标志着中国排污收费制度的正式建立和实施。此后，《中华人民共和国水污染防治法》（1984 年 11 月实施）、《中华人民共和国大气污染防治法》（1988 年 6 月实施）和《污染源治理专项资金有偿使用暂行办法》（1988 年 9 月实施）等法规相继出台和实施，使中国排污收费制度不断健全与完善。2000 年修订的《中华人民共和国大气污染防治法》则进一步从法律层面确定了"按照向大气排放污染物的种类和数量征收排污费"的总量收费制度（王勇等，2019）。

由于原有排污收费制度在收费标准、征收管理体制、征收对象和排污费使用等方面存在一定问题，2003年1月，国务院颁布了《排污费征收使用管理条例》（以下简称《条例》），并于当年7月1日起施行。该《条例》不仅规定改超标收费为总量收费和超标收费并行，而且明确了排污费收支两条线、收缴分离的原则，明确了排污费收入的用途，也进一步扩大了排污收费范围。具体表现为：一是实现了由超标收费向排污即收费、超标加倍收费的转变，由单一浓度收费向浓度与总量相结合收费、单因子收费向多因子收费的转变。如未超标的污水收费标准为0.7元/当量，超标排放的污水加1倍征收超标准排污费；废气排污费收费标准为0.6元/当量等。二是征收的排污费一律上缴财政、纳入财政预算并列入环境保护专项资金进行管理，全部用于污染治理（王勇等，2019）。三是将个体工商户纳入缴费对象。

随着经济的快速增长，中国环境污染有增无减。面对日益严峻的环境形势，2007年5月，国务院印发《节能减排综合性工作方案》，要求将二氧化硫排污费由原有的0.63元/当量分三年提高到1.26元/当量，并提出全面开征城市污水处理费，同时提高收费标准，每吨水平均收费标准原则上不低于0.8元。2014年9月，国家发展和改革委员会、财政部和生态环境部三部委联合印发《关于调整排污费征收标准等有关问题的通知》，继续调整和优化排污费征收标准，提高排污费收缴率并实行差别化排污收费政策。2016年，中国首部专门体现"绿色税制"的单行税法——《中华人民共和国环境保护税法》于第十二届全国人大常委会第二十五次会议通过，并于2018年1月1日生效。为保证其顺利实施，2017年，国务院进一步颁布了该法的配套文件——《中华人民共和国环境保护税法实施条例》，这意味着在中国施行了近40年的排污收费制度被环保税取代，环保"费改税"正式完成。

实践上，中国新开征的环保税立法遵循排污收费制度向环保税制度平稳转移的基本原则（牛美晨和刘晔，2021），二者在征收对象、征收范围、计税方法和标准等方面仍具有很多相似之处。如超过一半的省（区、市）的环保税平移了原排污费的征收标准，并且环保税的应税污染物及当量值也基本沿用了原排污收费的统计口径（高萍，2019）。当然，二者也存在一些差异。环保税实施后，工业企业排放废水和废气的单位污染当量征收标准将分别由 0.7 元和 0.6 元上升到最高的 14 元和 12 元。征收机构由原先的环保部门征收改为税务部门依法征收、环保部门协助（金友良等，2020）。相比之下，中国排污收费制度自 2003 年后才实行总量收费和超标收费相结合，整体收费水平较低（赵昌文和许召元，2013），同时也面临执法刚性不足的问题。

第三节　实证设计

一　模型设定

作为中国为数不多的纳入财政预算内的行政收费，排污收费具有"准税"的性质（王勇等，2019）。虽然环境税的征收刚性明显大于"费"改"税"之前（王海等，2019），但其立法遵循排污费制度向环境税制度平稳转移的基本原则，二者在征收对象、征收范围、计税方法和标准等方面仍具有很多相似之处。比如，虽然环境税制度在各省份税率标准范围上留出了较宽的弹性区间，但约有 60% 的地区环境税负以原有排污费率为基础大致平移。

为此，本章以 2003 年 7 月实施的《排污费征收管理使用条例》为制度背景，将中国排污收费的早期实践作为征收环境税的一次政策预演，考察了排污收费这种"准税"形式的市场激励型环境规制的环境绩效和经济绩效。具体而言，本章基于 2004 年全国经济普查数据构建细化到企业层面的排污费征收强度变量，考察其对企业污染排放强度和生产率的影响。基准回归方程设置如下：

$$emission_i = \alpha_0 + \beta_1 L1fee_i + \theta X_i + \lambda_p + \mu_{ind} + \varepsilon_i \tag{5-1}$$

$$TFP_i = \alpha_0 + \delta_1 L1fee_i + \theta X_i + \lambda_p + \mu_{ind} + \varepsilon_i \tag{5-2}$$

式中，下标 i 表示企业。$emission_i$ 和 TFP_i 分别是企业 i 的污染排放强度和全要素生产率。其中，污染排放强度主要包括单位产出的工业废气排放量（$wasteair$）和工业废水排放量（$wastewater$）；全要素生产率分别基于 OP 和 LP 法测算。为避免反向因果，同时考虑到政策效果的迟滞性，参考徐保昌和谢建国（2016）的处理方式，我们将核心解释变量设置为滞后一期的排污费征收强度（$L1fee$）[①]。X_i 为控制变量，包括企业年龄（age）、出口占比（$export$）、国有背景（soe）和劳动力规模（$size$）。λ_p 为省份固定效应，μ_{ind} 为四分位行业固定效应，二者分别控制与地区和行业有关的特征。ε_i 为随机扰动项。

基准回归方程式（5-1）和式（5-2）分别考察中国排污费征收强度与企业污染排放和 TFP 之间的线性关系和总体作用方向。实际上，在排污收费制度下，企业家作为经济人，其生产决策行为会在治污收益和成本之间进行权衡。因此，上述关系之间可能并非简单的线性变化。从企业污染排放强度和 TFP 分别与排污费征收强度的散点图（图 5-1 和图 5-2）来看，随着排污费征收强度的提升，企业污染排放强度呈现出先上升后下降的倒"U"形曲线变化形态，而企业 TFP 则表现出先下降后上升的"U"形曲线变化形态。为考察潜在的非线性关系，本章在基准模型式（5-1）和式（5-2）中进一步加入排污费征收强度的二次项（$L1fee2$），相应的回归方程设置如下：

$$emission_i = \alpha_0 + \beta_1 L1fee_i + \beta_2 L1fee2_i + \theta X_i + \lambda_p + \mu_{ind} + \varepsilon_i \quad (5-3)$$

$$TFP_i = \alpha_0 + \delta_1 L1fee_i + \delta_2 L1fee2_i + \theta X_i + \lambda_p + \mu_{ind} + \varepsilon_i \quad (5-4)$$

需要说明的是，尽管中国排污收费制度具有"准税"性质，但与中国 2018 年正式开征的环境税还是存在一定的差异。具体而言，中国环境税对主要的大气和水污染物实施按总量征税方式，不仅单位排污收费水平明显提高，而且具有严格的执法刚性。相比之下，

[①] 由于排污费数据仅在 2004 年全国经济普查中被调查，回归中使用的样本实际为截面数据，因而省略时间下标 t。

中国排污收费制度自 2003 年后才实行总量收费和超标收费相结合，整体收费水平较低[①]，同时也面临执法刚性不足的问题（王萌，2009）。这意味着，中国环境税的环境规制强度显著更大。如果将中国近年来新开征的环境税视为一种排污收费制度，那么它应该是排污收费水平显著更高、排污费征收强度明显更大的一种排污收费制度。因此，通过考察模型（5-3）和模型（5-4）中排污费征收强度处在更高水平时环境规制的政策效果，一定程度上可以模拟出中国环境税实施的政策效果，进而对第三章关于排污税的理论分析结果进行印证。

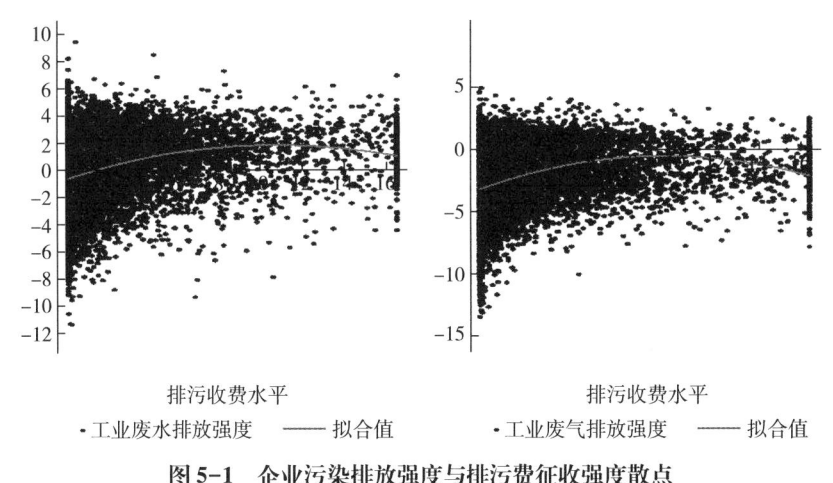

图 5-1　企业污染排放强度与排污费征收强度散点

注：横轴每个线段长度为两个单位（0-2, 2-4, …, 14-16）；下同。

二　数据处理与变量说明

本章排污费数据来自 2004 年全国经济普查，主回归中除核心解释变量外其他所有指标使用的数据来自 2005 年工业企业数据和工业

---

① 以水污染物为例，根据 2003 年 1 月国务院颁布的《排污费征收使用管理条例》，中国未超标的污水收费标准为 0.7 元/当量，超标排放污水的加倍征收超标排污费；而根据 2018 年版《中华人民共和国环境保护税法》所附《环境保护税税目税额表》，水污染物的收费标准提高为 1.4—14 元/当量。

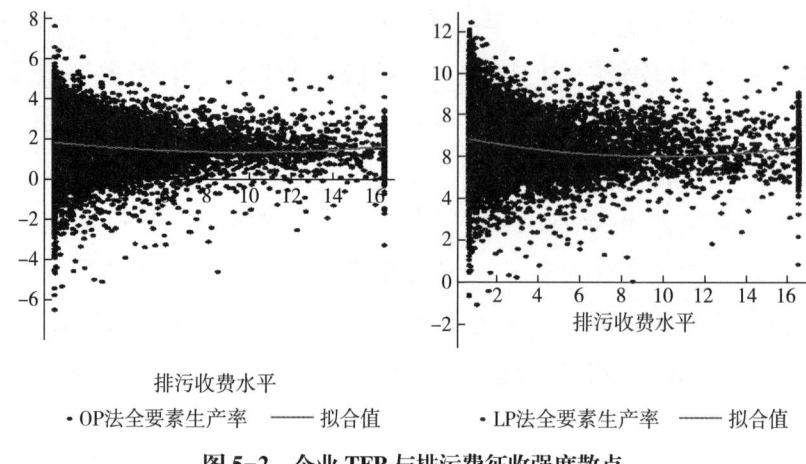

图 5-2 企业 TFP 与排污费征收强度散点

注：横轴每个线段长度为两个单位。

污染源重点调查数据。在数据匹配方面，我们先后基于法人代码、企业名称+行政代码的交叉匹配方式将二者进行匹配。在数据处理上，本章借鉴 Brandt 等（2012，2014）、聂辉华等（2012）的处理方式，删除了职工人数少于 8 人、流动资产或固定资产净值大于总资产、累计折旧小于当期折旧、资产负债率小于 0、开业年份大于统计年份等异常值以及与回归中使用到的变量有关的指标缺失值，最终得到 38454 个观测值。我们使用到的变量的处理及其描述性统计报告如表 5-1 所示。

表 5-1 描述性统计

变量名	变量定义与处理	样本量	均值	标准差	最小值	最大值
$L1fee$	滞后一期排污费占比（‰），排污费占营业收入比重	29887	1.35	2.653	0	16.5
$L1fee\_1$	滞后一期排污费占比（‰），排污费占主营业务收入比重	29884	1.377	2.718	0	17.084
$L1fee\_2$	滞后一期排污费占比（‰），排污费占销售收入比重	29660	1.352	2.68	0	16.788
tfp_op	OP 法全要素生产率对数化	37715	1.828	1.012	-6.421	7.647
acf_op	ACF-OP 法下的全要素生产率	37715	2.099	1.023	-6.22	8.431

续表

变量名	变量定义与处理	样本量	均值	标准差	最小值	最大值
tfp_lp	LP法全要素生产率对数化	37715	6.665	1.227	-1.129	12.458
acf_lp	ACF-LP法下的全要素生产率	37715	2.78	0.999	-5.273	8.004
keffiency	资本生产率对数化	37715	-0.47	1.271	-9.687	9.47
wasteair	工业废气排放强度（万标立方米/千元）对数化	30496	-2.722	2.28	-14.33	7.603
wastewater	工业废水排放强度（吨/千元）对数化	31576	-0.261	2.17	-12.721	9.426
so2	二氧化硫排放强度（千克/千元）对数化	29032	-0.667	2.282	-13.622	8.413
pso2	二氧化硫生产强度（千克/千元）对数化	29046	-0.432	2.312	-13.622	8.413
cod	化学需氧量排放强度（千克/千元）对数化	27916	-2.297	2.49	-15.591	10.039
pcod	化学需氧量产生量强度（千克/千元）对数化	28263	-1.569	2.725	-15.591	11.221
inv	固定资产投资（千元）对数化	25555	7.793	2.073	-3.802	16.812
mfix	生产经营用固定资产投资（千元）对数化	22549	8.083	2.076	-3.101	16.925
depre	当年折旧（千元）对数化	36855	7.061	1.906	-0.105	15.418
coal	煤炭消耗强度，单位产值耗煤量（吨/千元）对数化	26293	-2.747	2.031	-11.706	5.656
oil	燃油消耗强度，单位产值耗油量（吨/千元）对数化	3994	-5.957	2.14	-14.583	2.609
gas	燃气消耗强度，单位产值耗气量（万立方米/千元）对数化	1247	-7.121	2.585	-15.048	2.592
airequip	废气治理设施（套）对数化	23735	0.768	0.896	0	6.068
waterequip	废水治理设施（套）对数化	23471	0.261	0.543	0	6.993
newpro	新产品产值占销售收入比重（%）	38454	4.318	15.468	0	95.946
innov	研发投入占销售收入比重（%）	38454	0.154	0.642	0	4.831
ros1	销售利润率，利润总额占营业收入比重（%）	38435	1.87	10.567	-46.97	34.731
ros2	销售利润率，主营业务利润占营业收入比重（%）	38435	1.715	10.977	-47.802	35.122
soe	是否国有企业	38454	0.112	0.315	0	1

续表

变量名	变量定义与处理	样本量	均值	标准差	最小值	最大值
age	企业年龄对数化	38454	2.227	0.915	0	6.006
export	出口占销售收入比重（%）	38454	12.843	28.504	0	100
size	劳动力规模，职工人数对数化	38454	5.488	1.163	2.197	11.583

注：排污费占比（*L1fee*、*L1fee_1* 和 *L1fee_2*）和新产品产值占比（*newpro*）在右侧1%水平下缩尾。研发投入占比（*innov*）和利润率（*ros1* 和 *ros2*）在左右两侧1%水平下缩尾。

第四节　基准回归结果

一　基准回归结果分析

基准回归结果如表5-2所示。奇数列为线性回归结果，偶数列为非线性回归结果。列（1）和列（3）显示，排污费征收强度与工业企业废气和废水排放强度正相关。而列（2）和列（4）的非线性回归结果则表明，随着排污费征收强度的提高，工业企业废气和废水排放强度表现出明显的先增加后降低的倒"U"形曲线变化形态，二者对应的拐点值分别为9.8和10.2，即排污费占营业收入比重近1%的水平。列（5）和列（7）显示，排污费征收强度与工业企业全要素生产率负相关。而列（6）和列（8）的非线性回归结果则表明，随着排污费征收强度的提高，工业企业全要素生产率表现出明显的先降低后增加的"U"形曲线变化形态，相应的拐点值为8.9—9.6，同样排污费占营业收入比重近1%的水平。

表5-2　　　　　　　　基准回归分析

变量	*wasteair*		*wastewater*		*tfp_op*		*tfp_lp*	
	(1)	(2)	(3)	(4)	(5)	(6)	(7)	(8)
L1fee	0.064***	0.176***	0.093***	0.225***	-0.029***	-0.077***	-0.033***	-0.089***
	(0.004)	(0.009)	(0.004)	(0.011)	(0.002)	(0.005)	(0.002)	(0.005)

续表

变量	*wasteair*		*wastewater*		*tfp_op*		*tfp_lp*	
	(1)	(2)	(3)	(4)	(5)	(6)	(7)	(8)
L1fee2		-0.009*** (0.001)		-0.011*** (0.001)		0.004*** (0.000)		0.005*** (0.000)
soe	0.357*** (0.035)	0.356*** (0.035)	0.526*** (0.038)	0.523*** (0.038)	-0.376*** (0.021)	-0.376*** (0.021)	-0.340*** (0.021)	-0.340*** (0.021)
age	0.021 (0.013)	0.014 (0.013)	0.112*** (0.014)	0.105*** (0.014)	-0.155*** (0.007)	-0.152*** (0.007)	-0.130*** (0.007)	-0.127*** (0.007)
export	-0.003*** (0.001)	-0.003*** (0.001)	-0.001* (0.000)	-0.001* (0.000)	-0.001** (0.000)	-0.001** (0.000)	-0.000 (0.000)	-0.000 (0.000)
size	-0.077*** (0.011)	-0.073*** (0.011)	-0.050*** (0.012)	-0.045*** (0.012)	-0.007 (0.006)	-0.009 (0.006)	0.659*** (0.006)	0.658*** (0.006)
行业固定效应	Y	Y	Y	Y	Y	Y	Y	Y
省份固定效应	Y	Y	Y	Y	Y	Y	Y	Y
观测值	24037	24037	24770	24770	29330	29330	29330	29330
调整 R^2	0.561	0.564	0.367	0.371	0.178	0.180	0.452	0.454

注：括号中是异方差稳健标准误，***、**、*分别表示在1%、5%和10%的水平下显著；下同。

上述回归结果表明，中国排污收费制度存在明显的"门槛"效应，只有当排污费征收强度超过一定门槛值时，排污收费制度才会对企业产生正向激励效果。鉴于环境税可以视作一种排污费征收强度明显更高的排污收费制度，从而更可能跨过相应的门槛值，因此可以将上述倒"U"形曲线和"U"形曲线的右半段模拟为环境税情形下的政策效果。换句话说，一旦实施排污费征收强度明显更高的环境税时，环境规制的强化将推动企业减排和生产率提升。然而现实中，由于绝大多数工业企业排污费征收强度较低、未能达到相应的门槛水平[1]，因而正如线性回归结果所示，在排污收费制度下，

---

[1] 尽管上述拐点值小于样本中最大排污费征收强度值，但仍高于其前95%的分位数值。

环境规制的强化平均意义上提高了工业企业的污染排放强度并降低了工业企业全要素生产率。

实际上，在排污费改税前，中国排污收费制度一直广遭诟病（司言武和李珺，2007），收费标准偏低、征收范围狭隘、征收刚性不足等问题较为突出（王萌，2009）。尽管自 2003 以来，中国排污收费标准经历了数次调整，但依旧远低于企业实际的治污成本。根据王萌（2009）的测算，中国排污费征收标准仅为企业污染治理设施运转成本的 50% 左右，某些项目甚至不到污染治理成本的 10%。以二氧化硫为例，2003 年中国出台的《排污费征收标准管理办法》要求将二氧化硫排污费征收标准提高到 0.63 元/千克，而火电厂烟气脱硫平均治理成本为 4—6 元/千克，前者甚至不到后者的 20%。即使根据 2014 年《关于调整排污费征收标准等有关问题的通知》的要求，将二氧化硫排污费征收标准调整至不低于每千克 1.26 元，也远远不够。

考虑到污染治理投资较大、见效周期较长，理性的企业家会基于成本最小化原则，在排污费和治污成本之间进行权衡。由于缴纳的排污费远低于治污成本，企业排污的私人成本低于社会成本，排污收费制度甚至会对企业行为产生逆向调节作用，这等于变相鼓励企业排污，形成从"积极治理污染"转向"消极缴费排污"的反激励局面（王萌，2009）。现实中，不少工业企业宁愿缴纳排污费也不愿花钱引进治污技术和购置治污设备（王海等，2019）。这不仅无法推动减排反而会因为缴纳排污费的成本效应降低企业经济效率，从而导致企业环境绩效和经济绩效的"双输"。因此，有必要推动中国排污收费制度向排污收费水平更高、执法更严格的环境税转变。

二 稳健性检验

（一）替换被解释变量

为检验基准回归结果的稳健性，本章参考 Ackerberg 等（2015）的处理方式，分别基于 OP 和 LP 框架，重新测算 ACF-OP 和 ACF-

LP调整后的全要素生产率。与此同时，我们也分别将工业废气和废水排放强度替换为两项最主要的废气和废水污染物即二氧化硫和化学需氧量的排放强度。表5-3报告了相应的回归结果。可以看出，替换被解释变量后，排污费征收强度与企业污染排放强度和全要素生产率之间依旧呈现明显的倒"U"形和"U"形关系，且拐点值依旧位于排污费占营业收入1%的水平左右。总体而言，排污费征收强度对企业污染排放强度和生产率分别具有正向和负向的作用。

表5-3　　　　　　替换被解释变量的稳健性检验

变量	so2		cod		acf_op		acf_lp	
	(1)	(2)	(3)	(4)	(5)	(6)	(7)	(8)
L1fee	0.070*** (0.004)	0.187*** (0.010)	0.106*** (0.005)	0.248*** (0.013)	-0.028*** (0.002)	-0.075*** (0.005)	-0.030*** (0.002)	-0.080*** (0.005)
L1fee2		-0.010*** (0.001)		-0.011*** (0.001)		0.004*** (0.000)		0.004*** (0.000)
soe	0.326*** (0.040)	0.325*** (0.039)	0.464*** (0.047)	0.461*** (0.047)	-0.384*** (0.021)	-0.383*** (0.021)	-0.367*** (0.021)	-0.367*** (0.021)
age	0.053*** (0.014)	0.046*** (0.014)	0.070*** (0.017)	0.063*** (0.017)	-0.160*** (0.007)	-0.158*** (0.007)	-0.149*** (0.007)	-0.146*** (0.007)
export	-0.005*** (0.001)	-0.005*** (0.001)	0.000 (0.001)	0.000 (0.001)	-0.001** (0.000)	-0.001** (0.000)	-0.000* (0.000)	-0.000* (0.000)
size	-0.226*** (0.012)	-0.222*** (0.012)	-0.168*** (0.014)	-0.163*** (0.014)	0.085*** (0.006)	0.084*** (0.006)	0.113*** (0.006)	0.111*** (0.006)
行业固定效应	Y	Y	Y	Y	Y	Y	Y	Y
省份固定效应	Y	Y	Y	Y	Y	Y	Y	Y
观测值	22929	22929	22106	22106	29330	29330	29330	29330
调整R^2	0.482	0.486	0.376	0.380	0.173	0.176	0.178	0.181

（二）替换解释变量

基准回归分析中本章使用排污费占营业收入比重衡量排污费征收强度，为考察回归结果是否依赖于特定的变量衡量方式，本章分别使用排污费占主营业务收入比重和排污费占销售收入比重来衡量核心解释变量，相应的回归结果如表 5-4 和表 5-5 所示。可以看出，排污费征收强度与企业污染排放强度和生产率之间的线性和非线性关系依旧保持不变，再次证明了基准回归结果的稳健性。

表 5-4　　　　替换解释变量 $L1fee\_1$ 的稳健性检验

变量	wasteair		wastewater		tfp_op		tfp_lp	
	(1)	(2)	(3)	(4)	(5)	(6)	(7)	(8)
$L1fee\_1$	0.064 *** (0.004)	0.173 *** (0.009)	0.092 *** (0.004)	0.218 *** (0.011)	−0.029 *** (0.002)	−0.075 *** (0.005)	−0.033 *** (0.002)	−0.086 *** (0.005)
$L1fee\_12$		−0.009 *** (0.001)		−0.010 *** (0.001)		0.004 *** (0.000)		0.004 *** (0.000)
soe	0.355 *** (0.035)	0.354 *** (0.035)	0.521 *** (0.038)	0.519 *** (0.038)	−0.374 *** (0.021)	−0.374 *** (0.021)	−0.338 *** (0.021)	−0.338 *** (0.021)
age	0.020 (0.013)	0.014 (0.013)	0.111 *** (0.014)	0.104 *** (0.014)	−0.155 *** (0.007)	−0.152 *** (0.007)	−0.129 *** (0.007)	−0.126 *** (0.007)
export	−0.003 *** (0.001)	−0.003 *** (0.001)	−0.001 * (0.000)	−0.001 * (0.000)	−0.001 ** (0.000)	−0.001 ** (0.000)	−0.000 (0.000)	−0.000 (0.000)
size	−0.077 *** (0.011)	−0.073 *** (0.011)	−0.050 *** (0.012)	−0.045 *** (0.012)	−0.007 (0.006)	−0.009 (0.006)	0.659 *** (0.006)	0.658 *** (0.006)
行业固定效应	Y	Y	Y	Y	Y	Y	Y	Y
省份固定效应	Y	Y	Y	Y	Y	Y	Y	Y
观测值	24035	24035	24767	24767	29327	29327	29327	29327
调整 R^2	0.561	0.564	0.367	0.372	0.178	0.181	0.452	0.454

表 5-5　　　　替换解释变量 $L1fee\_2$ 的稳健性检验

变量	wasteair		wastewater		tfp_op		tfp_lp	
	(1)	(2)	(3)	(4)	(5)	(6)	(7)	(8)
$L1fee\_2$	0.067 *** (0.004)	0.176 *** (0.009)	0.097 *** (0.004)	0.223 *** (0.011)	−0.032 *** (0.002)	−0.078 *** (0.005)	−0.036 *** (0.002)	−0.090 *** (0.005)
$L1fee\_22$		−0.009 *** (0.001)		−0.010 *** (0.001)		0.004 *** (0.000)		0.004 *** (0.000)

续表

变量	wasteair		wastewater		tfp_op		tfp_lp	
	(1)	(2)	(3)	(4)	(5)	(6)	(7)	(8)
soe	0.349*** (0.035)	0.348*** (0.035)	0.523*** (0.038)	0.522*** (0.038)	-0.377*** (0.021)	-0.377*** (0.021)	-0.342*** (0.022)	-0.341*** (0.021)
age	0.020 (0.013)	0.013 (0.013)	0.110*** (0.014)	0.103*** (0.014)	-0.153*** (0.007)	-0.151*** (0.007)	-0.128*** (0.007)	-0.125*** (0.007)
export	-0.003*** (0.001)	-0.003*** (0.001)	-0.001* (0.000)	-0.001* (0.000)	-0.001** (0.000)	-0.001** (0.000)	-0.000 (0.000)	-0.000 (0.000)
size	-0.076*** (0.011)	-0.073*** (0.011)	-0.050*** (0.012)	-0.046*** (0.012)	-0.007 (0.006)	-0.009 (0.006)	0.659*** (0.006)	0.658*** (0.006)
行业固定效应	Y	Y	Y	Y	Y	Y	Y	Y
省份固定效应	Y	Y	Y	Y	Y	Y	Y	Y
观测值	23839	23839	24575	24575	29107	29107	29107	29107
调整 R^2	0.562	0.565	0.369	0.373	0.179	0.182	0.452	0.454

(三) 删除未征收排污费企业

基准回归分析中我们使用的样本包括部分未征收排污费即排污费强度为0的企业，这可能使得基准估计结果被低估。此处，本章参照张艳磊等（2015）的处理方式，删掉这部分企业，仅考察排污费征收强度对有征收排污费企业的影响，相应的回归结果如表5-6所示。不难发现，排污费征收强度对企业污染排放强度和生产率的线性和非线性估计结果基本不变。因此，基准回归分析结论依旧成立。

表5-6　　　删除未征收排污费企业样本的稳健性检验

变量	wasteair		wastewater		tfp_op		tfp_lp	
	(1)	(2)	(3)	(4)	(5)	(6)	(7)	(8)
L1fee	0.068*** (0.004)	0.229*** (0.011)	0.099*** (0.005)	0.294*** (0.013)	-0.030*** (0.002)	-0.098*** (0.007)	-0.035*** (0.002)	-0.113*** (0.007)

续表

变量	wasteair		wastewater		tfp_op		tfp_lp	
	(1)	(2)	(3)	(4)	(5)	(6)	(7)	(8)
L1fee2		-0.012*** (0.001)		-0.015*** (0.001)		0.005*** (0.000)		0.006*** (0.000)
soe	0.274*** (0.041)	0.259*** (0.041)	0.467*** (0.045)	0.449*** (0.045)	-0.346*** (0.025)	-0.340*** (0.025)	-0.291*** (0.025)	-0.285*** (0.025)
age	0.023 (0.015)	0.018 (0.015)	0.096*** (0.017)	0.091*** (0.017)	-0.143*** (0.008)	-0.141*** (0.008)	-0.118*** (0.008)	-0.116*** (0.008)
export	-0.004*** (0.001)	-0.004*** (0.001)	-0.001* (0.001)	-0.001* (0.001)	-0.000 (0.000)	-0.000 (0.000)	0.000 (0.000)	0.000 (0.000)
size	-0.046*** (0.014)	-0.028** (0.013)	-0.020 (0.014)	0.002 (0.014)	-0.007 (0.007)	-0.014** (0.007)	0.666*** (0.007)	0.657*** (0.007)
行业固定效应	Y	Y	Y	Y	Y	Y	Y	Y
省份固定效应	Y	Y	Y	Y	Y	Y	Y	Y
观测值	15912	15912	16220	16220	19038	19038	19038	19038
调整 R^2	0.587	0.593	0.380	0.390	0.180	0.186	0.473	0.478

（四）添加省份—行业固定效应

基准回归分析中本章分别控制了省份和行业层面的固定效应，但这可能依旧无法控制同时随地区和行业变动的其他干扰性因素。为此，本章进一步控制省份—行业双向固定效应①，相应的回归结果如表 5-7 所示。可以看出，尽管估计系数绝对值有所降低，但总体系数符号和显著性水平依旧未变，并且相应的拐点值也基本不变。

表 5-7　　　　控制省份—行业固定效应的稳健性检验

变量	wasteair		wastewater		tfp_op		tfp_lp	
	(1)	(2)	(3)	(4)	(5)	(6)	(7)	(8)
L1fee	0.056*** (0.004)	0.146*** (0.009)	0.076*** (0.004)	0.182*** (0.012)	-0.025*** (0.002)	-0.070*** (0.006)	-0.029*** (0.002)	-0.081*** (0.006)

---

① 由于存在多重共线性问题，单独的省份和行业固定效应会在回归中被消除掉。

续表

变量	wasteair		wastewater		tfp_op		tfp_lp	
	(1)	(2)	(3)	(4)	(5)	(6)	(7)	(8)
L1fee2		-0.007*** (0.001)		-0.009*** (0.001)		0.004*** (0.000)		0.004*** (0.000)
soe	0.278*** (0.038)	0.277*** (0.038)	0.489*** (0.043)	0.487*** (0.043)	-0.338*** (0.024)	-0.337*** (0.024)	-0.303*** (0.024)	-0.302*** (0.024)
age	0.037*** (0.013)	0.032** (0.013)	0.096*** (0.016)	0.090*** (0.016)	-0.149*** (0.008)	-0.147*** (0.008)	-0.124*** (0.008)	-0.121*** (0.008)
export	-0.003*** (0.001)	-0.003*** (0.001)	-0.002*** (0.001)	-0.002*** (0.001)	-0.000 (0.000)	-0.000 (0.000)	0.000 (0.000)	0.000 (0.000)
size	-0.078*** (0.013)	-0.075*** (0.013)	-0.057*** (0.013)	-0.053*** (0.013)	-0.017*** (0.006)	-0.019*** (0.006)	0.653*** (0.006)	0.651*** (0.006)
省份—行业固定效应	Y	Y	Y	Y	Y	Y	Y	Y
观测值	22011	22011	22602	22602	27126	27126	27126	27126
调整 R^2	0.612	0.614	0.425	0.428	0.220	0.223	0.485	0.487

（五）聚类到省份—行业层面

基准回归分析中本章使用异方差稳健标准误，这有助于解决不同企业之间的异方差问题，但无法解决组内相关问题。显然，位于同一地区同一行业的企业更可能成为彼此的竞争对手，并且受到本地统一的政策影响，因而相关性更高。为克服这种组内相关性问题，本章进一步将标准误聚类到省份—行业层面，相应的回归结果如表5-8所示。可以发现，尽管线性和非线性回归模型中核心解释变量的估计系数标准差增大了，但依旧在1%的统计水平下显著。

表5-8　　　标准误聚类到省份—行业层面的稳健性检验

变量	wasteair		wastewater		tfp_op		tfp_lp	
	(1)	(2)	(3)	(4)	(5)	(6)	(7)	(8)
L1fee	0.064*** (0.006)	0.176*** (0.012)	0.093*** (0.007)	0.225*** (0.015)	-0.029*** (0.003)	-0.077*** (0.007)	-0.033*** (0.003)	-0.089*** (0.007)

续表

变量	wasteair (1)	wasteair (2)	wastewater (3)	wastewater (4)	tfp_op (5)	tfp_op (6)	tfp_lp (7)	tfp_lp (8)
L1fee2		-0.009*** (0.001)		-0.011*** (0.001)		0.004*** (0.000)		0.005*** (0.001)
soe	0.357*** (0.037)	0.356*** (0.037)	0.526*** (0.043)	0.523*** (0.043)	-0.376*** (0.023)	-0.376*** (0.023)	-0.340*** (0.024)	-0.340*** (0.024)
age	0.021 (0.014)	0.014 (0.014)	0.112*** (0.016)	0.105*** (0.016)	-0.155*** (0.008)	-0.152*** (0.008)	-0.130*** (0.008)	-0.127*** (0.008)
export	-0.003*** (0.001)	-0.003*** (0.001)	-0.001 (0.001)	-0.001 (0.001)	-0.001* (0.000)	-0.001* (0.000)	-0.000 (0.000)	-0.000 (0.000)
size	-0.077*** (0.015)	-0.073*** (0.015)	-0.050*** (0.016)	-0.045*** (0.016)	-0.007 (0.008)	-0.009 (0.008)	0.659*** (0.008)	0.658*** (0.008)
行业固定效应	Y	Y	Y	Y	Y	Y	Y	Y
省份固定效应	Y	Y	Y	Y	Y	Y	Y	Y
观测值	24037	24037	24770	24770	29330	29330	29330	29330
调整 R^2	0.561	0.564	0.367	0.371	0.178	0.180	0.452	0.454

(六) 将解释变量滞后更多年份

基准回归分析中，本章使用滞后1年的排污费征收强度作为核心解释变量，为检验回归结果对滞后期限的敏感性，本章分别将核心解释变量滞后2年和3年①，表5-9和表5-10分别报告了相应的回归结果。可以发现，相对于基准回归结果而言，滞后2年的回归系数有所降低，滞后3年的回归系数则进一步降低，但始终显著。这一方面表明了本章基准估计结果的稳健性，同时也说明排污收费制度的政策效果随时间推移逐渐减弱。

---

① 由于核心解释变量使用的排污费数据仅在2004年全国经济普查中被调查，因此将核心解释变量滞后2年和3年意味着分别使用2006年和2007年的截面数据进行回归。

表 5-9　　　　　　　核心解释变量滞后 2 年的稳健性检验

变量	wasteair (1)	wasteair (2)	wastewater (3)	wastewater (4)	tfp_op (5)	tfp_op (6)	tfp_lp (7)	tfp_lp (8)
L2fee	0.063*** (0.004)	0.184*** (0.011)	0.089*** (0.005)	0.230*** (0.012)	-0.025*** (0.002)	-0.072*** (0.006)	-0.030*** (0.002)	-0.086*** (0.006)
L2fee2		-0.010*** (0.001)		-0.011*** (0.001)		0.004*** (0.000)		0.005*** (0.000)
soe	0.330*** (0.042)	0.322*** (0.042)	0.478*** (0.045)	0.466*** (0.045)	-0.353*** (0.023)	-0.350*** (0.023)	-0.310*** (0.023)	-0.307*** (0.023)
age	0.022 (0.016)	0.015 (0.015)	0.130*** (0.017)	0.123*** (0.017)	-0.167*** (0.008)	-0.164*** (0.008)	-0.145*** (0.008)	-0.142*** (0.008)
export	-0.003*** (0.001)	-0.003*** (0.001)	-0.001 (0.000)	-0.001 (0.000)	-0.001*** (0.000)	-0.001*** (0.000)	-0.000 (0.000)	-0.000 (0.000)
size	-0.088*** (0.013)	-0.083*** (0.013)	-0.099*** (0.013)	-0.092*** (0.013)	-0.001 (0.006)	-0.003 (0.006)	0.665*** (0.006)	0.663*** (0.006)
行业固定效应	Y	Y	Y	Y	Y	Y	Y	Y
省份固定效应	Y	Y	Y	Y	Y	Y	Y	Y
观测值	20015	20015	20984	20984	25442	25442	25442	25442
调整 R^2	0.523	0.527	0.376	0.381	0.178	0.180	0.476	0.478

表 5-10　　　　　　　核心解释变量滞后 3 年的稳健性检验

变量	wasteair (1)	wasteair (2)	wastewater (3)	wastewater (4)	tfp_op (5)	tfp_op (6)	tfp_lp (7)	tfp_lp (8)
L3fee	0.059*** (0.004)	0.171*** (0.011)	0.088*** (0.005)	0.231*** (0.012)	-0.023*** (0.002)	-0.064*** (0.006)	-0.027*** (0.002)	-0.075*** (0.006)
L3fee2		-0.009*** (0.001)		-0.012*** (0.001)		0.003*** (0.000)		0.004*** (0.000)
soe	0.275*** (0.047)	0.270*** (0.047)	0.488*** (0.050)	0.482*** (0.050)	-0.334*** (0.026)	-0.332*** (0.026)	-0.290*** (0.026)	-0.288*** (0.026)
age	0.056*** (0.017)	0.048*** (0.017)	0.119*** (0.019)	0.110*** (0.019)	-0.180*** (0.009)	-0.178*** (0.009)	-0.165*** (0.009)	-0.162*** (0.009)

续表

变量	wasteair		wastewater		tfp_op		tfp_lp	
	(1)	(2)	(3)	(4)	(5)	(6)	(7)	(8)
export	-0.003*** (0.001)	-0.003*** (0.001)	-0.000 (0.000)	-0.000 (0.000)	-0.001*** (0.000)	-0.001*** (0.000)	-0.001** (0.000)	-0.001** (0.000)
size	-0.098*** (0.013)	-0.093*** (0.013)	-0.151*** (0.013)	-0.144*** (0.013)	0.007 (0.006)	0.005 (0.006)	0.675*** (0.006)	0.673*** (0.006)
行业固定效应	Y	Y	Y	Y	Y	Y	Y	Y
省份固定效应	Y	Y	Y	Y	Y	Y	Y	Y
观测值	18970	18970	19530	19530	23723	23723	23723	23723
调整 R^2	0.527	0.530	0.395	0.400	0.189	0.191	0.486	0.487

第五节　机制分析

尽管前述回归分析表明，中国排污费征收强度与企业污染排放强度和生产率之间存在明显的非线性关系，但其内在的作用机制并不明确。为此，本章分别从企业自主创新、资本更新和末端治理三个维度考察潜在的作用渠道。

一　自主创新的作用渠道

已有研究表明，在适当的环境规制压力下，企业会加快绿色生产技术的自主创新步伐（Hamamoto, 2006; Yang et al., 2012），这将有助于企业实现环境绩效和经济绩效的双赢。如果这一作用渠道成立，那么只有在排污费征收强度较高时，随着排污费征收强度的提高，企业的创新积极性才会显著提升。而当排污费征收强度较低时，排污费征收强度的提高反而会抑制企业自主创新积极性。换句话说，如果自主创新的作用机制可以解释基准回归结果，那么企业自主创新水平与排污费征收强度之间应该也表现出相应的非线性曲线变化关系。为此，本章分别从研发投入和新产品产出两个维度，考察排污费征收强度对企业自主创新的线性和非线性影响。表5-11报告了相应的回归结果。

表 5-11　　排污费征收强度对企业自主创新的影响

变量	innov		newpro		innov		newpro	
	OLS 回归				Tobit 回归			
	(1)	(2)	(3)	(4)	(5)	(6)	(7)	(8)
L1fee	-0.002** (0.001)	-0.004 (0.003)	-0.096*** (0.022)	-0.123* (0.065)	-0.004 (0.007)	0.003 (0.018)	-0.724*** (0.227)	-0.611 (0.549)
L1fee2		0.000 (0.000)		0.002 (0.004)		-0.001 (0.001)		-0.010 (0.042)
soe	0.001 (0.014)	0.001 (0.014)	-0.365 (0.307)	-0.365 (0.307)	0.027 (0.051)	0.027 (0.051)	0.878 (1.531)	0.872 (1.531)
age	0.025*** (0.005)	0.025*** (0.005)	0.227** (0.112)	0.229** (0.112)	0.142*** (0.020)	0.141*** (0.020)	3.263*** (0.604)	3.257*** (0.605)
export	-0.000** (0.000)	-0.000** (0.000)	0.023*** (0.005)	0.023*** (0.005)	-0.001** (0.001)	-0.001** (0.001)	0.117*** (0.023)	0.117*** (0.023)
size	0.087*** (0.004)	0.087*** (0.004)	1.870*** (0.091)	1.869*** (0.091)	0.644*** (0.018)	0.644*** (0.018)	13.894*** (0.480)	13.898*** (0.481)
行业固定效应	Y	Y	Y	Y	Y	Y	Y	Y
省份固定效应	Y	Y	Y	Y	Y	Y	Y	Y
观测值	29865	29865	29865	29865	29887	29887	29887	29887
调整 R^2	0.173	0.173	0.163	0.163				
伪 R^2					0.200	0.200	0.113	0.113

列（1）至列（4）为OLS回归结果。可以发现，无论使用研发投入占销售收入比重还是使用新产品产值占销售收入比重衡量企业自主创新水平，排污费征收强度仅对企业自主创新水平具有显著的线性影响，加入二次项后二次项系数始终不显著。鉴于本章使用样本中不少企业研发投入和新产品产值为0，为克服数据归并造成的潜

在估计偏差，本章也报告了相应的 Tobit 回归结果，回归结果基本与 OLS 结果一致。总之，上述分析表明，排污费征收强度与企业自主创新水平之间仅存在较为显著的线性关系，并且作用方向为负。这意味着，排污费征收强度的提升无法诱致企业自主创新，甚至一定程度上挤出了企业自主创新的投入和产出，因而无法解释基准回归中排污费征收强度与企业污染排放强度和生产率的非线性关系。

二 绿色资本更新的作用渠道

前述分析排除了企业自主创新的作用渠道。那么，当面临较高的排污费征收水平时，企业如何实现污染减排和生产率提升的双赢呢？本章认为，一个可行的作用渠道是绿色资本更新。对于追求利润最大化的企业而言，只有当排污成本不断增加以至于超过企业治污成本时，企业才会显现出较强的治污积极性。尽管绿色生产技术的自主创新是一种可能的选择，但由于自主创新存在一定的技术门槛和较大的投资风险，更现实的选择是绿色资本更新这种技术引进与吸收形式的生产工艺创新，即加快引进更节能环保的生产设备以淘汰落后低效的生产设备或对传统落后的生产工艺流程进行技术改造和升级。当然，加大末端治污投入也有助于推动减排，但是无助于企业效率提升，特别是当排污成本不断增加以致企业预期到未来将承受更大的环境规制压力时，企业会更有动力进行主动并且长效的污染防治，而不仅仅是通过增加成本的方式来进行末端治理。

因此，当排污费征收强度较大时，比较而言，投资引进更清洁、节能、高效的生产设备和工艺，对生产线进行绿色升级，这种绿色资本更新形式的渐进式生产工艺创新对于理性的企业家而言似乎更具现实可行性。为检验这种可能的作用渠道，本章分别从企业生产性投资、资本效率、能耗强度和污染生产强度等维度考察了排污费征收强度变动的作用效果。

（一）生产性投资和资本效率

表 5-12 报告了排污费征收强度对企业生产性投资和资本效率的

影响。列（2）、列（4）、列（6）和列（8）显示，随着排污费征收强度的提高，企业投资、生产经营性资本投资和当年折旧呈现出明显的先降低后增加的非线性变化形态，企业的资本效率也表现出先降低后增加的"U"形曲线变化轨迹，并且相应的拐点值大致位于排污费占营业收入1%的水平左右，与基准回归结果一致。列（1）、列（3）、列（5）和列（7）的线性回归系数均显著为负。

表 5-12   排污费征收强度对企业生产性投资和资本效率的影响

变量	inv (1)	inv (2)	mfix (3)	mfix (4)	depre (5)	depre (6)	keffiency (7)	keffiency (8)
L1fee	-0.021*** (0.004)	-0.073*** (0.009)	-0.021*** (0.004)	-0.066*** (0.010)	-0.018*** (0.003)	-0.051*** (0.008)	-0.021*** (0.003)	-0.057*** (0.007)
L1fee2		0.004*** (0.001)		0.004*** (0.001)		0.003*** (0.001)		0.003*** (0.000)
soe	-0.079** (0.031)	-0.079** (0.032)	0.014 (0.035)	0.014 (0.035)	-0.050* (0.027)	-0.049* (0.027)	-0.437*** (0.025)	-0.436*** (0.025)
age	-0.135*** (0.012)	-0.132*** (0.012)	-0.079*** (0.013)	-0.077*** (0.013)	-0.026*** (0.010)	-0.024** (0.010)	-0.197*** (0.009)	-0.196*** (0.009)
export	0.000 (0.000)	0.000 (0.000)	-0.000 (0.000)	-0.000 (0.000)	0.002*** (0.000)	0.002*** (0.000)	-0.001*** (0.000)	-0.001*** (0.000)
size	1.213*** (0.010)	1.211*** (0.010)	1.167*** (0.010)	1.166*** (0.010)	1.104*** (0.008)	1.103*** (0.008)	-0.067*** (0.007)	-0.068*** (0.007)
行业固定效应	Y	Y	Y	Y	Y	Y	Y	Y
省份固定效应	Y	Y	Y	Y	Y	Y	Y	Y
观测值	25384	25384	22400	22400	28711	28711	29330	29330
调整 R^2	0.524	0.525	0.501	0.501	0.558	0.558	0.203	0.204

总体而言，排污费征收强度的提高抑制了企业扩大生产性投资及其资本生产效率的提升。上述回归结果表明，只有当排污成本达到一定阈值时，企业才会加快投资购置更高效的生产性设备和工艺。但由于大多数工业企业的排污成本较低，导致整体上企业宁肯缴纳

排污费也不愿进行生产工艺改造，因此总体上企业生产率并未提升，污染排放强度反而有增无减。

（二）企业能耗强度

表 5-13 报告了排污费征收强度对企业能耗强度的影响。列（2）的回归结果表明，随着排污费征收强度的提高，企业煤炭消耗强度表现出明显的先增加后减少的倒"U"形曲线变化轨迹，拐点值同样位于排污费占营业收入 1% 的水平左右，列（1）的线性回归系数则显著为正。相比之下，对于燃油和天然气这两种能耗强度指标而言，无论是线性回归还是非线性回归，核心解释变量的估计系数基本不显著。这说明，排污费征收强度的提升仅对企业煤炭消耗强度具有显著的非线性影响，而对燃油和天然气这两种能源消耗强度并无显著影响，这可能与中国工业企业过于倚重煤炭的能源消费结构有关。另外，本章回归样本中燃油和天然气消耗强度指标缺失较为严重，也可能导致估计结果不稳健。

表 5-13　　　　　排污费征收强度对企业能耗强度的影响

变量	coal		oil		gas	
	（1）	（2）	（3）	（4）	（5）	（6）
L1fee	0.057 *** (0.003)	0.143 *** (0.008)	-0.002 (0.014)	-0.051 (0.033)	0.064 (0.049)	0.106 (0.108)
L1fee2		-0.007 *** (0.001)		0.004 * (0.002)		-0.003 (0.007)
soe	0.311 *** (0.033)	0.310 *** (0.033)	0.239 ** (0.109)	0.237 ** (0.109)	0.363 (0.223)	0.362 (0.223)
age	0.023 ** (0.012)	0.019 (0.012)	0.079 * (0.045)	0.081 * (0.045)	-0.040 (0.097)	-0.040 (0.097)
export	-0.003 *** (0.000)	-0.003 *** (0.000)	0.001 (0.001)	0.001 (0.001)	-0.010 ** (0.004)	-0.010 ** (0.004)
size	-0.116 *** (0.011)	-0.113 *** (0.011)	-0.345 *** (0.033)	-0.347 *** (0.033)	-0.314 *** (0.086)	-0.313 *** (0.086)

续表

变量	*coal*		*oil*		*gas*	
	(1)	(2)	(3)	(4)	(5)	(6)
行业固定效应	Y	Y	Y	Y	Y	Y
省份固定效应	Y	Y	Y	Y	Y	Y
观测值	20676	20676	3181	3181	886	886
调整 R^2	0.599	0.601	0.409	0.409	0.413	0.412

总之，基于煤炭消耗强度的回归结果表明，只有当排污成本达到一定阈值，企业的能源利用效率才会显著提升，即具有节能效应。但由于大多数工业企业的排污成本较低，导致整体上企业并没有节能减排的积极性，因此，总体上企业的能耗强度反而有增无减。

（三）废气和废水生产强度

表5-14列（1）至列（4）报告了排污费征收强度对企业主要废气和废水污染物生产强度的影响。不同于污染排放强度，污染生产强度的变动更多反映了企业生产过程中的污染治理效果，与企业能源投入直接相关，几乎不受末端治理投入的影响。因此，该指标的变动可以进一步揭示企业节能减排的效果并避免末端治理机制的混淆。列（2）和列（4）显示，随着排污费征收强度的提高，二氧化硫和化学需氧量生产强度均表现出明显的先增加后减少的倒"U"形曲线变化形态，拐点值依旧落在排污费占营业收入1%的水平左右。由于大多数工业企业排污费征收强度较低、处在拐点值左侧，整体上排污费征收强度的提高反而加剧了企业废气和废水生产强度，因而列（1）和列（3）的线性回归系数显著为正。

表5-14　排污费征收强度对污染生产强度和治污投入的影响

变量	*pso2*		*pcod*		*airequip*		*waterequip*	
	(1)	(2)	(3)	(4)	(5)	(6)	(7)	(8)
L1fee	0.070***	0.186***	0.108***	0.253***	0.006***	0.018***	0.002*	0.005
	(0.004)	(0.010)	(0.006)	(0.014)	(0.002)	(0.005)	(0.001)	(0.003)

续表

变量	$pso2$ (1)	$pso2$ (2)	$pcod$ (3)	$pcod$ (4)	$airequip$ (5)	$airequip$ (6)	$waterequip$ (7)	$waterequip$ (8)
$L1fee2$		-0.009*** (0.001)		-0.012*** (0.001)		-0.001*** (0.000)		-0.000 (0.000)
soe	0.331*** (0.040)	0.330*** (0.040)	0.455*** (0.049)	0.451*** (0.049)	0.103*** (0.019)	0.103*** (0.019)	0.049*** (0.016)	0.049*** (0.016)
age	0.060*** (0.014)	0.054*** (0.014)	0.074*** (0.018)	0.067*** (0.018)	-0.000 (0.007)	-0.001 (0.007)	0.013*** (0.005)	0.013*** (0.005)
$export$	-0.005*** (0.001)	-0.005*** (0.001)	0.001* (0.001)	0.001* (0.001)	-0.001*** (0.000)	-0.001*** (0.000)	-0.001*** (0.000)	-0.001*** (0.000)
$size$	-0.173*** (0.013)	-0.169*** (0.013)	-0.053*** (0.015)	-0.048*** (0.015)	0.349*** (0.006)	0.349*** (0.006)	0.145*** (0.005)	0.145*** (0.005)
行业固定效应	Y	Y	Y	Y	Y	Y	Y	Y
省份固定效应	Y	Y	Y	Y	Y	Y	Y	Y
观测值	22941	22941	22390	22390	18981	18981	18637	18637
调整 R^2	0.485	0.488	0.411	0.415	0.418	0.418	0.240	0.240

综合排污费征收强度对企业生产性投资、资本效率、能源消耗强度和污染生产强度的作用效果，本章认为，当排污费征收强度达到一定门槛值时，强化排污费征收水平将推动企业加快绿色资本更新，最终得以实现污染减排和生产率提升的双赢。但由于大多数工业企业排污费征收强度较低，上述正面激励效果未能起到主导作用，因而整体上仍以负向激励效果为主。

三 末端治理的作用渠道

一般认为，末端治理对企业环境绩效有正面提升作用，却无助于改善企业经济绩效。作为环境规制压力下企业最常见的反应手段和形式之一，本章也进一步考察了排污费征收强度对企业末端治理投入的作用效果。表5-14列（5）至列（8）报告了相应的回归结果。关于废气治理设施投入的非线性回归结果显示，随着排污费征收强度的提高，企业废气治理设施投入呈现出显著的先增加后降低的倒"U"形曲线变化态势，拐点值依旧处在排污费占比1%的水平左右，相应的线性回归系数则显著为正。关于废水治理设施投入的线性回归系数为正，但仅在10%水平下显著，而非线性回归中一次项系数为正、二次项系数为负，尽管依旧符合倒"U"形曲线变化形态，但估计系数均不显著。这说明，排污费征收强度仅对企业废气治理设施投入具有显著的非线性影响，而对废水治理设施投入则影响较弱。可能的原因是在原有的排污收费制度下，废气污染物排放收费标准较之于废水污染物排放收费标准更高，对企业经营绩效影响更大，导致企业治理废气的积极性更高，因而废气治理投入的变动更明显。

上述回归结果表明，随着排污成本的增加，企业末端治理投入先增加后减少，并且整体上排污费征收强度的提升对企业末端治理投入产生了正向影响。显然，这无法解释基准回归分析中污染排放强度随排污费征收强度先增加后减少的变化轨迹。如果末端治理的作用机制占主导，那么随着末端治理投入先增加后减少，企业的污染排放强度理应先减少后增加，而实际恰好相反。因此，末端治理并非主要的作用渠道。但是，由于末端治理会增加企业成本而无法产生相应的经济收益，因此末端治理投入的增加一定程度上也有助于解释基准回归分析中排污费征收强度对企业生产率的总体负向作用。

结合前述分析，本章试图勾勒中国排污收费制度对企业排污强度和全要素生产率的作用机制：只有当排污费征收强度达到一定阈值时，排污费征收强度的提高才会加快企业绿色资本更新步伐，进而实现企业污染排放强度降低和全要素生产率提升的双赢，而在此之前，排污费征收强度的提高无法推动企业绿色资本更新，甚至会抑制企业绿色资本更新速度，进而导致企业污染排放强度增加和企业全要素生产率降低。这意味着，一旦实施排污收费标准更高、征收强度明显更大的环境税时，将可以避免对排污企业产生负向激励效果，并通过加速绿色资本更新来实现企业污染减排和效率提升的双赢，从而为第三章理论模型中的命题2提供了证据。鉴于绿色资本更新是一种技术引进与吸收形式的渐进式生产工艺创新，上述结果表明，环境税这种排污收费水平明显更高的市场激励型环境规制手段将加快企业的绿色生产工艺创新，从而也为弱"波特假说"提供了证据。

第六节 进一步分析

一 对企业利润率的影响

前述分析表明，以排污收费为代表的市场激励型环境规制随着规制强度的提升，对企业生产率和减排具有明显的先抑制后促进的政策效果。那么，其是否也会对企业利润率产生类似的非线性影响呢？鉴于利润率作为企业关注的经济绩效指标，对上述问题的考察，不仅有助于丰富和深化对中国排污收费制度绩效的理解和认识，同时对今后中国环境规制体系优化和调整具有直接的政策启示作用。另外，在理论上也可以进一步回应"波特假说"提出的创新补偿观。为此，本章进一步考察了排污费征收强度对企业利润率的影响。相应的回归结果如表5-15所示。

表 5-15　　　　　　　　　对企业利润率的影响

变量	ros1	ros2	ros1	ros2	ros1	ros2	ros1	ros2
	全样本				删除未征收排污费企业			
	(1)	(2)	(3)	(4)	(5)	(6)	(7)	(8)
L1fee	-0.120*** (0.026)	-0.322*** (0.063)	-0.132*** (0.027)	-0.404*** (0.064)	-0.150*** (0.029)	-0.513*** (0.076)	-0.156*** (0.029)	-0.596*** (0.077)
L1fee2		0.016*** (0.005)		0.022*** (0.005)		0.027*** (0.005)		0.033*** (0.005)

续表

变量	ros1		ros2		ros1		ros2	
	全样本				删除未征收排污费企业			
	(1)	(2)	(3)	(4)	(5)	(6)	(7)	(8)
soe	-4.446*** (0.258)	-4.443*** (0.258)	-4.517*** (0.264)	-4.513*** (0.264)	-3.794*** (0.306)	-3.761*** (0.305)	-3.782*** (0.312)	-3.742*** (0.311)
age	-0.538*** (0.078)	-0.528*** (0.078)	-0.733*** (0.081)	-0.719*** (0.081)	-0.553*** (0.091)	-0.543*** (0.090)	-0.760*** (0.095)	-0.748*** (0.094)
$export$	-0.001 (0.002)	-0.001 (0.002)	0.003 (0.002)	0.003 (0.002)	0.002 (0.003)	0.002 (0.003)	0.005* (0.003)	0.005* (0.003)
$size$	1.126*** (0.059)	1.120*** (0.059)	1.037*** (0.062)	1.028*** (0.062)	1.096*** (0.073)	1.056*** (0.073)	1.001*** (0.075)	0.953*** (0.075)
行业固定效应	Y	Y	Y	Y	Y	Y	Y	Y
省份固定效应	Y	Y	Y	Y	Y	Y	Y	Y
观测值	29860	29860	29860	29860	19337	19337	19337	19337
调整 R^2	0.119	0.120	0.134	0.135	0.121	0.122	0.135	0.138

列（1）和列（2）分别为使用营业利润占营业收入比重衡量销售利润率的线性和非线性回归结果，列（3）和列（4）则为使用主营业务利润占营业收入比重衡量销售利润率的线性和非线性回归结果。可以发现，无论使用何种衡量方式，排污费征收强度的提高始终对企业销售利润率具有显著的非线性影响。随着排污费征收强度的提高，企业销售利润率呈现出显著的先降低后上升的"U"形曲线变化形态，相应的拐点值依旧出现在排污费占比1%的水平左右。由于绝大多数企业排污费征收强度较低、低于这一拐点值，总体上排污费征收强度的提高对企业利润率产生了负向影响。列（5）至列（8）报告了仅使用征收排污费企业样本回归的结果。可以发现，前述分析结论依旧成立。上述结果表明，以排污收费为代表的市场激励型环境规制并不必然对企业利润有负向影响。当排污成本达到一定水平时，排污费征收强度的提高亦可对企业利润产生正向促进作用。鉴于环境税可以视作更高排污费征收强度的排污收费制度，施

加给企业的排污成本明显更大,这意味着中国新开征的环境税将可能提升企业利润,从而为第三章理论模型中的命题4提供了支持。

结合前述分析,本章认为,实现这一效果的主要作用渠道是绿色资本更新。当排污费征收强度达到一定阈值时,提高排污费征收强度会加速企业绿色资本更新,由此带来的生产率提升的好处甚至可以弥补相关的环境规制遵从成本,从而导致企业利润的增加。如果将企业利润作为终极经济绩效指标,那么,这一结果也表明,强"波特假说"可以在以排污收费为代表的市场激励型环境规制中成立。

当然,现实中由于大多数企业排污费征收强度较低、未能达到相应的阈值点,当排污费征收强度轻微增加时,企业会优先选择末端治理或者缴纳排污费而非资本更新,由于末端治理和排污费征收的成本效应,企业利润率随之下降。

二 环保税阈值的估算

基准回归结果表明,只有当排污收费水平超过1%这一阈值时,排污收费才可能实现兼顾减排与生产率提升的双重红利。鉴于环保税本质上可视作一种增强版的排污收费制度,根据排污收费水平阈值为1%的这一实证发现,可进一步估算出中国环保税发挥正面激励效果的最低税率。相应的估算公式如下:

$$\frac{tax}{Y}=\frac{\tau_{air}\times stand\_air+\tau_{water}\times stand\_water}{Y}=1\% \tag{5-5}$$

式中,tax 为排污费或者环保税收入,Y 为主营业务收入(销售收入或者工业总产值),τ_{air} 和 τ_{water} 分别为应税大气污染物和应税水污染物的税率,$stand\_air$ 为将二氧化硫和氮氧化物这两类主要空气污染物标准化并加总后的当量大气污染物,$stand\_water$ 为将化学需氧量和氨氮排放量这两类主要水污染物标准化并加总后的当量水污染物。根据《环境保护税税目税额表》,大气污染物的税额幅度为每污染当量1.20—12.00元;水污染物的税额幅度为每污染当量1.40—14.00元。不妨假设 $\tau_{air}:\tau_{water}=6:7$。据此,可估算出全国及不同省份的主要大气污染物和水污染物的最低税率。相应的估算结果如表 5-16 所示。

表 5-16　　　　全国及各省最低环保税率的估算

污染物种类	主要大气污染物估算的最低税率		主要大气污染物实际税率	主要水污染物估算的最低税率		主要水污染物实际税率
	主营业收入	销售收入		主营业收入	销售收入	
全国	9.06	9.35	1.20—12.00	10.57	10.91	1.40—14.00
北京	38.07	36.48	12.00	44.41	42.56	14.00
天津	22.82	21.90	10.00	26.63	25.55	12.00
河北省（石家庄周边）	6.47	6.92	6.00	7.55	8.08	7.00
山西	5.78	5.77	1.80	6.74	6.73	2.10
内蒙古	7.00	6.88	1.80—3.90	8.17	8.03	2.10—3.50
辽宁	13.91	13.86	1.20	16.22	16.17	1.40
吉林	13.55	14.85	1.20	15.81	17.32	1.40
黑龙江	10.49	10.84	1.20	12.24	12.64	1.40
上海	27.21	27.99	7.60—8.55	31.74	32.66	4.80—5.00
江苏（南京）	9.49	9.72	8.40	11.07	11.34	8.40
浙江	7.39	7.56	1.20	8.62	8.82	1.40
安徽	9.08	9.14	1.20	10.59	10.66	1.40
福建	11.96	12.40	1.20	13.96	14.46	1.50
江西	3.84	4.16	1.20	4.48	4.86	1.40
山东	17.82	18.50	6.00	20.79	21.58	3.00
河南	10.98	12.22	4.80	12.81	14.25	5.60
湖北	7.91	8.79	2.80	9.23	10.25	1.40
湖南	4.30	4.63	2.40	5.01	5.40	3.00
广东	9.19	9.27	1.80	10.72	10.81	2.80
广西	2.16	2.12	1.80	2.52	2.47	2.80
重庆	5.28	5.49	3.50	6.16	6.40	3.00
四川	6.38	6.55	3.90	7.45	7.65	2.80
贵州	4.76	5.16	2.40	5.55	6.02	2.80
云南	7.61	7.58	2.80	8.88	8.84	3.50
陕西	4.93	5.25	1.20	5.75	6.12	1.40

续表

污染物种类	主要大气污染物估算的最低税率		主要大气污染物实际税率	主要水污染物估算的最低税率		主要水污染物实际税率
	主营业收入	销售收入		主营业收入	销售收入	
甘肃	5.79	5.75	1.20	6.76	6.71	1.40
宁夏	7.26	7.41	1.20	8.47	8.64	1.40
新疆	3.31	3.28	1.20	3.86	3.83	1.40

注：西藏、青海和海南这三个省份由于样本量太少并未估算。重庆的主要大气污染物环保税率2020年前为2.40元/当量，2020年后为3.50元/当量。根据《江苏省十二届人大常委会第三十三次会议》决定，南京的主要大气污染物和水污染物环保税率均为8.40元/当量，无锡市、常州市、苏州市和镇江市四地市的主要大气污染物和水污染物环保税率分别为6.00元/当量和7.00元/当量，其他各地市的主要大气污染物和水污染物环保税率分别为4.80元/当量和5.60元/当量。根据《河北省十二届人大常委会第三十三次会议》表决结果，与北京相邻的13个县和雄安新区及相邻的12个县的主要大气污染物和水污染物环保税率分别为9.60元/当量和11.20元/当量，石家庄市、保定市、廊坊市、定州市和辛集市的主要大气污染物和水污染物环保税率分别为6.00元/当量和7.00元/当量，其余各地市的主要大气污染物和水污染物环保税率分别为4.80元/当量和5.60元/当量。

从全国层面来看，估算出的大气污染物的最低税率在9.06—9.67，而水污染物的最低税率在10.57—11.28，二者均位于中国大气污染物和水污染物的税额幅度范围内，这表明中国环保税税率的总体设计范围是合理的。然而分省份来看，北京、天津、上海、山东、福建、河南以及东北三省环保税的阈值明显较高，几乎接近或超过全国环保税的税率上限。而且现阶段，除广西水污染物的环保税阈值低于其实际征收税率外，其他所有省份估算的主要大气污染物和水污染物的环保税阈值均高于其实际征收的环保税率。这表明，目前中国绝大部分省份实际开征的环保税税率较低，可能低于其环保税发挥正面激励效果的门槛值。

第七节 本章小结

本章以2003年7月实施的《排污费征收管理使用条例》为制度

背景，基于2004年全国经济普查数据和2005年中国工业企业数据与工业污染源重点调查数据，考察以排污收费为代表的市场激励型环境规制的制度绩效及其作用机制。研究结果表明：一是更高的排污费征收强度对企业污染排放强度和生产率具有显著的非线性影响。随着排污费征收强度的提升，企业污染排放强度表现出先增加后下降的倒"U"形曲线变化形态，而生产率则表现出先降低后增加的"U"形曲线变化形态。二是存在一个排污费征收强度的门槛值，只有当排污费征收强度超过这一门槛值时，排污费征收强度的提高才可能通过加速绿色资本更新对企业减排和生产率提升产生正向促进作用。此时，生产率提升带来的收益可以超过遵从环境规制引致的相关成本，从而推动企业利润率的提升。三是在中国早期较为宽松的排污收费制度下，由于绝大多数工业企业排污费征收强度较低、远低于这一门槛值水平，排污费征收强度的提高仅推动企业加大末端治理投入并抑制了企业绿色资本更新速度，最终导致企业生产率和利润率的降低，企业污染排放强度反而有增无减。四是实施收费水平更高、执法更严格的环境税可以较好地解决激励不足问题，从而有助于实现环境绩效和经济绩效的双赢。五是当前中国环保税税率的总体设计范围是合理的，但绝大部分省份实际开征的环保税税率较低，可能低于各地环保税发挥正面激励效果的阈值。

总体上，本章的实证结果为第三章理论模型中的命题2和命题4提供了支持性证据。如果将绿色资本更新视为一种渐进式生产工艺创新，则本章的实证结果也表明，排污收费这种"准排污税"形式的市场激励型环境规制在一定条件下可以推动企业进行绿色资本更新这种技术引进与吸收形式的生产工艺创新，并实现创新补偿。这意味着，在市场激励型环境规制下，弱"波特假说"和强"波特假说"均可以成立。

第 六 章

减排补贴、绿色资本更新与企业绩效
——来自清洁发展机制项目的证据

第一节 引言

第三章理论分析表明，以减排补贴为代表的市场激励型环境规制同样也可以通过绿色资本更新实现企业污染减排和生产率提升，并且减排产生的收益超过其成本，从而对企业的利润有正面提升效果，这一定程度上支持了"波特假说"的创新补偿论断。然而，上述分析结论需要进一步的经验证据支持。另外，尽管市场激励型环境规制正成为当前中国环境规制政策体系中的主流规制工具，受到决策者和研究者越来越多的重视。然而，国内现有研究关注的重心仍主要集中于排污费（王勇等，2019；郭俊杰等，2019；卢洪友等，2019）和排污权交易（涂正革和谌仁俊，2015；齐绍洲等，2018；任胜钢等，2019）等规制手段，而对减排补贴这种正向经济激励的环境规制手段则较少问津。

为进一步验证前述理论模型中关于减排补贴的命题假说并增补文献中关于减排补贴政策效果评估的研究，本章以中国清洁发展机制（CDM）项目的实施作为减排补贴的政策实践，考察减排补贴这种市场激励型环境规制的政策效果。具体而言，本章分别从企业二氧化硫减排和生产率提升两个维度分析了 CDM 实施的环境绩效和经济绩效，由于缺乏企业层面的温室气体排放数据，本章进一步从区域层面考察了 CDM 实施产生的温室气体减排效果。在机制分析中，本章分别排除了末端治理、技术转移和自主创新等作用渠道，并将其锁定为理论模型中所揭示的绿色资本更新的作用机制。此外，本章也进一步对 CDM 的激励效果进行了分析。

与国内大部分环境规制文献不同，本章研究不局限于考察某一次宏观环境政策变动对经济社会的影响，而是使用更为微观的企业级排污数据及项目所在地排污数据，进行较科学而细致的公共政策评估。本章的实证结果同时也揭示出了以 CDM 为代表的《京都议定书》的减排效果和中国在近年全球环境治理中的减排贡献，从而有力回应了部分发达国家对《京都议定书》减排效果和发展中国家没有承担减排责任的政治质疑。

第二节　政策背景

一　清洁发展机制的制度起源与目标

清洁发展机制的概念最早出现在 1992 年的《联合国气候变化框架公约》中，作为一种促进技术转移和资金流动的方式，它允许发达国家和发展中国家在项目层面进行温室气体减排量的交易，即发达国家向发展中国家提供资金和技术，支持发展中国家开展有利于温室气体减排的项目，然后将项目产生的减排量计入发达国家履行《京都议定书》的义务。1997 年，《联合国气候变化框架公约》的缔约方通过了《京都议定书》，在第十二条中正式确定了清洁发展机制，并规定了其原则、性质和范围。2001 年，《联合国气候变化框架公约》的第七次缔约方会议通过了《马拉喀什协定》，明确了清洁发展机制的方式和程序，包括执行理事会、认证机构、项目设计书、基准线、监测计划、核查和核证等内容。2005年,《京都议定书》正式生效,清洁发展机制也随之启动。

作为《京都议定书》框架下唯一连接南北国的减排机制（盛玮,2010）,CDM鼓励《京都议定书》附件一中有减排承诺的发达国家与发展中国家联合开展减排项目。该机制的设计初衷在于发展中国家协助发达国家以更低的成本完成后者在《京都议定书》下的强制性减排目标,同时发展中国家通过分享项目带来的减排收益实现可持续发展。具体来说,清洁发展机制可以为发展中国家带来以下好处：提供资金和技术支持,改善能源结构和效率,降低环境污染和健康风险,增加就业和收入,提高社会福利和生活质量等。同时,清洁发展机制也可以为发达国家带来以下好处：提供一种灵活和低成本的履约手段,促进国际合作和信任,开拓新的市场和商机,增强企业竞争力和社会责任等。对于发展中国家而言,通过实施CDM项目带来的温室气体减排量经CDM执行委员会（Executive Board, EB）核准后成为可在国际碳市场上变现的碳排放权（Hultman et al., 2012）,最终将被有减排约束的发达国家购买。因此,CDM可视为发达国家给予发展中国家的一项减排补贴。

二 清洁发展机制的注册实施程序

一个完整的CDM项目从设计开发到最终获得CERs的签发,需要经过三个主要程序：国家发改委批准、在CDM执行理事会（The CDM Executive Board, CDMEB）成功注册、减排量核证后的签发。开展CDM项目的第一步是项目设计,项目业主按照CDMEB颁布的标准格式准备以项目设计书（Project Design Document, PDD）为核心的一系列材料,材料准备完毕后,提交给本国主管机构审批,中国负责CDM项目审批的是国家发展和改革委员会应对气候变化司（2018年国务院机构调整后已并入生态环境部）。每个CDM项目开发商都需要在项目设计书中论证减排量是"真实的、可衡量的和额外的"。仅当一个CDM项目的温室气体排放量相比于一个同样类型但没有注册 CDM 的项目排放量更少时，额外性条件才满足，其核心在于证明观测到的温室气体排放量减少是来源于 CDM，而非其他干扰性因素（Olsen，2007）。证明减排的额外性是维持 CDM 有效性的前提（Schneider，2009）。

在政府批准后，将批准凭证和项目文件提交给指定经营实体（Designated Operational Entity，DOE）以核证项目，如果 DOE 认定拟议项目活动是有效的，则以审定报告的形式向 CDMEB 提交登记申请，如果没有 3 名以上的清洁发展机制执行理事会成员反对，CDMEB 应该在 8 周内批准注册项目，项目获得 CDMEB 的批准并注册是 CDM 项目获得减排量签发的必要条件。项目成功注册后即可投入实施。期间 DOE 负责对项目产生的温室气体减排量进行监测和核实，并将项目核实报告交由 CDMEB 审批，在收到发放申请 15 天后，CDMEB 将做出是否同意签发的决定。签发后，这些经核证的温室气体减排抵消额（CERs）成为一项可供交易的碳资产，项目业主可用于出售或者协议转让给合作方。至此，一个完整的 CDM 项目开发流程结束。

三　中国清洁发展机制项目的运行情况

自 2005 年 1 月 25 日中国首个 CDM 项目获得国家批准起，CDM 项目开发在经历短期的经验积累后，迅速进入快速发展阶段。2007—2012 年是中国 CDM 项目发展的繁荣期，其中以 2012 年为最。当年 CDM 项目的注册数目达到峰值 1855 个，占全部注册项目的 49%。这一时间分布特征与《京都议定书》第一承诺期的有效期密切相关。《京都议定书》于 2005 年 2 月 16 日生效，其第一承诺期于 2012 年底到期，各缔约方集中在协议到期之前加快履约进程，因此当年 CDM 项目的注册数量达到历史高位。但自 2013 年以来，全球和中国的 CDM 项目注册数出现断崖式下跌，2015 年后再无项目注册。

这一方面是由于《京都议定书》政策的不连续，2012 年后

CDMEB对CDM项目注册实施了严格的限制政策，增加了项目的审查和注册难度。另一方面是由于CDM市场的大幅震荡，欧盟作为CDM项目的最大买方，2013年削减了排放交易系统中使用CDM的碳配额，宣布仅接受来自不发达国家的CDM项目用于履约，这进一步加重了CDM项目投资前景的不确定性，导致CDM碳配额市场价格的暴跌和CDM的注册量大幅减少。此外，以美国为首的部分发达国家相继退出《京都议定书》，也给全球气候合作进展带来了较大的冲击。

截至2015年7月14日，中国境内共有3807个CDM项目注册实施，同期全球共有7955个项目注册，占比高达47.86%，接近全球注册量的一半。分年度来看，自2005年《京都议定书》正式生效以来，中国注册的CDM项目数量不断增加，到2012年，注册的CDM项目达到历史巅峰，共有1855个项目获得EB审核通过，2012年后，受《京都议定书》第一承诺期到期导致注册CDM项目面临的政策风险加大以及欧盟需求下降等因素影响，中国注册CDM项目数量大幅减少。

从项目类型来看，在中国已注册备案的CDM项目中，新能源和可再生能源项目占比最大，约为83.35%，其次是节能与提高能效和甲烷的回收与利用领域的项目，分别占比6.72%和6.23%。具体来看，新能源和可再生能源项目主要集中于能源行业，尤其是电力行业。其中，风力发电项目占新能源和可再生能源全部项目总数的47.59%，水力发电占40.81%，还包括太阳能（4.73%）、生物质能（3.94%）及其他项目类型。节能和提高能效项目的主要参与者均为高能耗行业企业，比如水泥、炼焦、金属冶炼等。而甲烷回收利用类的项目主要集中于煤炭采掘业，也包括少量的生物科技、畜禽养殖企业。

从区域分布来看，CDM项目在中国广泛分布，全国31个省份（港澳台除外），仅有西藏未注册CDM项目，同时也呈现出一定的区域集中性。目前，中国CDM项目主要集中在温室气体排放相对严重的华北地区、长三角和珠三角地区，水力资源丰富的西南地区以及太阳能资源丰富的西北地区，这并非偶然。上述地区可充分结合自身的能源消费结构和资源禀赋开展对应的绿色发展项目，因此节能减排空间更大。如华北地区重工业发达，能源消耗高度依赖煤炭，二氧化碳排放严重，因此注册的节能和提高能效与甲烷回收利用类型的 CDM 项目相对较多，而西南和西北地区所注册的 CDM 项目则主要以充分利用本地水电和太阳能资源的新能源和可再生能源项目为主。

第三节 实证设计

一 自然实验设计与样本分组

如前所述，已注册的 CDM 项目必须先获得国家发改委的推荐，然后才能获得 CDMEB 的批准。这意味着所有申请的 CDM 项目将首先经过国家发改委的筛选。而筛选的因素显然与实施该项目的企业特征紧密相关。Ganapati 和 Liu（2008）的研究表明，国家发改委更倾向于批准具有技术转让和外国投资的项目。此外，国有企业凭借其政治关联更有可能获得国家发改委的青睐。因此，如果不克服这种潜在的与国家发改委相关的选择性偏误，直接将注册 CDM 项目的企业与未注册 CDM 项目的企业简单归类为处理组和控制组并进行双重差分估计，将存在较大的内生性问题。

为此，本章将主要分析样本限制为国家发改委已批准其 CDM 项目的企业。截至 2016 年 8 月 23 日，国家发改委共批准 5074 个 CDM 项目，其中 3807 项进一步得到 CDMEB 批准。因此，本章将申请项目同时被国家发改委和 CDMEB 批准的企业视为处理组，将申请项目被国家发改委批准但被 CDMEB 拒绝的企业视为控制组，从而较好地控制住与国家发改委相关的选择性偏误。尽管上述样本分组仍然不能排除与 CDMEB 相关的选择性偏误，但鉴于 CDMEB 作为独立的第三方国际性机构、缺乏与项目有关各方直接的利益关联，本章认为，潜在的选择性偏误问题并不严重。

从表 6-2 的平衡性检验中可以看出，当仅使用注册项目前（1998—2004 年）的样本考察处理组与控制组差异时，注册 CDM 项目的企业和未注册 CDM 项目的企业仅在国有背景、企业年龄、出口强度和劳动力规模四个特征上有差异，而在生产率、污染排放量、能源消耗量、治污设施投入、资产规模、利润率和政府补贴等绝大多数指标方面均无显著差异。当进一步将观测期限定在《京都议定书》生效以及中国开始注册 CDM 项目的前一年即 2004 年时，可以发现，处理组和控制组除了仅在劳动力规模指标上具有 10%显著性水平下的差异外，其他所有变量均无明显的差异。这表明，我们的样本分组较为合理，满足平衡性检验要求。

图 6-1 绘制了处理组与控制组关于二氧化硫排放量与产生量的时间变化趋势。可以发现，在中国开始注册 CDM 项目前，处理组企业和控制组企业在二氧化硫排放量和产生量方面几乎并无显著差异，而在 2005 年中国开始注册 CDM 项目后，注册 CDM 项目的企业相对于未注册 CDM 项目的企业在二氧化硫排放量和产生量方面均显著降低，二者的均值差异明显扩大。这进一步支持了平衡性检验结果，同时也提供了我们样本分组满足平行趋势的初步证据。

二 双重差分模型设定

本章的主要目标是估计 CDM 对企业减排和生产率的影响。由于缺乏企业层面的温室气体排放数据，在环境绩效方面本章主要考察 CDM 对企业常规空气污染物排放的影响。鉴于样本中的工业企业以化石燃料作为主要能源投入，其工业生产过程中不仅排放温室气体，还同时排放大量诸如二氧化硫、PM2.5 等常规空气污染物（Silva and Zhu，2009）。不少研究也揭示出，致力于减少温室气体排放的减排努力对常规空气污染物的减排具有溢出效应（Chae，2010；Shrestha and Pradhan，2010；Groosman et al.，2011）。因此，如果本

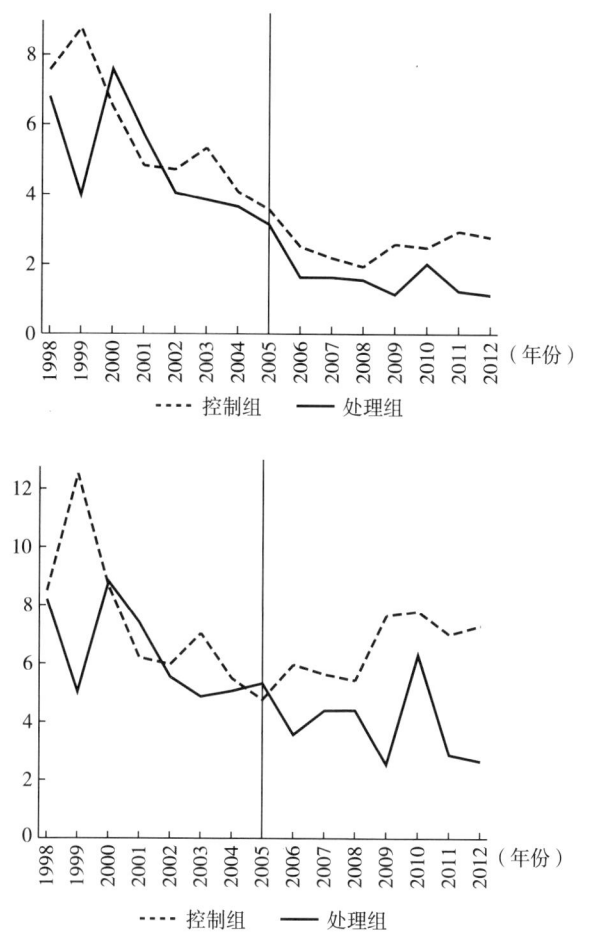

图 6-1 处理组和控制组二氧化硫排放量与产生量的时间变化趋势

章的实证结果表明,清洁发展机制有助于减少常规空气污染物排放,那么这也将为清洁发展机制对温室气体的减排效应提供间接证据。

参照 Gentzkow（2006）和 Beck 等（2010）的处理方式,本章使用广义 DID 方法评估 CDM 的政策效果。具体来说,本章的回归方程设置如下：

$$y_{it} = \alpha_0 + \beta_1 cdm_{it} + \theta X + \mu_i + \lambda_t + \varepsilon_{it} \quad (6-1)$$

其中,y_{it} 为本章关注的结果变量,包括二氧化硫排放量和产生量以及分别基于 OP 法和 LP 法测算的全要素生产率指标。为避免遗漏与企业注册 CDM 项目相关的重要特征变量，本章在回归中进一步控制国有背景（soe）、企业年龄（age）、出口占比（export）和劳动力规模（size）等企业特征。企业固定效应 μ_i 控制着所有持续影响企业排污和生产率的企业固有特征，而年度固定效应 λ_t 则捕获了仅随年份变化的宏观冲击。ε_{it} 是误差项。本章将标准误聚类到企业层面，以处理潜在的异方差和序列相关性问题（Bertrand et al.，2004）。

广义双重差分变量 cdm_{it} 是本章关心的核心解释变量。如果第 t 年企业 i 已经注册了 CDM 项目，则该变量等于 1，否则为 0。因此，系数 β_1 表示参与 CDM 的影响。如果 CDM 能够有效地激励企业减排，则 β_1 应该显著为负。同理，如果 CDM 能够有效提升企业生产率水平，则 β_1 应该显著为正。本章使用到的主要变量的描述性统计信息如表 6-1 所示。

表 6-1　　　　　　　　　　描述性统计

变量名	变量定义与处理	样本量	均值	标准差	最小值	最大值
CDM 相关变量							
cdm	当年企业是否注册 CDM 项目	6800	0.289	0.453	0	1
cer	样本期间企业是否获得核证减排量	6800	0.379	0.485	0	1
$newy$	样本期间企业是否注册新能源与可再生能源项目	6800	0.471	0.499	0	1
$saving$	样本期间企业是否注册节能与提高能效项目	6800	0.331	0.471	0	1
环境类变量							
$so2$	二氧化硫排放量（10^3 吨）	2808	2.660	6.478	0	37.702
$pso2$	二氧化硫产生量（10^3 吨）	2224	5.518	12.386	0	69.956
NOx	氮氧化物排放量（10^3 吨）	1943	2.415	5.221	0	34.104
$S\&D$	烟粉尘排放量（10^3 吨）	2244	2.794	6.324	0	41.126
$wasteair$	工业废气排放量（10^6 万标立方米）	1956	1.278	3.441	0	24.093

续表

变量名	变量定义与处理	样本量	均值	标准差	最小值	最大值
wastewater	工业废水排放量（10^6 吨）	2386	3.623	9.957	0	68.83
cod	化学需氧量排放量（10^6 吨）	2341	0.391	0.986	0	5.802
andan	氨氮排放量（10^6 吨）	1717	0.064	0.18	0	1.098
coal	煤炭使用量（10^6 吨）	1775	0.559	1.32	0	9.11
mcoal	原煤使用量（10^6 吨）	1549	0.531	1.319	0	8.79
fcoal	燃料煤使用量（10^6 吨）	1517	0.182	0.404	0	2.335
desulfur1	脱硫设施数（套）	1193	2.733	7.743	0	71
desulfur2	脱硫设施脱硫能力（吨/小时）	1173	0.333	0.745	0	3
经济类变量							
tfp_op	OP 法全要素生产率对数化	2841	4.67	1.144	−1.456	10.701
tfp_lp	LP 法全要素生产率对数化	2841	5.479	1.417	−1.127	10.933
keffiency	资本生产率对数化	2844	−1.58	1.346	−8.222	10.972
minput	管理费中间投入占比，管理费中间投入占营业收入比重（%）	1692	3.416	4.59	0	26.276
ros	销售利润率，主营业务利润占营业收入比重（%）	4889	7.548	21.068	−79.553	60.952
newpro	新产品产值占销售收入比重（%）	3258	2.543	10.024	0	70.141
innov	研发投入占销售收入比重（%）	1936	0.158	0.66	0	4.988
Nincom	营业外收入占营业收入比重（%）	5321	1.352	2.972	0	11.288
support	是否受到政府补贴	4176	0.371	0.483	0	1
soe	是否国有企业	6800	0.217	0.412	0	1
age	企业年龄对数化	6800	2.003	0.961	0	7.6
export	出口占销售收入比重（%）	5108	2.33	10.519	0	100
size	劳动力规模，职工人数对数化	6671	5.876	1.92	0	12.075

注：研发投入占比（innov）、利润率（ros）和管理费中间投入占比（minput）分别进行了左右 1% 水平下的缩尾，新产品产值占比（newpro）则进行了右侧 1% 水平下的缩尾，营业外收入占比（Nincom）和脱硫设施脱硫能力（desulfur2）进行了右侧 5% 水平下的缩尾。环境类变量中除脱硫设施（desulfur1）和脱硫设施脱硫能力（desulfur2）外，其他所有变量均在右侧 1% 水平下进行缩尾。

表 6-2　　　　　　　　　　　平衡性检验

变量	1998—2004 年样本					仅 2004 年样本				
	控制组		处理组		差值	控制组		处理组		差值
	N	Mean	N	Mean	T-test	N	Mean	N	Mean	T-test
so2	277	5.242	255	4.510	0.732	82	4.075	85	3.649	0.426
pso2	277	6.888	255	5.848	1.039	82	5.495	85	5.062	0.433
coal	218	0.800	198	0.599	0.201	82	0.725	85	0.503	0.221
desulfur1	218	2.784	198	1.965	0.820	82	1.817	85	1.800	0.0170
desulfur2	218	0.177	198	0.232	−0.0560	82	0.143	85	0.215	−0.0730
tfp_op	443	4.638	509	4.707	−0.0690	138	4.702	153	4.742	−0.0400
tfp_lp	443	5.738	509	5.679	0.0590	138	5.673	153	5.564	0.109
keffiency	443	−1.323	509	−1.430	0.106	138	−1.179	153	−1.399	0.221
ros	142	5.252	156	7.742	−2.490	142	5.252	156	7.742	−2.490
capital	450	5.917	521	5.982	−0.0650	142	5.502	156	5.719	−0.217
Nincom	142	0.112	156	0.157	−0.0450	142	0.112	156	0.157	−0.0450
support	451	0.368	523	0.371	−0.00300	142	0.394	156	0.423	−0.0290
soe	452	0.396	523	0.455	−0.059*	142	0.218	156	0.282	−0.0640
age	452	2.450	523	2.298	0.152**	142	2.077	156	2.035	0.0420
export	449	5.284	515	2.712	2.573***	141	5.462	154	2.945	2.517
size	450	7.247	521	6.883	0.364***	142	6.733	156	6.360	0.373*

注：***、**、*分别表示在1%、5%和10%的水平下显著；下同。

第四节　基准回归结果

一　基准回归结果分析

表 6-3 列出了基准计量回归方程式（6-1）的回归结果。奇数列不加入任何控制变量，偶数列为加入控制变量时的回归结果。列（1）至列（4）为关于污染物排放的回归结果。可以看出，无论是否加入控制变量，清洁发展机制对企业二氧化硫排放量和产生量

均具有显著的抑制效果①。平均而言，注册实施 CDM 项目使得企业的二氧化硫排放量和产生量分别下降了 926—1071 吨和 2351—3292 吨，转换成点弹性，处理组的二氧化硫排放量和产生量相对于控制组而言在注册 CDM 项目后平均下降了 30.08%—34.79% 和 35.26%—49.37%②。可以看出，较之于二氧化硫排放量而言，CDM 对企业二氧化硫产生量的抑制效果更大，这表明 CDM 有助于推动企业从生产源头上进行减排。

表 6-3　　　　　　　　　　　基准回归结果

变量	so2		pso2		tfp_op		tfp_lp	
	（1）	（2）	（3）	（4）	（5）	（6）	（7）	（8）
cdm	−0.926*** (0.329)	−1.071** (0.440)	−2.351*** (0.820)	−3.292*** (1.203)	0.279*** (0.084)	0.283*** (0.082)	0.281*** (0.081)	0.274*** (0.081)
soe		−0.391 (0.396)		−1.281 (0.895)		−0.017 (0.065)		−0.021 (0.064)
age		−0.287 (0.206)		−0.605 (0.370)		0.086* (0.044)		0.085* (0.045)
export		0.010* (0.006)		0.012 (0.015)		0.004 (0.003)		0.004 (0.003)
size		0.225 (0.184)		0.199 (0.484)		−0.253*** (0.049)		0.029 (0.049)
企业固定效应	Y	Y	Y	Y	Y	Y	Y	Y
年份固定效应	Y	Y	Y	Y	Y	Y	Y	Y
观测值	2808	2330	2224	1756	2841	2840	2841	2840
调整 R^2	0.012	0.018	0.037	0.052	0.179	0.203	0.169	0.172

注：括号中是聚类到企业层面的稳健标准误；下同。

---

① 相对而言，列（2）和列（4）中加入控制变量时的估计系数值更大，标准差也明显更大，这主要是因为加入控制变量后损失了部分控制变量缺失的观测值。

② 控制组的二氧化硫排放量和产生量均值分别为 3078 吨和 6668 吨。

附录中表 A6-1 进一步报告了 CDM 实施对企业其他空气污染物排放的影响。可以发现，实施 CDM 对企业氮氧化物和烟粉尘并无显著的减排效果，但对工业废气排放具有显著的抑制效果。鉴于工业废气中同时混合有二氧化硫、氮氧化物和烟粉尘等空气污染物，本章认为，CDM 主要通过减少二氧化硫排放来减少工业废气排放。这可能是因为相较于氮氧化物和烟粉尘而言，二氧化硫与温室气体在工业企业生产过程中具有更加明显的共生关系，二者的产生均主要源自工业生产过程中的化石能源使用。因此，在致力于抑制温室气体排放的 CDM 激励下，企业二氧化硫排放量和产生量的减少更为明显。这也间接揭示出，CDM 可能有效激励企业减少温室气体排放。

本章关于二氧化硫的回归结果不同于 Zhang 和 Wang（2011）的发现。他们利用地级市内所有 CDM 项目的总核证减排量 CERs 来衡量该地区参与 CDM 的程度，研究发现：2004—2008 年，CDM 的实施并未对所在地的二氧化硫产生显著的减排效果。据此，他们推测 CDM 对温室气体排放不具有减排效果。鉴于 2009 年前由 CDMEB 批准的 CDM 项目仅有 372 个，并且大部分地级市注册的 CDM 项目数不超过 6 个。其中，经认证的减排量仅占当地温室气体排放量的很小一部分[①]。因此，即使 CDM 项目减少了企业层面的温室气体和常规空气污染物排放，也难以识别出 CDM 对地级市层面的温室气体和常规空气污染物的减排效果。另外，该文使用地级市层面的数据进行分析，难以剥离出其他针对二氧化硫等空气污染物的地区性环境政策如"两控区"政策（Chen et al.，2018）的影响，这也会影响其对二氧化硫减排效应的识别。一旦使用 1998—2012 年长时间序列的数据以及更加细致的企业级微观排污数据进行分析时，本章发现 CDM 对二氧化硫的减排效果十分显著，这表明样本选择十分重要。

---

① 以广东为例，按照最保守的方法测得的 CDM 项目的年度认证碳减排量约为 3259184 吨，仅占 2015 年全省二氧化碳排放量的 0.39%。

表6-3列（5）至列（8）报告了关于TFP的回归结果。无论是否加入控制变量，CDM对企业生产率的提升效果均在1%的统计水平下显著。平均而言，注册实施CDM项目使企业全要素生产率提升了31.52%—32.71%。上述回归结果表明，CDM的实施有效促进了东道国企业二氧化硫减排和生产率提升，因而有助于推动发展中国家实现可持续发展。

二 动态效应分析

CDM项目从初期准备到最后开发成功需经历一套完整的实施程序，其间包括项目识别、项目设计、国内审批机构审批、委托EB指定的运营实体（Designated Operational Entity，DOE）审定、减排量的核准签发、减排量登记和转让等诸多环节。因此，对于CDM项目注册成功的企业而言，调整和改造企业生产流程以适应CDM减排的技术要求十分必要，这意味着CDM项目的政策效果可能会有一定的时滞。此外，每个注册成功的CDM项目均面临一个给定的评估期[①]，其中高达85.86%的项目首轮评估期为6—7年，且观测期内全部CDM项目均处在首轮评估期内。尽管首轮评估期结束后CDM项目实施方可以申请续期，但是考虑到续期申请的烦琐和政策的不确定性，预期接近首轮评估期末的CDM项目的政策效果会表现出较大差异。

为考察上述动态效应，同时进一步验证本章双重差分的平行趋势，本章借鉴Jacobson等（1993）提出的事件研究方法进行回归分析。具体模型设置如下：

$$y_{it}=\alpha_0+\sum_{k=-5,\,k!\,=-1}^{k=4}\delta_k D^k_{it}+\theta X_{it}+\mu_i+\lambda_t+\varepsilon_{it} \qquad (6-2)$$

其中，虚拟变量 D^k_{it} 表示 t 年 i 企业是否处在注册的首个CDM

[①] 评估期内由DOE对项目减排量进行核查与核证，只有最后获得由EB签发的经核证的减排量（CERs），项目实施方才能通过向项目合作方转让CERs获得变现的减排收益。

项目前/后的第 k 年。本章定义 f_i 为企业 i 注册其第一个 CDM 项目的年份。如果 $t-f_i \leqslant -5$，则 $D^{-5}_{it}=1$，否则 $D^{-5}_{it}=0$；如果 $t-f_i=k$，则 $D^{k}_{it}=1$，否则为 0，其中 $k=-4$、-3、-2、0、1、2、3；如果 $t-f_i \geqslant 4$，则 $D^{4}_{it}=1$，否则为 0。借鉴 He 和 Wang（2017）的处理方式，方程（6-2）中省略了 $k=-1$ 时的虚拟变量，因此 $\{\delta_k\}$ 捕捉了较之于 CDM 项目注册前而言 CDM 项目注册后处理组与控制组之间的结果差异。

表6-4的回归结果显示，在 CDM 项目实施前的任何年份，处理组相比控制组均具有更高的二氧化硫排放量和产生量、更低的全要素生产率，但双重差分变量的估计系数基本不显著。图6-2的 a-d 分别绘制了关于上述结果变量的估计系数值及其在95%水平下的置信区间。可以看出，在 CDM 项目注册前，处理组和控制组在污染物排放和生产率方面的差异基本保持平稳，并无明显的变化趋势。一旦 CDM 项目注册实施后，上述趋势开始扭转。其中，表6-4列（1）和列（2）关于企业二氧化硫排放量和产生量的回归系数由正变负，并且从项目注册当年开始显著，但是到项目注册后的第四年及以后年份不再显著。列（3）和列（4）关于企业全要素生产率的回归系数则由负转正，并且自 CDM 项目注册后的第二年才开始显著，项目注册后的第四年及以后同样不再显著。

表 6-4　　　　　　　　　　　动态效应检验

变量	so2	pso2	tfp_op	tfp_lp
	(1)	(2)	(3)	(4)
D^{-5}	1.406* (0.812)	1.829 (1.649)	−0.174 (0.108)	−0.169 (0.107)
D^{-4}	0.723 (0.797)	1.873 (2.031)	−0.175* (0.091)	−0.183** (0.091)
D^{-3}	0.927 (0.591)	2.015 (1.820)	−0.105 (0.097)	−0.100 (0.097)

续表

变量	*so2* (1)	*pso2* (2)	*tfp_op* (3)	*tfp_lp* (4)
D^{-2}	0.440* (0.262)	1.198 (1.003)	−0.115 (0.093)	−0.109 (0.095)
D^0	−0.251 (0.315)	−1.452** (0.612)	0.136 (0.123)	0.128 (0.122)
D^1	−1.023** (0.494)	−2.562*** (0.987)	0.143 (0.156)	0.139 (0.155)
D^2	−0.851 (0.638)	−3.217*** (1.039)	0.387*** (0.118)	0.382*** (0.117)
D^3	−0.563 (0.668)	−3.424*** (1.181)	0.344* (0.197)	0.322 (0.199)
D^4	−0.544 (0.694)	−1.046 (1.667)	0.064 (0.312)	0.050 (0.307)
soe	−0.408 (0.399)	−1.390 (0.871)	−0.018 (0.065)	−0.022 (0.064)
age	−0.248 (0.219)	−0.575 (0.371)	0.084* (0.044)	0.084* (0.045)
export	0.012* (0.006)	0.015 (0.016)	0.004 (0.003)	0.004 (0.003)
size	0.218 (0.181)	0.164 (0.480)	−0.254*** (0.050)	0.028 (0.049)
企业固定效应	Y	Y	Y	Y
年份固定效应	Y	Y	Y	Y
观测值	2330	1756	2840	2840
调整 R^2	0.025	0.055	0.204	0.173

上述结果表明，相较于治污而言，CDM 实施对企业生产率的提升效果具有一定的迟滞性。实际上，工业企业的生产率水平短期内相对平稳，很难取得立竿见影的效果，因为无论是进行研发创新还是技术改造都需要一定的时间才能显现成效。相比之下，通过末端治

(a) 二氧化硫排放强度

(b) 二氧化硫产生强度

(c) OP法全要素生产率

(d) LP法全要素生产率

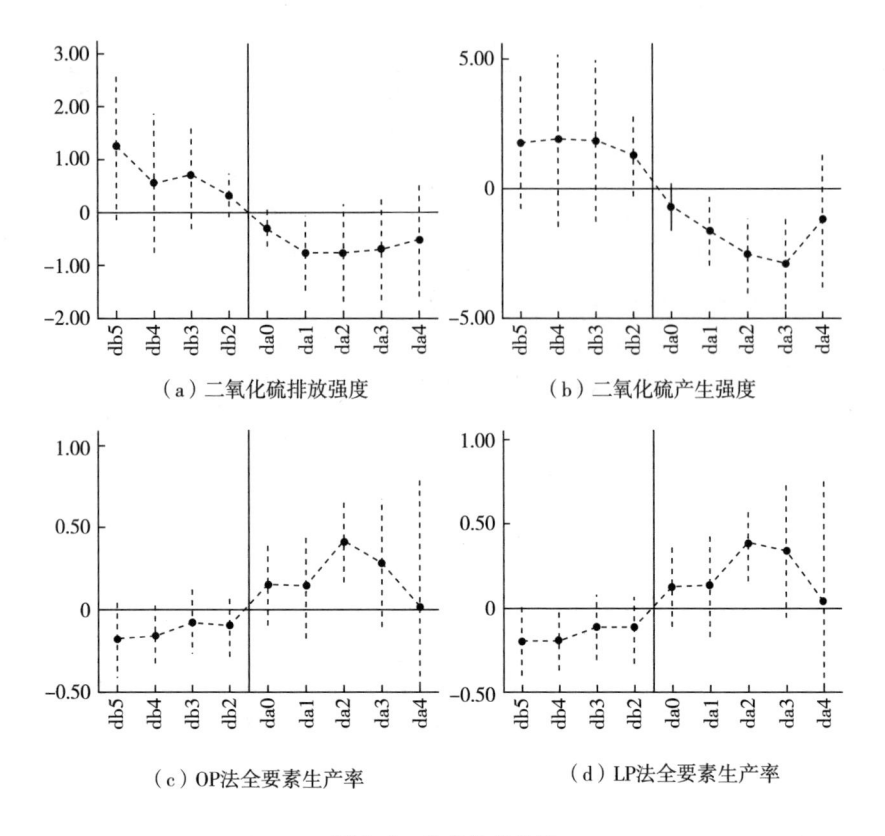

图 6-2　动态效应结果

理或者生产过程中的节能减排可以直接减少污染物的产生和排放，因而减排效果更明显和及时。并且，随着注册实施年份的向后推移，CDM 的减排和生产率提升效果总体上呈先增强后减弱趋势，到首轮评估期末基本不再显著，这可能与项目实施初期的技术准备以及首轮评估期末面临的政策风险加大有关。

三　来自区域层面温室气体减排的证据

前述分析表明，CDM 实施有效减少了企业二氧化硫的产生量和排放量。尽管有证据指向 CDM 通过激励项目实施方进行温室气体减排进而产生了对二氧化硫减排的溢出效果。但 CDM 是否有效推动了温室气体减排，尚有待正式的检验。由于缺乏企业层面的温室气体排放数据，本节将分析视野聚集到实施 CDM 项目的微观地理单元，考察实施 CDM 项目对项目所在地温室气体排放的影响。

（一）数据来源

本节使用的温室气体排放数据来自欧盟委员会联合研究中心（Joint Research Center）和荷兰环境评估局（Netherlands Environmental Assessment Agency）联合建设的全球大气研究排放数据库（Emissions Database for Global Atmospheric Research）中最新发布的温室气体数据产品 v4.3.2。该数据产品包含了基于技术排放因子方法估算并进一步通过地理信息技术转换得到的 0.1 度×0.1 度的空间栅格数据（Janssens-Maenhout et al.，2017），覆盖了《京都议定书》附件 A 中指定的六种温室气体中最主要的三类温室气体 1978—2012 年的完整历史时序数据[①]。通过使用 Arcgis10.2 采样分析，可以从中得到 2001—2012 年覆盖中国全境的温室气体空间排放栅格数据。

此外，本章也收集了中国海拔高度、气温、降水等空间地理数据和夜间灯光数据以及距离最近的县级城市（区）的经济信息，上述数据分别来源于中国科学院资源环境科学数据中心和 2002—2013 年历年《中国县域统计年鉴》。

我们使用夜间灯光亮度值来衡量地区的经济发展水平。夜间灯光数据是由美国空军防御气象卫星计划（US Air Force Defense Meteorological Satellite Program，DMSP）搭载的可见红外成像线性扫描业务系统（OLS）及美国新一代国家极轨卫星（Suomi-NPP）搭载的可见光近红外成像辐射（VIIRS）传感器收集所得。DMSP-OLS 时间跨度为 1992—2013 年，NPP-VIIRS 时间跨度为 2013—2020 年。由于探测器灵敏度和数据处理方式不同，两个卫星数据不具有可比性。NPP-VIIRS 探测敏感度和空间分辨率更高，所获数据更加精确。

[①] 《京都议定书》附件 A 中包含的六种温室气体分别为二氧化碳（CO_2）、甲烷（CH_4）、氧化亚氮（N_2O）、氢氟碳化物（HFCs）、全氟碳化物（PFCs）和六氟化硫（SF_6）。

(二) 自然实验设计与样本分组

为考察CDM项目实施对区域温室气体排放的影响，本节以位于CDM项目辐射半径内的区域为处理（实验）组，而处在CDM项目辐射半径之外的区域为控制（对照）组。具体而言，本章以10千米半径内存在CDM项目的观测点作为处理组，10千米半径内不存在CDM项目的观测点作为控制组，并以观测点10千米半径内首次出现CDM项目的年份视为政策干预的初始年份[①]。为控制处理组和控制组的经济和地理条件差异及政策的选择性因素，本章采用地理距离匹配法挑选控制组样本。具体而言，根据政策干预的初始年份差异，将处理组分为不同政策作用年份的处理组。进一步地，通过从观测期内始终未发生政策干预的观测点中选择与各政策发生年份处理组距离不超过50千米的观测点作为匹配控制组样本。

对于空间面板数据，一个非常重要的特征是要求观测点具有精确的地理坐标信息。尽管通过笔者个人的努力，已尽可能获得了3027个CDM项目的精确地理位置，占到统计期内项目总数的81.44%，但仍有接近20%的CDM项目存在空间识别上的遗漏，这可能导致本节界定的控制组样本失真，因为可能存在一些观测点尽管10千米半径内不存在上述3027个有明确经纬度信息的CDM项目但存在被遗漏的CDM项目。

为此，本节先通过手工处理识别出全部CDM项目所在的县级城市，进而构造一个2001—2012年包含是否注册CDM项目信息的县域面板数据[②]，通过使用ArcGIS10.2邻域分析，获得每个观测点距

[①] 10千米半径的地域面积接近中西部地区一个乡镇或东部地区一个区的面积，考虑到CDM项目的平均规模，距离CDM项目10千米内的观测点很有可能在其辐射影响范围内。此外，考虑到本节中温室气体观测点均是根据经纬度均匀切分的0.1度×0.1度（约为10千米×10千米）的小栅格质点，大致与10千米半径的覆盖范围重合，因此选用10千米半径作为分界线。

[②] 通过CDM项目名称、实施方和实施地点等信息可识别出CDM项目所在县域信息，但是无法完全识别项目的精确地理位置。

离最近的县级城市的相关信息。然后在上述可能失真的控制组样本中进一步挑选出与其距离最近的县级城市依旧没有注册 CDM 项目的观测点作为实际回归的控制组样本,从而较好地克服控制组周围存在遗漏 CDM 项目的问题。

通过地理距离匹配并剔除潜在失真控制组样本后,本节最终得到覆盖 30773 个观测点 2001—2012 年共 369276 个观测值的面板数据。

(三) 模型设定

本节基于 CDM 项目层面的微观空间地理数据,构建如下双重差分模型:

$$emission_{it} = \alpha_0 + \beta_1 did_{it} + \beta_2 treat_i + \beta_3 period_t + \theta X_{it} + \varepsilon_{it} \qquad (6-3)$$

式中,$emission_{it}$ 为被解释变量,表示第 i 个观测点 t 年温室气体的排放水平。$treat_i$ 为观测点 10 千米范围内是否注册 CDM 项目的分组变量,有注册则为 1,没有注册为 0。时间差分变量 $period_t$ 代表注册 CDM 项目前后时间段的虚拟变量,注册前为 0,否则为 1。双重差分估计量 $did_{it} = treat_i \times period_t$,为本节关心的核心解释变量,如果 CDM 项目在温室气体减排方面发挥作用,其回归系数应显著为负。

此外,为控制观测点所在地的自然条件和经济条件的影响,回归中也加入了反映自然特征的降水 (pre)、气温 (tem)、海拔高度 (dem) 等指标以及反映经济条件的夜间灯光亮度 ($light$)、最近县的固定资产投资 (inv)、规模以上工业总产值 ($output$) 和财政支出 (exp) 等指标。上述经济变量反映了地区经济和工业发展水平,与地区温室气体排放相关,同时也可能影响 CDM 项目的选址。气候和地形变量虽不直接影响地区温室气体排放量,但是与地区资源分布和污染扩散度有关。加入这些变量有助于减轻 CDM 项目的潜在选择性偏误,同时控制住与自然条件和经济条件有关的环境执法因素。

常规双重差分模型要求存在明确且一致的政策冲击时间点,从而清晰地界定政策发生的时间前后,然而本节实证中处理组受政策干预的时间不一致,这意味着很难以确定的某一年作为统一的政策作用时间节点。为此，本节将采取分年份回归的办法，这样做也有助于观察和比较 CDM 项目不同年份实施的政策效果①。上述模型的一个缺陷在于仅将样本粗糙地划分为政策干预前、干预后两期和处理组、控制组两组，而忽略了组内的个体差异和政策前后个体时间趋势上的变动（Bertrand et al., 2004），这可能导致政策的处理效应估计结果有偏。为此，本节借鉴 Beck 等（2010）的做法构建更为一般的广义双重差分模型，同时考虑到控制组和处理组可能存在不同的时间变化趋势，参照 Moser 和 Voena（2012）、简泽等（2014）的做法，在回归中加入时间趋势项。

$$emission_{it} = \alpha_0 + \beta_1 did_{it} + \theta X_{it} + \lambda_t + \mu_i + ttrend_i + \varepsilon_{it} \qquad (6-4)$$

相较于模型（6-3）而言，模型（6-4）增加了年份固定效应 λ_t 和个体固定效应 μ_i，而为了防止变量间的多重共线性，删去了个体分组变量 $treat_i$ 和时间前后的虚拟变量 $period_t$，这样做的好处在于可以将政策作用时间不一致的处理组样本和控制组样本加总为一个更大的面板数据，尽可能地保证了分析数据的丰富和完整性。此时双重差分估计量 did_{it} 可以理解为第 t 年处理组周围 10 千米范围内是否已注册 CDM 项目②，如果是则为 1，否则为 0③。$ttrend_i$ 为个体分组变量 $treat_i$ 与时间趋势 t 的交乘。描述性统计信息见附录表 A6-2。

（四）回归结果分析

表 6-5 至表 6-7 的回归结果表明，无论是哪一类温室气体，观测点周围注册 CDM 项目均对其产生了显著的减排效果。

---

① 尽管《京都议定书》自 2005 年生效，但中国 2005 年、2006 年注册通过的 CDM 项目相当少，而在《京都议定书》第一承诺期到期的 2012 年注册通过的 CDM 项目相当多，且在回归样本中仅有一年受处理的观测期。为了减少处理组样本过分波动带来的影响以及确保分年份回归政策效果的可比性，后续分年份常规双重差分回归中，仅考虑 2007—2011 年首次受政策冲击的处理组及相应的控制组。

② 当观测点 10 千米范围内存在多个 CDM 项目时，均以首个出现的 CDM 项目注册时间作为项目实施前后的分界，下文同。

③ 如果观测点 i 为控制组，则 did_{it} 必然为 0，此处并无明确统一的政策时间节点，这也正是固定效应双重差分模型的优势所在。

表 6-5　　CDM 项目对二氧化碳排放量的影响

变量 CO_2	固定效应 DID (1)	(2)	分年份常规 DID 2007	2008	2009	2010	2011
did	0.625*** (0.100)	-0.257*** (0.089)	-2.889*** (0.990)	-1.889*** (0.714)	-2.556*** (0.634)	-2.427*** (0.619)	-1.919*** (0.694)
treat			5.991*** (0.708)	5.388*** (0.474)	6.103*** (0.375)	4.274*** (0.306)	6.008*** (0.284)
period			-2.724*** (0.293)	-3.398*** (0.226)	-1.608*** (0.173)	-1.815*** (0.161)	-0.781*** (0.171)
pre	0.213*** (0.028)	0.226*** (0.028)	-3.041*** (0.241)	-3.050*** (0.178)	-1.760*** (0.114)	-0.029 (0.061)	-0.636*** (0.074)
tem	-0.008 (0.009)	-0.006 (0.009)	0.218*** (0.022)	0.229*** (0.019)	0.212*** (0.013)	0.118*** (0.009)	0.127*** (0.010)
dem			-1.383*** (0.113)	-0.975*** (0.091)	-0.647*** (0.058)	-0.832*** (0.053)	-1.013*** (0.049)
light	0.226*** (0.008)	0.221*** (0.008)	1.432*** (0.011)	1.487*** (0.010)	1.572*** (0.012)	1.648*** (0.014)	1.598*** (0.010)
inv	0.307*** (0.018)	0.303*** (0.018)	-0.207 (0.153)	-0.230** (0.104)	0.055 (0.083)	-0.242*** (0.072)	-0.128* (0.069)
output	-0.080*** (0.015)	-0.080*** (0.015)	2.344*** (0.094)	1.636*** (0.072)	1.386*** (0.052)	1.188*** (0.043)	1.337*** (0.043)
exp	-0.352*** (0.031)	-0.347*** (0.031)	-0.045 (0.219)	1.282*** (0.170)	-0.407*** (0.123)	0.430*** (0.105)	-0.524*** (0.106)
ttrend		0.160*** (0.017)					
年份固定效应	Y	Y					
个体固定效应	Y	Y					
观测值	344633	344633	33320	57147	74705	97519	107642
调整 R^2	0.212	0.214	0.520	0.512	0.474	0.404	0.443

注：固定效应 DID 模型的括号中是在观测点聚类的稳健标准误，分年份常规 DID 模型的括号中为异方差稳健标准误。模型（6-4）中，海拔高度（dem）由于不随时间变化会被个体固定效应吸收掉。***、**、*分别表示在 1%、5%和 10%的水平下显著。表 6-5 至表 6-7 均作相同处理，不再赘述。

表 6-6　　　　　　　　　CDM 项目对甲烷排放量的影响

变量	固定效应 DID		分年份常规 DID				
CH_4	(1)	(2)	2007	2008	2009	2010	2011
did	0.001** (0.001)	-0.001*** (0.000)	-0.023*** (0.008)	-0.013* (0.007)	-0.021*** (0.006)	-0.023*** (0.006)	-0.017*** (0.006)
treat			0.032*** (0.006)	0.025*** (0.004)	0.010*** (0.003)	-0.001 (0.003)	0.015*** (0.002)
period			-0.044*** (0.003)	-0.059*** (0.002)	-0.044*** (0.002)	-0.041*** (0.002)	-0.031*** (0.002)
pre	0.001*** (0.000)	0.001*** (0.000)	0.015*** (0.002)	0.031*** (0.002)	0.036*** (0.001)	0.052*** (0.001)	0.050*** (0.001)
tem	-0.000 (0.000)	-0.000 (0.000)	0.006*** (0.000)	0.004*** (0.000)	0.005*** (0.000)	0.005*** (0.000)	0.006*** (0.000)
dem			-0.037*** (0.001)	-0.044*** (0.001)	-0.040*** (0.001)	-0.038*** (0.001)	-0.036*** (0.001)
light	0.001*** (0.000)	0.001*** (0.000)	0.010*** (0.000)	0.010*** (0.000)	0.011*** (0.000)	0.012*** (0.000)	0.012*** (0.000)
inv	0.002*** (0.000)	0.002*** (0.000)	-0.011*** (0.001)	-0.010*** (0.001)	-0.010*** (0.001)	-0.009*** (0.001)	-0.010*** (0.001)
output	-0.000** (0.000)	-0.000** (0.000)	0.035*** (0.001)	0.022*** (0.001)	0.021*** (0.001)	0.018*** (0.000)	0.019*** (0.000)
exp	-0.003*** (0.000)	-0.003*** (0.000)	0.016*** (0.002)	0.042*** (0.002)	0.029*** (0.001)	0.028*** (0.001)	0.020*** (0.001)
ttrend		0.000*** (0.000)					
年份固定效应	Y	Y					
个体固定效应	Y	Y					
观测值	344615	344615	33302	57129	74687	97519	107624
调整 R^2	0.232	0.233	0.532	0.454	0.488	0.448	0.474

表 6-7　　　　　　CDM 项目对氧化亚氮排放量的影响

变量 N_2O	固定效应 DID (1)	固定效应 DID (2)	分年份常规 DID 2007	2008	2009	2010	2011
did	0.040*** (0.010)	-0.044*** (0.009)	-0.298*** (0.108)	-0.223** (0.088)	-0.278*** (0.077)	-0.269*** (0.078)	-0.162** (0.081)
treat			0.363*** (0.078)	0.208*** (0.058)	0.053 (0.044)	-0.192*** (0.038)	0.433*** (0.034)
period			-0.079* (0.043)	-0.139*** (0.034)	-0.152*** (0.027)	-0.391*** (0.026)	-0.408*** (0.026)
pre	-0.062*** (0.003)	-0.061*** (0.003)	-1.481*** (0.044)	-0.660*** (0.041)	-0.243*** (0.023)	0.400*** (0.014)	-0.225*** (0.015)
tem	-0.010*** (0.001)	-0.010*** (0.001)	0.093*** (0.004)	0.010*** (0.003)	0.008*** (0.002)	-0.041*** (0.002)	0.036*** (0.002)
dem			-0.744*** (0.021)	-0.928*** (0.016)	-0.618*** (0.011)	-0.841*** (0.010)	-0.630*** (0.009)
light	0.010*** (0.001)	0.009*** (0.001)	0.110*** (0.001)	0.105*** (0.001)	0.125*** (0.001)	0.134*** (0.002)	0.128*** (0.001)
inv	0.044*** (0.002)	0.044*** (0.002)	0.120*** (0.022)	-0.046*** (0.016)	-0.074*** (0.013)	-0.012 (0.011)	0.037*** (0.011)
output	0.005*** (0.002)	0.005*** (0.002)	0.043*** (0.014)	-0.076*** (0.012)	-0.156*** (0.009)	-0.112*** (0.008)	0.002 (0.007)
exp	-0.032*** (0.004)	-0.032*** (0.004)	0.645*** (0.033)	1.039*** (0.027)	1.152*** (0.021)	1.077*** (0.018)	0.919*** (0.018)
ttrend		0.015*** (0.002)					
年份固定效应	Y	Y					
个体固定效应	Y	Y					
观测值	344633	344633	33320	57147	74705	97519	107642
调整 R^2	0.771	0.771	0.406	0.380	0.365	0.352	0.399

从分年份的常规双重差分估计结果来看，随着项目注册年份的推迟，政策的减排效果总体上呈下降趋势。以二氧化碳为例，2007

年注册的 CDM 项目平均减排量为 2.889 微克/秒·平方米，而当项目注册年份距离《京都议定书》第一承诺期到期年份仅剩一年时，CDM 项目的减排效果下降为 1.919 微克/秒·平方米，降幅高达 33.58%。这一下降趋势与前述经核准的减排项目占比的变化趋势一致，进一步佐证了 CDM 项目注册方存在选择性减排行为。越是接近《京都议定书》第一承诺期终止年份注册的 CDM 项目，由于面临的政策风险加大，预期减排收益下降，项目实施方因而付出较少的减排努力，从而弱化了 CDM 项目的减排效果。显然，周围注册有 CDM 项目的处理组相对于周围没有注册 CDM 项目的控制组具有更高的排放水平，并且经济越活跃的地区排放水平越高。这也说明 CDM 项目在空间分布上具有选择性，平均而言那些经济越发达、排放水平更高的地区更可能注册 CDM 项目。

由于常规 DID 模型假定控制组与处理组之间既有的同时影响处理变量和被解释变量的不可观测因素不随时间变化，因此，当这种选择性偏误来源随时间变动时，常规 DID 模型估计结果可能会有偏。为此，本节进一步使用固定效应 DID 模型，考虑到控制组和处理组之间可能存在不同的时间趋势，回归中加入处理变量与时间趋势的交乘项。同时，根据 Bertrand 等（2004）的建议，在回归中将标准误聚类到观测点个体层面，以控制序列相关问题（李科和徐龙炳，2011）。

固定效应 DID 模型的估计结果表明，观测点周围注册 CDM 项目依旧对其温室气体排放产生了显著的影响。减排的政策效果较之于常规 DID 模型明显减弱，这说明常规 DID 模型估计的政策效果存在高估。一旦不放入时间趋势项，双重差分变量的回归系数则显著为正，这说明处理组与控制组确实存在不同的时间变化趋势。从横向对比来看，三类温室气体中，二氧化碳的减排效果最为显著。相对于周围没有注册 CDM 项目的观测点而言，周围注册 CDM 项目的观测点的三类温室气体平均减少排放约 0.257 微克/秒·平方米、0.001 微克/秒·平方米和 0.044 微克/秒·平方米。相对于三类温室气体的平均排放水平而言，政策作用下的减排幅度分别为 2.13%

（CO_2）、0.45%（CH_4）和 0.66%（N_2O）。上述分析表明，CDM 项目实施显著减少了项目所在地的温室气体排放，这说明 CDM 有效激励了项目实施方进行温室气体减排，因而对二氧化硫减排具有显著的溢出效应。

综合基准回归结果和此处 CDM 项目层面的证据，可以认为，作为一种减排补贴形式的市场激励型环境规制，CDM 有效推动了企业进行温室气体减排和生产率提升，从而为第三章理论模型中的命题 2 提供了初步证据。

四 稳健性检验

为确保本章估计结果的稳健性，本章采取以下四种方法对基准回归结果进行了再检验：

（一）考虑行业—年份固定效应

为了控制所有随时间不变和变化的行业特征，本章在基准回归方程式（6-1）中添加了行业—年份固定效应。其中，行业维度使用工业企业数据库中两分位行业代码划分。鉴于中国不少环境政策与特定行业有关，如清洁生产标准、"十一五"淘汰落后生产能力计划等，这种处理有助于排除发生在行业层面的其他环境政策效果的干扰。表 6-8 列（1）至列（4）报告了相应的回归结果，回归结果基本保持不变。

表 6-8　　　　　　　　　　稳健性检验之一

方法	行业—年份固定效应				省份—年份固定效应			
变量	so2	pso2	tfp_op	tfp_lp	so2	pso2	tfp_op	tfp_lp
	(1)	(2)	(3)	(4)	(5)	(6)	(7)	(8)
cdm	-1.166** (0.489)	-2.993* (1.660)	0.221*** (0.085)	0.212** (0.084)	-1.030*** (0.380)	-2.561** (1.061)	0.108* (0.056)	0.099* (0.056)
soe	-0.189 (0.348)	-0.909 (0.904)	-0.012 (0.069)	-0.015 (0.068)	0.389 (0.429)	0.294 (1.245)	-0.062 (0.065)	-0.062 (0.064)

续表

方法	行业—年份固定效应				省份—年份固定效应			
变量	so2	pso2	tfp_op	tfp_lp	so2	pso2	tfp_op	tfp_lp
	(1)	(2)	(3)	(4)	(5)	(6)	(7)	(8)
age	−0.185 (0.228)	−0.416 (0.421)	0.123*** (0.042)	0.123*** (0.042)	−0.326 (0.204)	−0.302 (0.407)	0.089** (0.044)	0.092** (0.044)
export	0.005 (0.008)	−0.010 (0.024)	0.002 (0.002)	0.002 (0.002)	−0.002 (0.010)	−0.001 (0.022)	−0.001 (0.002)	−0.001 (0.002)
size	0.193 (0.190)	0.209 (0.488)	−0.304*** (0.053)	−0.018 (0.053)	0.417** (0.191)	−0.132 (0.601)	0.005 (0.073)	0.283*** (0.072)
企业固定效应	Y	Y	Y	Y	Y	Y	Y	Y
观测值	2330	1756	2840	2840	2330	1756	2840	2840
调整 R^2	0.058	0.082	0.259	0.227	0.212	0.197	0.458	0.431

(二) 考虑省份—年份固定效应

为了控制所有随时间不变和变化的地域特征，本章在基准回归方程式（6-1）中添加了省份—年份固定效应。考虑到国内较多环境政策与特定地域有关，如"十一五"规划中关于不同省份的减排要求、2007年出台的针对11个省份的二氧化硫排污权交易试点、不同省份制定的排污费征收标准等，这种处理有助于排除发生在省级行政区域层面的其他环境政策效果的干扰。表6-8列（5）至列（8）报告了相应的回归结果。尽管双重差分变量的估计系数值有所减小，但符号不变，且依旧显著。

(三) 聚类到省份—行业层面

基准回归分析中，本章将标准误聚类到企业层面，这可能无法克服位于同一地区同一行业内企业之间的相关性问题。为此，本章进一步将标准误聚类到省份—行业层面。表6-9列（1）至列（4）的回归结果显示，将标准差重新聚类到更高的省份—行业层面后，尽管双重差分变量估计系数的标准差有所扩大，但显著性水平基本不变，再次表明本章基准回归结果的稳健性。

表 6-9　　稳健性检验之二

方法	聚类到省份—行业层面				使用倾向得分加权回归			
变量	so2	pso2	tfp_op	tfp_lp	so2	pso2	tfp_op	tfp_lp
	(1)	(2)	(3)	(4)	(5)	(6)	(7)	(8)
cdm	-1.071**	-3.292**	0.283***	0.274***	-1.280**	-4.023**	0.197*	0.189*
	(0.452)	(1.277)	(0.088)	(0.087)	(0.562)	(1.689)	(0.101)	(0.101)
soe	-0.391	-1.281	-0.017	-0.021	-0.180	-0.167	0.052	0.054
	(0.402)	(0.898)	(0.065)	(0.064)	(0.560)	(1.518)	(0.074)	(0.072)
age	-0.287	-0.605	0.086*	0.085*	-0.376	-0.724	0.057	0.055
	(0.222)	(0.389)	(0.046)	(0.047)	(0.321)	(0.523)	(0.049)	(0.048)
export	0.010*	0.012	0.004	0.004	0.009	0.016	0.002	0.002
	(0.006)	(0.015)	(0.003)	(0.003)	(0.007)	(0.018)	(0.004)	(0.004)
size	0.225	0.199	-0.253***	0.029	0.297	0.225	-0.231***	0.053
	(0.202)	(0.517)	(0.066)	(0.065)	(0.265)	(0.799)	(0.056)	(0.055)
企业固定效应	Y	Y	Y	Y	Y	Y	Y	Y
年份固定效应	Y	Y	Y	Y	Y	Y	Y	Y
观测值	2330	1756	2840	2840	2029	1520	2316	2316
调整 R^2	0.018	0.052	0.203	0.172	0.018	0.037	0.213	0.187

（四）使用倾向得分加权匹配方法

基准回归分析中，本章使用申请项目获得国家发改委批准但被 CDMEB 拒绝的公司作为控制组，同时被国家发改委批准和 CDMEB 批准的企业作为处理组。与样本选择有关的一些因素可能会混淆本章的估计结果。为此，我们使用估计的倾向得分指数对基准回归方程式 (6-1) 进行加权回归。表 6-2 的平衡性检验结果表明，处理组企业注册 CDM 项目前与控制组企业在国有背景、企业年龄、出口强度和劳动力规模等指标上存在明显差异，这可能造成选择性偏误。为此，本章参照 Guadalupe 等 (2012) 的处理方式，使用上述变量在企业注册 CDM 项目前一年的观测值作为预测企业下一年是否注册 CDM 项目的特征变量，进而以预测值作为加权回归的权重①。表 6-9

---

① 由于我们将观测值限制在倾向得分指数的共同支撑范围内，因而样本量有所减小，回归系数标准差也相对有所扩大。

列（5）至列（8）报告了相应的回归结果，其与基准回归结果也基本保持一致。

五　安慰剂检验

前述分析表明，CDM 通过激励企业进行温室气体减排，进而减少了与温室气体具有较强共生关系的二氧化硫的产生量和排放量。如果这一作用机制成立，那么，CDM 对与温室气体缺乏共生关系的水污染物排放将不会产生显著影响。作为基准回归结果的一个安慰剂检验，本章也进一步考察 CDM 对企业水污染物排放的影响。表 6-10 报告了相应的回归结果。可以发现，无论是否加入控制变量，实施 CDM 对企业的总工业废水、化学需氧量和氨氮等水污染物均无显著的减排效果。这表明，CDM 仅对二氧化硫等与温室气体具有较强共生关系的常规空气污染物具有明显的溢出效应，从而进一步支持了本章基准回归分析的结论。

表 6-10　CDM 对水污染物排放的影响

变量	*wastewater* (1)	(2)	*cod* (3)	(4)	*andan* (5)	(6)
cdm	-0.111 (0.623)	-0.131 (0.852)	0.025 (0.069)	0.046 (0.089)	-0.013 (0.020)	-0.019 (0.026)
soe		0.336 (0.625)		0.073 (0.071)		-0.016 (0.018)
age		0.216 (0.176)		0.032 (0.029)		0.009 (0.008)
export		-0.011 (0.020)		-0.000 (0.001)		-0.000 (0.000)
size		0.561** (0.265)		0.062* (0.036)		0.012 (0.013)
企业固定效应	Y	Y	Y	Y	Y	Y
年份固定效应	Y	Y	Y	Y	Y	Y
观测值	2386	2019	2341	1978	1717	1491
调整 R^2	0.028	0.033	0.044	0.054	0.042	0.044

第五节 机制分析

一 末端治理与节能减排

基准回归分析表明，CDM 实施显著降低了企业二氧化硫排放量。这一作用效果是否源自注册 CDM 项目的企业在实施 CDM 后加大了末端治理呢？为检验这一作用渠道，本章分别使用企业脱硫设施数量和能力来代理企业末端治理投入并考察 CDM 对其作用效果。表 6-11 报告了相应的回归结果。可以发现，无论是否加入控制变量，实施 CDM 并未显著增加企业脱硫设施数量和能力，尽管双重差分变量的估计系数为正，但并不显著。这表明，CDM 实施对企业的减排效应并非源自末端治理①。结合基准回归分析中企业二氧化硫产生量在注册 CDM 项目后显著减少这一实证结果，本章推测，造成企业减排效果的主要原因是企业在生产源头上实现了节能减排。

表 6-11　　CDM 实施对企业末端治理的影响

变量	*desulfur*1		*desulfur*2	
	(1)	(2)	(3)	(4)
cdm	0.925 (1.246)	0.881 (1.209)	0.204 (0.176)	0.211 (0.177)
soe		1.362 (1.016)		-0.026 (0.080)
age		0.157 (0.357)		-0.030 (0.032)
export		0.029 (0.038)		0.003 (0.003)

---

① 鉴于 CDM 的主要政策目标是减少温室气体排放，因此在 CDM 的激励下企业可能会加大温室气体的末端治理，并且温室气体的末端捕捉和分解不同于二氧化硫等常规空气污染物。遗憾的是，由于数据所限，我们无法进一步对实施 CDM 项目的企业在温室气体末端治理投入方面的变动进行考察。

续表

变量	$desulfur1$		$desulfur2$	
	(1)	(2)	(3)	(4)
$size$		0.313 (0.410)		-0.059 (0.068)
企业固定效应	Y	Y	Y	Y
年份固定效应	Y	Y	Y	Y
观测值	1193	1184	1173	1164
调整 R^2	0.011	0.017	0.062	0.064

为验证上述推测，本章进一步检验实施 CDM 对企业能源消耗量的影响。鉴于煤炭是中国工业企业使用的最主要的化石能源，本章重点考察 CDM 实施对企业煤炭消耗量的影响。表 6-12 报告了相应的回归结果。列（1）不加入控制变量时，双重差分变量的估计系数为负，且在 10% 的水平下显著。列（2）加入控制变量后，估计系数也依旧显著为负。总体上，实施 CDM 使企业煤炭消耗量降低了 114—116 千吨，转化成点弹性，大约降低了 18%。进一步将煤炭细分为原煤和燃料煤时发现，实施 CDM 对企业原煤消耗量并无显著影响，而对燃料煤的消耗量产生了较为显著的抑制效果，降低幅度约为 30%，明显高于其对总煤炭消耗量的抑制效果。这可能是因为，注册 CDM 项目的企业主要为电力和热力供应企业[1]，能源消耗量大，生产过程中多使用热值更高和污染相对较小的燃料煤。

表 6-12   CDM 实施对企业煤炭消耗量的影响

变量	$coal$		$mcoal$		$fcoal$	
	(1)	(2)	(3)	(4)	(5)	(6)
cdm	-0.114* (0.062)	-0.116* (0.063)	-0.146 (0.096)	-0.148 (0.096)	-0.052* (0.029)	-0.050* (0.029)

---

[1] 注册 CDM 项目的企业中，高达 65.2% 的企业所在二分位行业为电力、热力的生产和供应业。

续表

变量	*coal*		*mcoal*		*fcoal*	
	(1)	(2)	(3)	(4)	(5)	(6)
soe		-0.069 (0.067)		-0.094 (0.081)		-0.070** (0.031)
age		-0.058* (0.035)		-0.069 (0.046)		-0.013 (0.010)
export		0.004*** (0.002)		0.006** (0.003)		0.001 (0.000)
size		0.023 (0.024)		0.086* (0.051)		0.007 (0.010)
企业固定效应	Y	Y	Y	Y	Y	Y
年份固定效应	Y	Y	Y	Y	Y	Y
观测值	1775	1756	1549	1535	1517	1505
调整 R^2	0.084	0.093	0.152	0.166	0.059	0.073

综上可知，实施 CDM 并非通过末端治理推动企业减排，而是通过从生产源头上进行节能减排，从而推动常规空气污染物产生量和排放量的减少。考虑到节约用煤也将有助于减少工业生产过程中的温室气体产生量和排放量，这一结果也为 CDM 对温室气体的减排效应提供了进一步的证据。另外，由于燃料成本的节约，企业的生产效率也会得到提升。

二 技术转移与自主创新

前述分析表明，CDM 主要通过推动企业节能进而实现减排和效率提升。然而，其具体如何激励企业节能的渠道尚不清晰。如前所述，CDM 有望刺激低碳技术由发达国家向发展中国家转移，以实现发展中国家的可持续发展，并帮助发达国家以较低的成本实现其在《京都议定书》下的减排目标。如果技术转移在 CDM 项目中广泛存在且实施良好，这将推动企业技术进步进而实现节能减排和生产率提升。因此，有必要对这一作用渠道进行实证检验。由于缺乏直接衡量技术转移的指标，本章以企业管理费用中的中间投入占营业收入比重的变动来捕捉注册 CDM 项目后企业技术转让费的变动。这样做的依据是在工业企业的财务核算中，技术转让费通常计入管理费用中的中间投入一项。如果注册 CDM 项目后企业获得来自发达国家合作方企业的技术转移，那么该项支出将显著增加。

表 6-13 列（1）和列（2）报告了实施 CDM 对企业管理费中间投入占比变动的影响。不加入任何控制变量时，注册实施 CDM 项目后企业的管理费中间投入占比反而减少了 1.495 个百分点，且在 10% 的水平下显著。加入控制变量后，双重差分变量的估计系数依旧为负，但不再显著。总体上，实施 CDM 并不会显著增加企业管理费中间投入占比，这意味着企业注册 CDM 项目后可能并未获得来自发达国家的技术转移。尽管上述回归结果仅提供了初步的证据，但从现有文献来看，关于 CDM 的技术转移效果也普遍不被看好。

表 6-13　　　　　技术转移与自主创新的机制检验

变量	*minput*		*innov*		*newpro*	
	(1)	(2)	(3)	(4)	(5)	(6)
cdm	-1.495*	-1.424	-0.106*	-0.102*	1.053	0.995
	(0.902)	(0.892)	(0.055)	(0.054)	(0.642)	(0.644)
soe		0.556		-0.009		0.029
		(0.515)		(0.089)		(0.454)
age		-0.225		0.052*		0.050
		(0.447)		(0.029)		(0.412)
export		0.024		-0.008		0.055*
		(0.017)		(0.007)		(0.030)
size		-0.434		-0.109**		-0.551
		(0.495)		(0.048)		(0.497)
企业固定效应	Y	Y	Y	Y	Y	Y
年份固定效应	Y	Y	Y	Y	Y	Y
观测值	1692	1681	1936	1933	3258	3255
调整 R^2	0.027	0.029	0.014	0.027	0.008	0.011

罗堃和叶仁道（2011）通过对中国889个CDM项目的PDD文件进行文本分析后发现，高达70%以上的CDM项目不涉及任何形式的技术转移。少部分包含技术转移的项目主要是引进机器设备和初级操作技能培训的形式，几乎不涉及专业知识共享、技术诀窍公开、专家经验传授等深层次的技术转移。Doranova等（2010）基于460个来自多国CDM项目的研究表明，发展中国家实施CDM项目过程中很少依赖发达国家的技术转移。Das（2011）基于49个国家1000个CDM项目的分析表明，仅26.5%的CDM项目涉及技术转移。基于注册在印度的864个CDM项目数据，Aggarwal（2018）的研究也表明，CDM并未有效推动技术转移。综上所述，可以认为，技术转移的作用渠道并不成立。

尽管技术转移的作用渠道并未得到证实，但是在清洁发展机制下，企业为获得减排收益可能会加大低碳技术的自主创新，由此带来的技术进步也将推动企业节能减排和生产率提升。为检验这一作用渠道，本章分别从研发投入和新产品产出两个维度来捕捉CDM实施对企业自主创新的影响。表6-13列（3）至列（6）报告了相应的回归结果。列（3）和列（4）关于研发投入占比的回归结果表明，实施CDM并不会显著增加企业的研发投入，反而可能对企业研发投入有一定的挤出效应。无论是否加入控制变量，双重差分变量的估计系数均在10%的水平下显著为负。列（5）和列（6）关于新产品产值占比的回归结果表明，企业注册实施CDM项目后，新产品产值也并未显著增加。无论是否加入控制变量，双重差分变量的估计系数始终缺乏显著性。因此，自主创新的作用渠道也不成立。

三　绿色生产投资

前述分析进一步排除了技术转移和自主创新的作用渠道。本章认为，推动企业节能减排和效率提升的作用渠道可能与企业加大绿色生产投资有关。实际上，在注册的CDM项目中，除了少量造林与再造林项目外，绝大部分CDM项目均需依托具体的工业生产或能源活动。这意味着，在实施CDM的过程中，工业企业可能会加大生产性的绿色投资。根据联合国气候变化官网上公布的全球CDM项目数据库，在中国注册的3807个CDM项目中，近95%的项目明确进行了绿色投资，平均项目投资金额超过5800万美元。其中，有1671个项目明确产生了投资收入，且主要为电力销售收入，这意味着至少有43.89%的项目明确进行了生产性绿色投资[1]。

常见的生产性绿色投资主要包括改造传统生产工艺以提高能效和投资开发新能源以实施清洁能源替代，二者分别对应CDM企业注册的节能和提高能效项目与新能源和可再生能源项目。为检验企业是否有效实施了绿色生产投资以及通过何种项目类型进行绿色生产投资进而推动节能减排，本章在基准回归方程式（6-1）中分别加入双重差分变量与企业首个注册CDM项目类型虚拟变量的交互项[2]。相应的回归方程设置如下：

$$y_{it}=\alpha_0+\beta_1 cdm_{it}\times type_j+\beta_2 cdm_{it}+\theta X+type_j+\mu_i+\lambda_t+\varepsilon_{it} \quad j=1,2 \quad (6-5)$$

其中，y_{it}为企业煤炭消耗量；$type_1$和$type_2$分别代表企业注册或申请的项目类型是否为新能源和可再生能源项目与是否为节能和提高能效项目。交互项系数β_1刻画了注册实施新能源和可再生能源项目/节能和提高能效项目对企业节能减排的效果。

表6-14列（1）至列（6）分别报告了关于煤炭和燃料煤消耗量的回归结果。列（1）显示，较之于非新能源和可再生能源项目而言，注册实施新能源和可再生能源项目显著降低了企业煤炭消耗量。此时，双重差分变量的估计系数尽管为负，但不再显著。列（2）的回归结果则表明，注册实施节能和提高能效项目并不比其他类型CDM项目具有更强的节能效果，其节能效果可能更弱。列（3）同时加入了双重差分变量分别与是否为新能源和可再生能源项目以及

---

[1] 部分CDM项目由于投资回报周期较长加之项目统计的时效性，产生的项目投资收入未能及时反映在CDMEB统计的项目数据中，导致该指标存在较多缺失值。

[2] 对于未注册CDM项目的企业，我们以其首个被国家发改委批准的项目类型为判别依据。由于项目类型变量不随时间变化，其估计系数将被企业固定效应吸收。

是否为节能和提高能效项目两个虚拟变量的交乘项,二者的估计系数同样分别显著为负和显著为正。这表明,CDM 主要通过推动企业投资开发更清洁的新能源与可再生能源这种绿色生产投资方式来减少对传统化石能源的依赖。列(3)至列(6)关于燃料煤的回归结果进一步支持了上述分析。

表6-14　　　　　　　　　不同注册项目类型的作用效果

变量	coal			fcoal			keffiency		
	(1)	(2)	(3)	(4)	(5)	(6)	(7)	(8)	(9)
$cdm \times new$	-0.270*** (0.073)		-0.195** (0.077)	-0.180*** (0.018)		-0.182*** (0.021)	0.314** (0.148)		0.378** (0.171)
$cdm \times saving$		0.167** (0.077)	0.150* (0.078)		0.004 (0.033)	-0.004 (0.032)		-0.104 (0.177)	0.140 (0.202)
cdm	-0.105 (0.064)	-0.195*** (0.071)	-0.178** (0.072)	-0.044 (0.029)	-0.051 (0.032)	-0.043 (0.031)	0.062 (0.110)	0.245*** (0.095)	-0.001 (0.139)
soe	-0.069 (0.067)	-0.070 (0.066)	-0.069 (0.067)	-0.070** (0.031)	-0.070** (0.031)	-0.070** (0.031)	-0.042 (0.067)	-0.040 (0.067)	-0.043 (0.067)
age	-0.058* (0.035)	-0.058* (0.035)	-0.058* (0.035)	-0.013 (0.010)	-0.013 (0.010)	-0.013 (0.010)	0.084 (0.058)	0.084 (0.058)	0.084 (0.058)
$export$	0.005*** (0.002)	0.004*** (0.002)	0.005*** (0.002)	0.001 (0.000)	0.001 (0.000)	0.001 (0.000)	0.003 (0.003)	0.004 (0.003)	0.003 (0.003)
$size$	0.024 (0.024)	0.025 (0.024)	0.025 (0.024)	0.007 (0.010)	0.007 (0.010)	0.007 (0.010)	-0.210*** (0.054)	-0.211*** (0.054)	-0.210*** (0.054)
企业固定效应	Y	Y	Y	Y	Y	Y	Y	Y	Y
年份固定效应	Y	Y	Y	Y	Y	Y	Y	Y	Y
观测值	1756	1756	1756	1505	1505	1505	2840	2840	2840
调整 R^2	0.094	0.094	0.094	0.074	0.072	0.074	0.172	0.170	0.172

根据对 CDM 项目类型的分析,在中国全部注册的 3807 个 CDM

项目中，高达83.35%的CDM项目为新能源和可再生能源项目，其中，风电、水电和太阳能项目分别有1512个、1326个和164个。鉴于这些项目一经投产运营将产生大量的清洁电能，可以有效替代传统的煤炭发电，从而大幅削减对传统的化石能源需求。相比之下，节能和提高能效项目由于仅在原有生产工艺上进行更新改造，节能减排的潜力较为有限，且考虑到注册的节能和提高能效项目数量较少，仅占全部注册项目的6.72%，因此对化石能源的节约效果相对较弱。

鉴于生产性绿色投资可以推动企业使用更加先进、环保和高效的生产设备，这不仅有助于节约传统化石能源，还可能会提高资本生产率。为此，本章也进一步检验了注册实施不同类型项目对企业资本生产效率的影响。表6-14列（7）至列（9）报告了相应的回归结果。较之于其他类型项目而言，注册实施新能源和可再生能源项目显著提高了企业资本生产率，而注册实施节能和提高能效项目对企业资本生产率并没有更显著的正向影响。

结合前述分析，本章认为，注册实施CDM项目后，企业加快了绿色生产投资，且主要是通过投资开发新能源和可再生能源的方式减少化石能源使用并提高资本生产率，最终实现减排和生产率提升的政策效果。在这个过程中，企业会加快淘汰传统落后的生产工艺，转而使用更节能、环保和高效的资本设备，因而上述作用机制也可归纳为绿色资本更新。这意味着，在CDM这种减排补贴形式的市场激励型环境规制下，企业可以通过绿色资本更新来实现污染减排和生产率提升，从而支持了第三章理论模型中的命题2。

第六节 CDM的激励效果分析

一 CDM对不同企业的激励效果分析

CDM本质上可视作发达国家给予发展中国家的一项减排补贴。

一旦 CDM 项目产生的温室气体减排量获得 CDMEB 认证，注册实施 CDM 项目的企业可通过出售核证减排量 CERs 获得一项货币性收入。因此，如果 CDM 运行有效的话，本章推测，CDM 将对有签发核证减排量的企业产生更明显的减排激励效果。对于那些已注册 CDM 项目但尚未获得核证减排量的企业，由于无法获得相应的减排收益，而实施 CDM 项目本身又会带来相应的投资运营成本，CDM 对其减排激励效果可能较为有限。为考察上述异质性效果，本章将处理组企业进一步细分为注册 CDM 项目并获得核证减排量的企业和注册 CDM 项目但尚未获得核证减排量的企业，并分别检验实施 CDM 对两类企业的差异化作用。表 6-15 和表 6-16 分别报告了相应的回归结果。

表 6-15　　　　　CDM 对有签发核证减排量企业的作用效果

变量	so2	pso2	tfp_op	tfp_lp	Nincom	ros
	（1）	（2）	（3）	（4）	（5）	（6）
cdm	-1.444*** (0.555)	-4.225*** (1.601)	0.320*** (0.090)	0.307*** (0.089)	0.282* (0.156)	2.247* (1.290)
soe	-0.520 (0.435)	-1.093 (1.042)	0.028 (0.070)	0.028 (0.069)	0.040 (0.181)	-0.053 (0.939)
age	-0.165 (0.163)	-0.428 (0.298)	0.137*** (0.049)	0.134*** (0.048)	0.062 (0.133)	2.950*** (0.669)
export	0.013** (0.006)	0.016 (0.015)	0.003 (0.003)	0.003 (0.003)	0.002 (0.006)	-0.045* (0.027)
size	0.230 (0.225)	0.254 (0.659)	-0.225*** (0.055)	0.054 (0.054)	0.206*** (0.079)	0.158 (0.562)
企业固定效应	Y	Y	Y	Y	Y	Y
年份固定效应	Y	Y	Y	Y	Y	Y
观测值	1810	1359	2227	2227	3420	2508
调整 R^2	0.027	0.047	0.206	0.181	0.108	0.026

表 6-16　　　　　CDM 对未签发核证减排量企业的作用效果

变量	so2 (1)	pso2 (2)	tfp_op (3)	tfp_lp (4)	Nincom (5)	ros (6)
cdm	-0.821 (0.598)	-1.681* (1.015)	0.128 (0.148)	0.133 (0.149)	-0.231 (0.249)	0.380 (1.664)
soe	-0.722 (0.471)	-2.702*** (0.760)	-0.116 (0.086)	-0.119 (0.085)	-0.046 (0.180)	-2.457* (1.307)
age	-0.334 (0.235)	-0.547 (0.430)	0.048 (0.055)	0.053 (0.055)	-0.149 (0.131)	0.987 (0.675)
$export$	0.015** (0.007)	0.015 (0.022)	0.002 (0.003)	0.002 (0.003)	0.001 (0.003)	-0.007 (0.037)
$size$	0.245 (0.208)	-0.104 (0.558)	-0.297*** (0.060)	-0.009 (0.061)	0.034 (0.059)	0.261 (0.337)
企业固定效应	Y	Y	Y	Y	Y	Y
年份固定效应	Y	Y	Y	Y	Y	Y
观测值	1794	1349	1918	1918	2758	2056
调整 R^2	0.027	0.090	0.206	0.166	0.075	0.016

表 6-15 列（1）至列（4）显示，注册 CDM 项目且有签发核证减排量的企业在实施 CDM 后二氧化硫排放量和产生量显著下降，全要素生产率则显著提升，且双重差分变量的估计系数绝对值较之于基准回归结果更大，这表明 CDM 对其减排和生产率提升效果较之于注册 CDM 项目的平均效果更为明显。而表 6-16 针对注册 CDM 项目但尚未签发核证减排量的企业的回归结果则表明，CDM 的实施并未明显抑制其二氧化硫排放量和产生量[①]。尽管双重差分变量的估计系数依旧为负，但无论显著性水平还是系数绝对值均明显低于基准回归结果。同样，表 6-16 列（3）和列（4）关于全要素生产率的回归系数也不显著，尽管符号为正。这说明，CDM 对注册 CDM 项目但尚未签发核证减排量的企业的减排和生产率提升效果较为有限。

---

① 关于二氧化硫产生量的回归系数也仅在 10% 的水平下显著。

上述结果表明，只有实际受到减排激励的企业才有效实现了减排和效率提升的双重红利。这似乎支持了 CDM 的减排激励效果。

然而，一个可能的担忧是，参与 CDM 的企业在开展节能减排活动时受到了来自国内政府补贴的激励，这将混淆 CDM 的减排激励效果。尽管前述稳健性检验中通过分别控制随行业—时间和随地域—年份变化的交互固定效应一定程度上可以排除发生在行业层面和地域层面的政府补贴政策的干扰，但无法排除潜在的因企业制宜的政府补贴政策效果的干扰。为此，本章也检验了实施 CDM 对企业受到政府补贴概率的影响。相应的回归结果报告在附录表 A6-3 中。可以发现，平均意义上，实施 CDM 并未显著提高企业受到政府补贴的概率。并且，无论是否签发核证减排量的企业，其获得政府补贴的机率在注册 CDM 项目后也均未明显提升。因此，上述回归结果排除了政府补贴的潜在作用效果。

表 6-15 和表 6-16 列（5）和列（6）进一步报告了实施 CDM 对两类企业营业外收入占比和利润率的影响。可以发现，CDM 实施显著增加了注册 CDM 项目且有签发核证减排量的企业的营业外收入占比和利润率，而对注册 CDM 项目但尚未签发核证减排量的企业并无相应的政策效果。根据 2019 年财政部印发的《碳排放权交易有关会计处理暂行规定》，企业出售无偿取得的碳排放配额所取得的收入计入营业外收入。因此，营业外收入占比的增加一定程度上可以捕捉到由于出售 CERs 产生的减排收益的增加。而企业利润率的提升则表明，获得核证减排量的企业通过实施 CDM 获得的减排收益可能超过相应的减排成本。鉴于 CDM 是一种减排补贴形式的市场激励型环境规制，这一结果表明，如果企业实际参与减排，以 CDM 为代表的市场激励型环境规制将对其利润有正向影响，从而为第三章理论模型中的命题 4 提供了进一步的证据。

在 CDM 项目活动中，企业减排的直接收益包括 CERs 的交易所得、用能成本节约和新能源销售收入，间接收益则包括绿色生产投资获得的生产率提升，以及注册 CDM 项目带来的企业声誉提升效果

(Lin et al., 2016)。减排成本方面主要包括开发利用新能源的绿色生产投资和运营成本。鉴于清洁发展机制由企业自愿参与，是否申请注册 CDM 项目以及注册后是否实施减排均由企业自主决定，现实中仍有大量企业积极申请 CDM 项目并实施减排。因此，可以推测，在清洁发展机制下企业减排具有经济效率，即 CDM 的经济激励是有效的。

二　CDM 项目中核证减排量是否过度签发？

如前所述，清洁发展机制减排的额外性问题受到不少学者批评，尽管本章的实证结果支持了 CDM 减排效果是"额外"的和"可衡量"的，但是经 CDMEB 核证的减排量是否存在过度签发？仍是一个值得考虑的问题。这直接影响到 CDM 减排效果的真实性（Schneider，2011），甚而关系到 CDM 运作的有效性。为此，本章尝试对这一问题进行初步考察。具体而言，本章估算了注册 CDM 项目企业的实际碳减排量，并将其与 CDMEB 认证的碳减排量进行比较，以初步判断实施 CDM 的企业是否被过度签发核证减排量 CERs。

如表 6-12 列（6）所示，CDM 导致企业燃料煤消耗平均减少了约 5 万吨。根据 IPCC 2006 的估计，1 吨燃料煤排放约 2.53 吨二氧化碳，这意味着注册 CDM 项目的企业每年减少的碳排放量为 50000×2.53=126500（吨）。而截至 2019 年 10 月 31 日，注册 CDM 项目的企业累计签发的核证减排量 CERs 的平均水平为 390178 吨，鉴于大部分注册 CDM 项目的企业在 2012 年首次签发 CERs，本章以 2012 年作为注册 CDM 项目企业首次签发 CERs 的年份[①]，则相应的签发周期为 7 年，对注册 CDM 项目的企业而言平均每年签发的 CERs 约为 55740 吨，仅占估算的碳减排量的 44.06%，鉴于减少燃

---

① 由于绝大部分注册 CDM 项目的企业首个 CDM 项目注册年份不超过 2012 年。因此，当使用首个 CDM 项目注册的年份作为签发初始年份，计算的签发周期将更长，导致注册 CDM 项目的企业平均年度签发的核证减排量更少，这意味着未获得核证的减排量占比将更高。

料煤使用仅是 CDM 项目减少碳排放的渠道之一，其他诸如甲烷回收利用、N_2O 分解消除和 HFC-23 分解等项目的碳减排量并未纳入估算范围内，这意味着至少有 55.94% 以上的实际碳减排量未获得 CDMEB 的认证。当使用煤炭消耗的减少量来估算实际碳排放的减少量时，未获得签发的碳减排量高达 81.62%。上述分析尽管比较粗糙，但揭示出 CDM 项目中核证减排量（CERs）存在签发不足的问题。由于被签发的核证减排量可在国际碳交易市场上变现，因此 CERs 的签发不足直接减少了注册 CDM 项目企业的减排收益，从而一定程度上抑制了 CDM 的激励效果[①]。换句话说，如果实施 CDM 企业的碳减排量被 CDMEB 更充分、真实地认证，那么观测到的 CDM 减排和生产率提升效果或将更加明显。

第七节　本章小结

本章基于 1998—2012 年中国工业企业数据和工业污染源重点调查数据，考察了 CDM 这种减排补贴形式的市场激励型环境规制的环境绩效和经济绩效。研究发现，CDM 有效激励了企业进行温室气体减排，进而促进了与温室气体有较强共生关系的常规空气污染物的减排，同时也提高了企业全要素生产率。机制分析表明，清洁发展机制主要通过推动企业在生产源头上节约能耗而非末端治理来实现上述政策效果。并且，这一节能效果并非得益于发达国家的技术转移和企业自身的技术创新，而是源于企业扩大绿色生产投资。其中，投资开发新能源与可再生能源项目是主要的绿色生产投资方向。进一步分析表明，清洁发展机制具有较好的减排激励效果，仅实际获

---

① 此处分析的前提是国际碳交易市场上碳价格较少受 CDM 项目中 CERs 数量变动的影响。实际上，在国际碳交易市场的碳交易量中，基于配额的碳交易量始终占据主导地位，决定着全球碳价格，而来自 CDM 项目的碳交易量微不足道，因此可以默认上述前提满足。

得减排补贴的企业显著地减少污染排放并提高生产率水平,同时获得更高的营业外收入和利润率。此外,本章也发现,清洁发展机制项目活动中的核证减排量可能存在签发不足的问题。

本章的实证结果总体上较好地支持了第三章理论模型中的命题2和命题4。此外,本章的发现也具有重要的政策含义:一是长期以来,理论界围绕CDM的减排效果一直争议不断,分歧的关键在于无法有效识别观测到的CDM项目的减排效果是否是"额外的"。本章基于自然实验和双重差分估计法,结合一系列稳健性检验和安慰剂检验,较好地排除了其他替代性政策或外部冲击的干扰,从而相对有力地证明了清洁发展机制具有积极的政策效果,可以实现环境绩效和经济绩效的双赢。而以中国为代表的发展中国家则通过CDM项目推动了本国的"绿色发展",为全球环境治理作出了卓有成效的努力。二是CDM这种减排补贴形式的市场激励型环境规制可以有效激励企业进行绿色生产投资进而实现节能、减排和提效,并提高了企业利润率,因而受到企业的欢迎并得到其积极参与。从政府环境治理的角度而言,应调整和优化中国环境治理思路,大力实施和推广更为灵活的市场激励型环境规制手段。其中,减排补贴值得考虑和推广。

第七章

研究结论、政策建议及研究展望

第一节 研究结论

本书基于绿色资本更新这种技术引进与吸收形式的生产工艺创新的研究视角,对命令—控制型和市场激励型环境规制的环境绩效和经济绩效进行了理论上的分析,并结合中国清洁生产标准、排污收费制度和清洁发展机制的政策实践,对理论分析结果进行了实证检验,同时也对不同版本的"波特"假说进行了验证。本研究的基本结论如下:

第一,鉴于绿色技术的自主创新存在一定的技术门槛并面临较大的风险和较长的投资回报周期,在严格的环境规制下,排污企业短期内往往缺乏进行绿色技术创新的动力,而单纯的末端治污无助于企业生产,仅会带来额外的治污成本。因此,对于排污企业而言,更现实的选择是绿色资本更新,即加快引进更节能环保的生产设备以淘汰落后低效的生产设备或对传统落后的生产工艺流程进行技术改造和升级。通过绿色资本更新,企业可以从生产源头上节能减排,进而实现污染减排和生产率提升的双赢。

第二,在命令—控制型环境规制下,由于政策的执行成本较高、减少了企业灵活减排的行动空间，通过绿色资本更新实现的效率提升并不能补偿环境规制的遵从成本。因此，命令—控制型环境规制对企业利润具有负面影响；而在市场激励型环境规制下，由于政策的执行成本较低，企业可以相对灵活选择最优的减排方案，在一定条件下，企业通过绿色资本更新实现的效率提升可以补偿环境规制的遵从成本，从而有利于企业利润的提升。因此，相对于命令—控制型环境规制而言，市场激励型环境规制可能更有效。

第三，鉴于绿色资本更新可以视作一种技术引进与吸收形式的生产工艺创新，我们的发现表明，无论是在命令—控制型环境规制下还是在市场激励型环境规制下，弱"波特假说"均成立；并且考虑到绿色资本更新的收益补偿在命令—控制型环境规制下并不成立，而在市场激励型环境规制下满足一定条件时成立，这意味着强"波特假说"仅在市场激励型环境规制下可以成立。

第四，从具体的政策效果来看，中国清洁生产标准的实施有效促进了企业的污染减排和生产率提升，但对企业利润产生了负面影响。清洁生产标准实施仅对企业废水类污染物有显著的减排效果，而无助于企业废气类污染物的减排，并且大企业和纳税大户的减排效果更明显；由于中国排污收费水平较低，加之政策执行中的刚性不足问题，总体上中国排污收费制度对排污企业不仅没有实现预期的减排效果，反而抑制了企业生产率和利润的提升。而中国近年来开征的环境税或将有助于实现环境绩效和经济绩效的双赢；清洁发展机制具有较好的减排激励效果，有效推动了参与企业的温室气体减排。而且，该政策也同时促进了参与企业的常规空气污染物的减排和生产率的提升。此外，我们也发现，清洁发展机制项目活动中的核证减排量可能存在签发不足的问题。

综上所述，我们的研究结果表明，环境规制的创新激励效应在中国基本成立。然而，创新的收益补偿效应仅在市场激励型环境规制下成立。并且，在不同的环境规制工具下，微观企业的行为响应方式仍存在一定差异，导致企业的环境绩效和经济绩效具有较大异质性。总体上，市场激励型环境规制较之于命令—控制型环境规制对微观企业经济绩效的正面影响更大。

第二节　政策建议

基于以上研究结论，我们提出了相应的政策建议：

第一，环境污染作为一种非合意产出，追求私人利益最大化的企业往往缺乏治理的积极性。必须通过有效监管将这种负外部性产出内化为影响企业决策的私人成本，从而实现帕累托改进（Pareto Improvement）。此外，环境规制对企业而言并不仅仅意味着成本，亦可推动企业生产率提升。一些地方政府要改变过去对环境规制"唯成本论"的狭隘认识，顺应绿色发展的时代潮流，主动作为，通过选择合适的环境政策工具推动环境效益和经济效益的双提升。

第二，在面临环境规制的外部压力时，实施绿色技术自主创新的风险和时间成本较大，可能在短期内无法被企业广泛采纳和运用，更现实的途径是绿色资本更新这种技术引进与吸收形式的渐进式生产工艺创新。为鼓励企业改造传统落后的生产工艺流程并使用更加节能环保的生产设备，政府可以考虑实施绿色产业政策以推动企业绿色资本更新。当然，长期而言，仍有必要鼓励甚至补贴企业进行绿色技术的自主创新，这是兼顾社会可持续发展和企业长期竞争能力的关键。

第三，中国环境规制的实践中频频出现"一刀切"式的暴力执法现象，虽然环境治理的效果"立竿见影"，却无助于环境质量的持续改进，反而恶化了地方经济发展。为推动中国经济社会的可持续发展，今后中国环境规制体系的设计重心必须由以往偏向行政思维的命令—控制型环境规制转向基于市场思维的市场激励型环境规制。鉴于灵活设计并恰当执行的命令—控制型环境规制也可以实现环境绩效和经济绩效的双赢。因此，在今后中国环境政策体系调整过程中不应一昧取缔命令—控制型环境规制政策。要加强环境政策执行的过程管理，注重执行时间、进度和力度的把握，尽可能减轻对企业正常经营活动的干扰。

第四，考虑到市场激励型环境规制是中国今后环境规制体系调整的方向，而无论是征收排污税费还是实施减排补贴，抑或建立排污权交易制度，政策有效实施的前提是要获取到污染排放单位真实可靠的排污数据。而全面的工业污染源普查需要消耗大量人力、物力和财力，目前中国尚不具备实施定期工业污染源普查的现实条件。为此，必须建立和完善工业污染源排污申报制度，并通过环保执法部门不定期检查和抽查、对重点工业污染源的在线监控以及公众舆论监督等手段和方式来减少企业瞒报、少报和漏报的现象，以提升环保部门的执法效力。

第五，长期以来，中国排污收费水平较低，未能有效发挥排污收费制度的市场激励效果，甚而对企业行为产生了逆向调节作用，导致企业污染排放有增无减。排污费改税后，企业排污成本显著增加，以往的环境资源价格扭曲得到一定程度的矫正，这将有助于发挥市场激励型环境规制的正向激励效果，从而可能实现企业生产率提升和污染减排的双重红利。为充分发挥环境税的激励效果，要进一步优化环境税的价格调控机制，科学设定环境税税率，使环境资源得到有效利用。

第六，相较于末端治理而言，前端预防可以有效挖掘企业节能减排潜力，在实现减排的同时亦能提升企业效率，从而更容易实施和推广。因此，要大力实施和推广以清洁生产标准为代表的前端预防型环境规制政策，使企业重视清洁生产过程管理，从生产源头上减少污染并节约能耗。

第七，作为《京都议定书》下唯一连接南北国的一项灵活履约机制，清洁发展机制促进了中国企业的绿色可持续发展。因此，中国政府应继续支持并推动国内企业参与实施清洁发展机制项目。同时，鉴于清洁发展机制或将随着《京都议定书》的失效而终止，中国政府可以考虑借鉴清洁发展机制这种兼具减排补贴性质的碳信用手段,在国内碳交易市场的基础上试点施行国内版的清洁发展机制。

第三节 研究展望

本书围绕命令—控制型和市场激励型环境规制的环境绩效和经济绩效进行了理论层面和经验层面的探讨,并重点从绿色资本更新的视角分析和阐释了环境规制绩效的作用机制,同时揭示了不同版本的"波特假说"适用的政策场景。本书的研究是对环境规制政策评价和"波特假说"研究的有益补充。然而,这一主题的研究尚有许多值得进一步挖掘和完善的地方。

首先,在理论分析上,我们在 Xepapadeas 和 de Zeeuw(1999)的模型基础上,将强制性环境技术标准、排污税和减排补贴三种环境规制手段纳入统一的分析框架,并以此来考察和比较命令—控制型和市场激励型环境规制的环境绩效和经济绩效。然而,相对于减排补贴而言,排污权交易制度这种相对主流的市场激励型环境规制手段并没有出现在我们的理论模型中。鉴于我们的理论模型专注于分权式的环境属地管理模式,而排污权交易制度更多是一种中央集权式的环境规制模式,关注全局和整体的环境治理效果,这意味着排污权交易制度这种规制手段难以在本书的理论模型中刻画。因此,如何构建合适的理论模型并同时将强制性环境技术标准、排污税和排污权交易制度纳入统一的分析框架,是未来研究的重要方向。此外,我们的理论模型仅考察局部均衡下微观企业的稳态结果,对于涉及多部门多主体的一般均衡分析尚未涉及,也忽略了环境规制下消费者剩余和社会福利的变动,未来的理论研究可以尝试从这些地方进行拓展。

其次,在实证设计上,潜在的政策选择性偏误和遗漏变量问题仍可能干扰我们的估计结果。比如，我们在考察清洁生产标准和清洁发展机制的政策效果时，根据政策分别在行业和企业层面的波动来构造双重差分模型并进行实证分析，但是潜在的政策选择性偏误仍可能使相关估计结果有偏。而在考察排污收费制度时，限于排污收费数据的可得性，本书仅使用滞后解释变量的固定效应回归模型，尽管这有助于排除反向因果问题，但仍存在遗漏相关变量的问题。虽然在具体的实证设计中，我们也尝试通过合适的样本分组、平行趋势检验和添加重要的企业控制变量等方式进行克服并执行了一系列稳健性检验以表明我们估计结果的稳健性，但仍无法排除可能的内生性问题，尽管这也是当前政策评估类研究所面临的共通性问题，但使用更加科学准确的识别策略无疑是此类研究的重要发展方向。

再次，绿色资本更新作为我们研究命令——控制型和市场激励型环境规制绩效的关键作用渠道，在实证分析中，我们在量化这一关键变量时，囿于数据可得性，无法使用更合宜的绿色技术改造和生产工艺创新投入等指标，而是综合使用诸如当期折旧、投资、生产经营性资本投资、能源消耗、污染产出和资本效率等指标对环境规制的响应来反映绿色资本更新的作用机制。尽管这些指标均可以视作绿色资本更新的外延，但是无法直观体现渐进式绿色生产工艺创新的效果。未来，在数据允许的条件下，可以直接考察环境规制对企业绿色技术改造和生产工艺创新的影响。

最后，在研究内容上，我们仅对弱"波特假说"和强"波特假说"进行了检验，而对狭义版本的"波特假说"并未考察。尽管现有关于"波特假说"的经验研究也主要围绕强"波特假说"和弱"波特假说"进行分析（Lanoie et al.，2011；涂正革和谌仁俊，2015；Shao et al.，2020），而对狭义版本"波特假说"的关注较少，但是鉴于狭义版本的"波特假说"强调不同环境规制政策诱致企业创新的异质化效果、具有直接的政策含义，有必要在未来的研究中对狭义版本"波特假说"进行分析和考察。

附　　录

第四章　附录

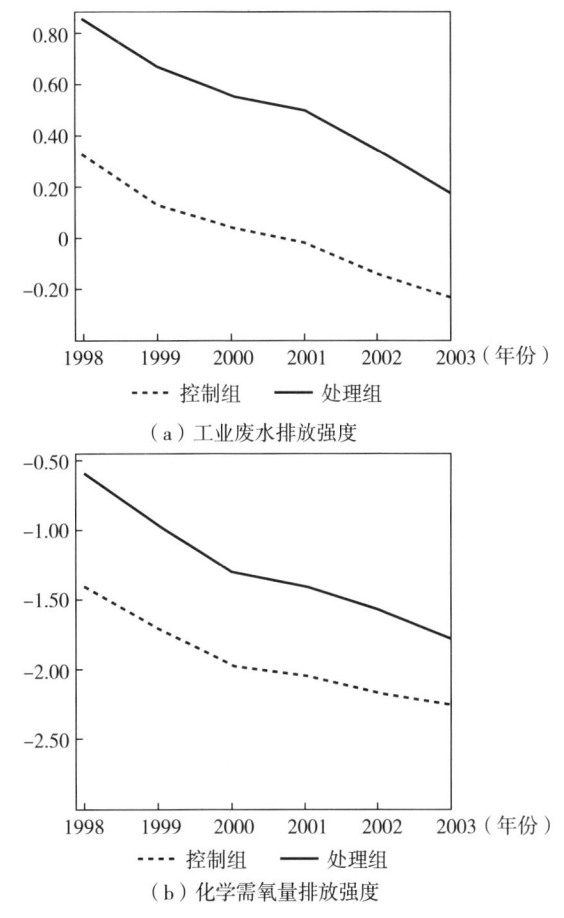

图 A4-1　处理组与控制组污染排放强度的时间变化趋势

（a）工业废水排放强度

（b）化学需氧量排放强度

表 A4-1　　　　　　　　　　　清洁生产标准清单

序号	行业	发布时间	实施时间	4分位行业代码
1	石油炼制业	2003年4月18日	2003年6月1日	2511
2	炼焦行业	2003年4月18日	2003年6月1日	2520
3	制革行业（猪轻革）	2003年4月18日	2003年6月1日	1910
4	啤酒制造业	2006年7月3日	2006年10月1日	1522
5	食用植物油工业（豆油和豆粕）	2006年7月3日	2006年10月1日	1331
6	纺织业（棉印染）	2006年7月3日	2006年10月1日	1712
7	甘蔗制糖业	2006年7月3日	2006年10月1日	1340
8	电解铝业	2006年7月3日	2006年10月1日	3316
9	氮肥制造业	2006年7月3日	2006年10月1日	2621
10	钢铁行业	2006年7月3日	2006年10月1日	3210、3220、3230
11	基本化学原料制造业（环氧乙烷/乙二醇）	2006年7月3日	2006年10月1日	2614、2653
12	汽车制造业（涂装）	2006年8月15日	2006年12月1日	3460
13	铁矿采选业	2006年8月15日	2006年12月1日	0810
14	电镀行业	2006年11月22日	2007年2月1日	3460
15	人造板行业（中密度纤维板）	2006年11月22日	2007年2月1日	2022
16	乳制品制造业（纯牛乳及全脂乳粉）	2006年11月22日	2007年2月1日	1440
17	造纸工业（漂白碱法蔗渣浆生产工艺）	2006年11月22日	2007年2月1日	2210
18	钢铁行业（中厚板轧钢）	2006年11月22日	2007年2月1日	3230
19	造纸工业（漂白化学烧碱法麦草浆生产工艺）	2007年3月28日	2007年7月1日	2210
20	造纸工业（硫酸盐化学木浆生产工艺）	2007年3月28日	2007年7月1日	2210
21	电解锰行业	2007年8月1日	2007年10月1日	3319
22	镍选矿行业	2007年8月1日	2007年10月1日	913
23	化纤行业（氨纶）	2007年8月1日	2007年10月1日	2829
24	彩色显像（示）管生产	2007年8月1日	2007年10月1日	4059
25	平板玻璃行业	2007年8月1日	2007年10月1日	3141

续表

序号	行业	发布时间	实施时间	4分位行业代码
26	烟草加工业	2007年12月20日	2008年3月1日	1610、1620、1690
27	白酒制造业	2007年12月20日	2008年3月1日	1521
28	钢铁行业（烧结）	2008年4月8日	2008年8月1日	3591
29	钢铁行业（高炉炼铁）	2008年4月8日	2008年8月1日	3210
30	钢铁行业（炼钢）	2008年4月8日	2008年8月1日	3220
31	化纤行业（涤纶）	2008年4月8日	2008年8月1日	2822
32	电石行业	2008年4月8日	2008年8月1日	2614
33	石油炼制业（沥青）	2008年9月27日	2008年11月1日	2511
34	味精工业	2008年9月27日	2008年11月1日	1461
35	淀粉工业	2008年9月27日	2008年11月1日	1391
36	煤炭采选业	2008年11月21日	2009年2月1日	0610、0620、0690
37	铅蓄电池工业	2008年11月21日	2009年2月1日	3940
38	制革工业（牛轻革）	2008年11月21日	2009年2月1日	3652
39	合成革工业	2008年11月21日	2009年2月1日	3050
40	印制电路板制造业	2008年11月21日	2009年2月1日	4062
41	葡萄酒制造业	2008年12月24日	2009年3月1日	1524
42	钢铁行业（铁合金）	2009年4月10日	2009年8月1日	3240
43	水泥工业	2009年3月25日	2009年7月1日	3111、3121、3122、3123、3129
44	造纸工业（废纸制浆）	2009年3月25日	2009年7月1日	2210
45	氧化铝业	2009年8月10日	2009年10月1日	2619
46	纯碱行业	2009年8月10日	2009年10月1日	2612
47	氯碱工业（烧碱）	2009年8月10日	2009年10月1日	2612
48	氯碱工业（聚氯乙烯）	2009年8月10日	2009年10月1日	2614
49	粗铅冶炼业	2009年11月13日	2010年2月1日	3312
50	铅电解业	2009年11月13日	2010年2月1日	3312
51	废铅酸蓄电池铅回收业	2009年11月16日	2010年1月1日	4310
52	宾馆饭店业	2009年11月30日	2010年3月1日	6610、6620、6690、6710、6720、6790
53	铜冶炼业	2010年2月1日	2010年5月1日	3311
54	铜电解业	2010年2月1日	2010年5月1日	3311

续表

序号	行业	发布时间	实施时间	4分位行业代码
55	制革工业（羊革）	2010年2月1日	2010年5月1日	1910
56	酒精制造业	2010年6月8日	2010年9月1日	1510

注：本章依据清洁生产标准中的适用业务范围并参考龙小宁和万威（2017）的行业代码识别结果，确定相关行业在《国民经济行业分类》（GB/T 4754—2002）中对应的4分位行业代码。

表A4-2　　　　　　　　　　清洁生产评价指标体系清单

序号	标准名称	发布和实施日期	4分位行业代码
1	氮肥行业	2005年5月1日	2621
2	电镀行业	2005年5月1日	3460
3	钢铁行业	2005年5月1日	3210、3220、3230
4	电池行业	2006年12月1日	3940
5	制浆造纸行业	2006年12月1日	2210、2221、2222、2223
6	印染行业	2006年12月1日	1712
7	烧碱/聚氯乙烯行业	2006年12月1日	2612、2651
8	煤炭行业	2006年12月1日	0610、0620、0690
9	铝行业	2006年12月1日	3316
10	铬盐行业	2006年12月1日	2619
11	包装行业	2007年4月22日	2319、3060、3433
12	火电行业	2007年4月22日	4411
13	磷肥行业	2007年4月22日	2622
14	轮胎行业	2007年4月22日	2911、2912、2913
15	铅锌行业	2007年4月22日	0912、3312
16	陶瓷行业	2007年4月22日	3132、3151、3153
17	涂料制造业	2007年4月22日	2641
18	纯碱行业	2007年7月14日	2612
19	发酵行业	2007年7月14日	1461、1469、1510
20	机械行业	2007年7月14日	3521、3522、3523、3524、3529
21	硫酸行业	2007年7月14日	2611
22	水泥行业	2007年7月14日	3111
23	制革行业	2007年7月14日	1910

续表

序号	标准名称	发布和实施日期	4分位行业代码
24	电解金属锰行业	2007年9月29日	3319
25	石油和天然气开采行业	2009年2月29日	0710、0790
26	精对苯二甲酸（PTA）行业	2009年2月29日	2822
27	电石行业	2009年2月29日	2614
28	黄磷行业	2009年2月29日	2619
29	有机磷农药行业	2009年2月29日	2631
30	日用玻璃行业	2009年2月29日	3145

注：本章依据清洁生产评价指标体系中的适用业务范围并参考龙小宁和万威（2017）的行业代码识别结果，确定相关行业在《国民经济行业分类》（GB/T 4754—2002）中对应的4分位行业代码。

资料来源：笔者根据国家发改委与国家工业与信息化部的官方网站相关数据整理。

表 A4-3　　　　　　"十一五"时期淘汰落后生产能力一览

行业	内容	单位	"十一五"时期	2007年	四分位行业代码
电力	实施"上大压小"关停小火电机组	万千瓦	5000	1000	4411
炼铁	300m³以下高炉	万吨	10000	3000	3210
炼钢	年产20万吨及以下的小转炉、小电炉	万吨	5500	3500	3220
电解铝	小型预焙槽	万吨	65	10	3316
铁合金	6300千伏安以下矿热炉	万吨	400	120	3240
电石	6300千伏安以下炉型电石产能	万吨	200	50	2614
焦炭	炭化室高度4.3米以下的小机焦	万吨	8000	1000	2520
水泥	等量替代机立窑水泥熟料	万吨	25000	5000	3111、3121、3122、3123、3129
玻璃	落后平板玻璃	万重量箱	3000	600	3141
造纸	年产3.4万吨以下草浆生产装置、年产1.7万吨以下化学制浆生产线、排放不达标的年产1万吨以下以废纸为原料的纸厂	万吨	650	230	2210

续表

行业	内容	单位	"十一五"时期	2007年	四分位行业代码
酒精	落后酒精生产工艺及年产3万吨以下企业（废糖蜜制酒精除外）	万吨	160	40	1510
味精	年产3万吨以下味精生产企业	万吨	20	5	1461
柠檬酸	环保不达标柠檬酸生产企业	万吨	8	2	1469

资料来源：国务院发布的《关于印发节能减排综合性工作方案的通知》。

第六章 附录

表 A6-1　　　　CDM 对其他空气污染物排放的影响

变量	NOx (1)	NOx (2)	S&D (3)	S&D (4)	wasteair (5)	wasteair (6)
cdm	0.360 (0.219)	0.359 (0.310)	-0.830 (0.549)	-1.046 (0.806)	-0.532** (0.229)	-0.523** (0.226)
soe		-0.682** (0.307)		0.250 (0.418)		-0.383 (0.234)
age		0.401 (0.244)		0.037 (0.282)		-0.197 (0.128)
$export$		0.007 (0.013)		0.007 (0.010)		0.013* (0.007)
$size$		0.286** (0.139)		0.292 (0.295)		0.106 (0.110)
企业固定效应	Y	Y	Y	Y	Y	Y
年份固定效应	Y	Y	Y	Y	Y	Y
观测值	1943	1473	2244	1778	1956	1936
调整 R^2	0.039	0.039	0.047	0.053	0.134	0.143

注：***、**、*分别表示在1%、5%和10%的水平下显著；下同。

表 A6-2　　　CDM 项目层面实证分析中使用数据的描述性统计

变量	样本数	均值	标准差	最小值	最大值
CO_2（μg/s·m²）	368340	12.049	23.614	0.002	91.446

续表

变量	样本数	均值	标准差	最小值	最大值
CH_4 ($\mu g/s \cdot m^2$)	368321	0.222	0.254	0.000	0.906
N_2O ($ng/s \cdot m^2$)	368340	6.663	3.640	0.080	14.820
did	369276	0.034	0.181	0.000	1.000
treat	369276	0.165	0.371	0.000	1.000
pre	351444	8.849	0.807	4.977	10.452
tem (°C)	369276	11.324	7.007	-13.167	26.977
dem (km)	369276	1.067	1.208	-0.151	6.464
light	369276	3.651	9.189	0.000	63.000
inv	366632	8.070	1.759	-0.700	14.874
output	364602	8.409	2.294	-3.747	16.603
exp	368731	7.376	1.202	1.685	14.144

注：表中 CO_2、CH_4 和 N_2O 对前5%数值进行了缩尾处理。降水（pre）经对数化处理。

表 A6-3　　CDM 对企业是否得到政府补贴的影响

变量	全样本		仅签发 CER 的企业		未签发 CER 的企业	
	(1)	(2)	(3)	(4)	(5)	(6)
cdm	0.014 (0.035)	0.004 (0.037)	0.008 (0.040)	-0.009 (0.042)	0.041 (0.059)	0.050 (0.066)
soe		-0.031 (0.029)		-0.042 (0.033)		0.005 (0.037)
age		0.045*** (0.017)		0.059*** (0.019)		0.053*** (0.020)
export		-0.002** (0.001)		-0.002** (0.001)		-0.002* (0.001)
size		0.025 (0.022)		0.016 (0.027)		0.032 (0.027)
年份固定效应	Y		Y		Y	
年份固定效应	Y	Y	Y	Y	Y	Y
观测值	4176	3804	3238	2957	2700	2471
调整 R^2	0.041	0.045	0.032	0.036	0.039	0.043

参考文献

安崇义、唐跃军：《排放权交易机制下企业碳减排的决策模型研究》，《经济研究》2012年第8期。

毕克新等：《FDI对我国制造业绿色工艺创新的影响研究——基于行业面板数据的实证分析》，《中国软科学》2011年第9期。

蔡宏波等：《"一带一路"倡议如何推动民族地区贸易发展？——基于复杂网络视角》，《管理世界》2021年第10期。

曹静、郭哲：《中国二氧化硫排污权交易试点的政策效应——基于PSM-DID方法的政策效应评估》，《重庆社会科学》2019年第7期。

陈登科：《贸易壁垒下降与环境污染改善——来自中国企业污染数据的新证据》，《经济研究》2020年第12期。

陈诗一、陈登科：《中国资源配置效率动态演化——纳入能源要素的新视角》，《中国社会科学》2017年第4期。

陈诗一等：《环境规制、融资约束与企业污染减排——来自排污费标准调整的证据》，《金融研究》2021年第9期。

陈晓东：《资源环境管制与我国造纸工业竞争力》，《经济管理》2009年第10期。

陈钊、陈乔伊：《中国企业能源利用效率：异质性、影响因素及政策含义》，《中国工业经济》2019年第12期。

谌仁俊等：《中央环保督察能否提升企业绩效？——以上市工业企业为例》，《经济评论》2019年第5期。

董琨、白彬：《中国区域间产业转移的污染天堂效应检验》，《中国人口·资源与环境》2015年第S2期。

杜龙政等：《环境规制、治理转型对绿色竞争力提升的复合效应——基于中国工业的经验证据》，《经济研究》2019年第10期。

傅京燕等：《排污权交易机制对绿色发展的影响》，《中国人口·资源与环境》2018年第8期。

高萍：《环境保护税实施情况分析及完善建议》，《税务研究》2019年第1期。

高翔、袁凯华：《清洁生产环境规制与企业出口技术复杂度——微观证据与影响机制》，《国际贸易问题》2020年第2期。

龚强、徐朝阳：《政策性负担与长期预算软约束》，《经济研究》2008年第2期。

龚微：《论清洁发展机制（CDM）可持续发展目标的缺陷与完善——以气候变化国际立法相关规则为视角》，《政治与法律》2011年第9期。

郭俊杰等：《排污费征收标准改革是否促进了中国工业二氧化硫减排》，《世界经济》2019年第1期。

郭施宏：《中央环保督察的制度逻辑与延续——基于督察制度的比较研究》，《中国特色社会主义研究》2019年第5期。

韩超等：《节能目标约束下企业污染减排效应的机制研究》，《中国工业经济》2020年第10期。

韩超、胡浩然：《清洁生产标准规制如何动态影响全要素生产率——剔除其他政策干扰的准自然实验分析》，《中国工业经济》2015年第5期。

韩超等：《规制官员激励与行为偏好——独立性缺失下环境规制失效新解》，《管理世界》2016年第2期。

韩超、桑瑞聪：《环境规制约束下的企业产品转换与产品质量提升》，《中国工业经济》2018年第2期。

韩超等：《环境规制如何"去"资源错配——基于中国首次约

束性污染控制的分析》,《中国工业经济》2017年第4期。

何凌云、祁晓凤:《环境规制与绿色全要素生产率——来自中国工业企业的证据》,《经济学动态》2022年第6期。

何龙斌:《国内污染密集型产业区际转移路径及引申——基于2000—2011年相关工业产品产量面板数据》,《经济学家》2013年第6期。

胡珺等:《碳排放规制、企业减排激励与全要素生产率——基于中国碳排放权交易机制的自然实验》,《经济研究》2023年第4期。

黄德春、刘志彪:《环境规制与企业自主创新——基于波特假设的企业竞争优势构建》,《中国工业经济》2006年第3期。

黄向岚等:《我国碳交易政策实现环境红利了吗?》,《经济评论》2018年第6期。

霍伟东等:《绿色发展与FDI环境效应——从"污染天堂"到"污染光环"的数据实证》,《财经科学》2019年第4期。

简泽等:《进口自由化、竞争与本土企业的全要素生产率——基于中国加入WTO的一个自然实验》,《经济研究》2014年第8期。

姜鑫:《排污收费制度的经济学研究述评》,《经济经纬》2006年第3期。

金春雨、王伟强:《"污染避难所假说"在中国真的成立吗——基于空间VAR模型的实证检验》,《国际贸易问题》2016年第8期。

金刚、沈坤荣:《以邻为壑还是以邻为伴?——环境规制执行互动与城市生产率增长》,《管理世界》2018年第12期。

金友良等:《"环保费改税"会影响企业绩效吗?》,《会计研究》2020年第5期。

景维民、张璐:《环境管制、对外开放与中国工业的绿色技术进步》,《经济研究》2014年第9期。

赖小东、詹伟灵:《万家企业节能减排政策对企业绿色技术创新的影响及其内在机制》,《中国人口·资源与环境》2023年第4期。

雷立钧、荆哲峰：《国际碳交易市场发展对中国的启示》，《中国人口·资源与环境》2011 年第 4 期。

李斌等：《环境规制、绿色全要素生产率与中国工业发展方式转变——基于 36 个工业行业数据的实证研究》，《中国工业经济》2013 年第 4 期。

李斌等：《环境规制与就业真的能实现"双重红利"吗？——基于我国"两控区"政策的实证研究》，《产业经济研究》2019 年第 1 期。

李光龙、周云蕾：《环境分权、地方政府竞争与绿色发展》，《财政研究》2019 年第 10 期。

李俊青等：《环境规制与中国生产率的动态变化：基于异质性企业视角》，《世界经济》2022 年第 1 期。

李科、徐龙炳：《融资约束、债务能力与公司业绩》，《经济研究》2011 年第 5 期。

李鹏升、陈艳莹：《环境规制企业议价能力和绿色全要素生产率》，《财贸经济》2019 年第 11 期。

李文贵、余明桂：《民营化企业的股权结构与企业创新》，《管理世界》2015 年第 4 期。

李小平、卢现祥：《国际贸易、污染产业转移和中国工业 CO_2 排放》，《经济研究》2010 年第 1 期。

李雪松、孙博文：《大气污染治理的经济属性及政策演进：一个分析框架》，《改革》2014 年第 4 期。

李飚：《"西电东送"环境减排效应研究》，《中国人口·资源与环境》2010 年第 9 期。

李永友、沈坤荣：《我国污染控制政策的减排效果——基于省际工业污染数据的实证分析》，《管理世界》2008 年第 7 期。

李永友、文云飞：《中国排污权交易政策有效性研究——基于自然实验的实证分析》，《经济学家》2016 年第 5 期。

李媛媛：《中国碳保险法律制度的构建》，《中国人口·资源与环境》2015 年第 2 期。

林毅夫、李志赟：《政策性负担、道德风险与预算软约束》，《经济研究》2004 年第 2 期。

刘和旺、张双：《清洁生产政策对我国企业转型升级的影响》，《湖北大学学报》（哲学社会科学版）2019 年第 6 期。

刘建国等：《APEC 前后京津冀区域灰霾观测及控制措施评估》，《中国科学院院刊》2015 年第 3 期。

刘小鲁、李泓霖：《产品质量监管中的所有制偏倚》，《经济研究》2015 年第 7 期。

刘郁、陈钊：《中国的环境规制：政策及其成效》，《经济社会体制比较》2016 年第 1 期。

龙文滨、胡珺：《节能减排规划、环保考核与边界污染》，《财贸经济》2018 年第 12 期。

龙小宁、万威：《环境规制、企业利润率与合规成本规模异质性》，《中国工业经济》2017 年第 6 期。

楼苏萍：《西方国家公众参与环境治理的途径与机制》，《学术论坛》2012 年第 3 期。

卢洪友等：《环境保护税能实现"减污"和"增长"么？——基于中国排污费征收标准变迁视角》，《中国人口·资源与环境》2019 年第 6 期。

卢佳友等：《"水十条"对工业水污染强度的影响及其机制》，《中国人口·资源与环境》2021 年第 2 期。

罗堃、叶仁道：《清洁发展机制下的低碳技术转移：来自中国的实证与对策研究》，《经济地理》2011 年第 3 期。

罗云辉：《地区环境管制对产业转移的影响——基于 2002—2015 年数据的分析》，《经济学家》2017 年第 4 期。

罗知、李浩然：《"大气十条"政策的实施对空气质量的影响》，《中国工业经济》2018 年第 9 期。

聂辉华等：《中国工业企业数据库的使用现状和潜在问题》，

《世界经济》2012 年第 5 期。

牛美晨、刘晔：《提高排污费能促进企业创新吗？——兼论对我国环保税开征的启示》，《统计研究》2021 年第 7 期。

潘郭钦等：《随风而动：环境监管规避与企业选址调整》，《经济学（季刊）》2023 年第 3 期。

彭文斌、路江林：《环境规制与绿色创新政策：基于外部性的理论逻辑》，《社会科学》2017 年第 10 期。

彭昱：《经济增长背景下的环境公共政策有效性研究——基于省际面板数据的实证分析》，《财贸经济》2013 年第 4 期。

漆雁斌等：《我国试点森林碳汇交易运行机制研究》，《农业经济问题》2014 年第 4 期。

齐绍洲等：《环境权益交易市场能否诱发绿色创新？——基于我国上市公司绿色专利数据的证据》，《经济研究》2018 年第 12 期。

钱浩祺等：《从"鞭打快牛"到效率驱动：中国区域间碳排放权分配机制研究》，《经济研究》2019 年第 3 期。

钱颖一：《激励与约束》，《经济社会体制比较》1999 年第 5 期。

秦蒙等：《城市蔓延如何影响地区经济增长？——基于夜间灯光数据的研究》，《经济学（季刊）》2019 年第 2 期。

任胜钢等：《排污权交易机制是否提高了企业全要素生产率——来自中国上市公司的证据》，《中国工业经济》2019 年第 5 期。

荣芳等：《我国余能利用领域 CDM 项目活动现状及对策研究》，《宏观经济研究》2010 年第 1 期。

邵帅等：《中国雾霾污染治理的经济政策选择——基于空间溢出效应的视角》，《经济研究》2016 年第 9 期。

沈洪涛、周艳坤：《环境执法监督与企业环境绩效：来自环保约谈的准自然实验证据》，《南开管理评论》2017 年第 6 期。

沈坤荣等：《环境规制引起了污染就近转移吗？》，《经济研究》2017 年第 5 期。

沈坤荣、金刚：《中国地方政府环境治理的政策效应——基于

"河长制"演进的研究》,《中国社会科学》2018 年第 5 期。

沈满洪、杨永亮:《排污权交易制度的污染减排效果研究——基于浙江省重点排污企业数据的检验》,《浙江社会科学》2017 年第 7 期。

沈满洪:《论环境经济手段》,《经济研究》1997 年第 10 期。

盛丹、张国峰:《两控区环境管制与企业全要素生产率增长》,《管理世界》2019 年第 2 期。

盛玮:《清洁发展机制(CDM)》,《求是》2010 年第 7 期。

司言武、李珺:《我国排污费改税的现实思考与理论构想》,《统计与决策》2007 年第 24 期。

斯丽娟、曹昊煜:《排污权交易制度下污染减排与工业发展测度研究》,《数量经济技术经济研究》2021 年第 6 期。

宋德勇等:《企业集团内部是否存在"污染避难所"》,《中国工业经济》2021 年第 10 期。

宋则行:《关于固定资本更新和战后美国经济周期缩短问题——与吴大琨同志商榷》,《经济研究》1961 年第 10 期。

孙鳌:《治理环境外部性的政策工具》,《云南社会科学》2009 年第 5 期。

唐跃军、黎德福:《环境资本、负外部性与碳金融创新》,《中国工业经济》2010 年第 6 期。

陶锋等:《环境规制实现了绿色技术创新的"增量提质"吗——来自环保目标责任制的证据》,《中国工业经济》2021 年第 2 期。

涂正革、谌仁俊:《排污权交易机制在中国能否实现波特效应?》,《经济研究》2015 年第 7 期。

涂正革等:《环境规制改革与经济高质量发展——基于工业排污收费标准调整的证据》,《经济与管理研究》2019 年第 12 期。

王班班等:《地方环境政策创新的扩散模式与实施效果——基于河长制政策扩散的微观实证》,《中国工业经济》2020 年第 8 期。

王川杰等：《"河长制"政策能否激励绿色创新?》，《中国人口·资源与环境》2023年第4期。

王海等：《开征环保税会影响企业TFP吗——基于排污费征收力度的实证检验》，《财贸研究》2019年第6期。

王岭等：《中央环保督察与空气污染治理——基于地级城市微观面板数据的实证分析》，《中国工业经济》2019年第10期。

王萌：《我国排污费制度的局限性及其改革》，《税务研究》2009年第7期。

王敏、冯宗宪：《排污收费制度与工业污染物排放的因果分析》，《统计与决策》2013年第20期。

王勇等：《环境成本上升如何影响企业就业增长？——基于排污费修订政策的实证研究》，《南开经济研究》2019年第4期。

王哲、肖志远：《阿克苏地区规模化畜禽养殖场粪污沼气工程效益分析——基于联合国清洁发展机制（CDM）》，《干旱区资源与环境》2009年第6期。

魏玮、毕超：《环境规制、区际产业转移与污染避难所效应——基于省级面板Poisson模型的实证分析》，《山西财经大学学报》2011年第8期。

吴大琨：《关于固定资本更新和战后美国经济周期缩短问题的讨论——答宋则行同志》，《经济研究》1962年第3期。

吴延兵：《国有企业双重效率损失研究》，《经济研究》2012年第3期。

徐保昌等：《中国制造业企业出口的污染减排效应研究》，《世界经济与政治论坛》2016年第2期。

徐保昌、谢建国：《排污征费如何影响企业生产率：来自中国制造业企业的证据》，《世界经济》2016年第8期。

徐佳、崔静波：《低碳城市和企业绿色技术创新》，《中国工业经济》2020年第12期。

徐康宁等：《中国经济增长的真实性：基于全球夜间灯光数据的

检验》，《经济研究》2015 年第 9 期。

杨洪刚：《中国环境政策工具的实施效果及其选择研究》，博士学位论文，复旦大学，2009 年。

杨冕等：《空间溢出视角下环境规制对城市绿色生产率的影响——基于共同前沿稳健生产率的实证检验》，《统计研究》2022 年第 9 期。

杨汝岱：《中国制造业企业全要素生产率研究》，《经济研究》2015 年第 2 期。

杨瑞龙：《外部效应与产权安排》，《经济学家》1995 年第 5 期。

杨震宁、赵红：《中国企业的开放式创新：制度环境"竞合"关系与创新绩效》，《管理世界》2020 年第 2 期。

于亚卓等：《非对称性环境规制的标尺现象及其机制研究》，《管理世界》2021 年第 9 期。

原毅军、谢荣辉：《环境规制的产业结构调整效应研究——基于中国省际面板数据的实证检验》，《中国工业经济》2014 年第 8 期。

张彩云、吕越：《绿色生产规制与企业研发创新——影响及机制研究》，《经济管理》2018 年第 1 期。

张彩云等：《生产过程绿色化能促进就业吗——来自清洁生产标准的证据》，《财贸经济》2017 年第 3 期。

张彩云：《科技标准型环境规制与企业出口动态——基于清洁生产标准的一次自然实验》，《国际贸易问题》2019 年第 12 期。

张彩云：《排污权交易制度能否实现"双重红利"？——一个自然实验分析》，《中国软科学》2020 年第 2 期。

张成等：《环境规制强度和生产技术进步》，《经济研究》2011 年第 2 期。

张成等：《西部大开发是否导致了"污染避难所"？——基于直接诱发和间接传导的角度》，《中国人口·资源与环境》2017 年第 4 期。

张锋：《环境治理：理论变迁、制度比较与发展趋势》，《中共中央党校学报》2018年第6期。

张华：《地区间环境规制的策略互动研究——对环境规制非完全执行普遍性的解释》，《中国工业经济》2016年第7期。

张慧玲、盛丹：《前端污染治理对我国企业生产率的影响——基于边界断点回归方法的研究》，《经济评论》2019年第1期。

张军扩等：《高质量发展的目标要求和战略路径》，《管理世界》2019年第7期。

张俊：《高铁建设与县域经济发展——基于卫星灯光数据的研究》，《经济学（季刊）》2017年第4期。

张敏、姜学民：《环境污染的经济分析及对策》，《中国人口·资源与环境》2002年第6期。

张平、张鹏鹏：《环境规制对产业区际转移的影响——基于污染密集型产业的研究》，《财经论丛》2016年第5期。

张小筠、刘戒骄：《新中国70年环境规制政策变迁与取向观察》，《改革》2019年第10期。

张新文、张国磊：《环保约谈、环保督查与地方环境治理约束力》，《北京理工大学学报》（社会科学版）2019年第4期。

张艳磊等：《"可持续发展"还是"以污染换增长"——基于中国工业企业销售增长模式的分析》，《中国工业经济》2015年第2期。

张宇、蒋殿春：《FDI、环境监管与工业大气污染——基于产业结构与技术进步分解指标的实证检验》，《国际贸易问题》2013年第7期。

张中祥、曹欢：《"2+26"城市雾霾治理政策效果评估》，《中国人口·资源与环境》2022年第2期。

赵昌文、许召元：《国际金融危机以来中国企业转型升级的调查研究》，《管理世界》2013年第4期。

赵伟：《造纸工业污染物减排任重道远》，《环境保护》2012年第6期。

朱小会、陆远权:《环境财税政策的治污效应研究——基于区域和门槛效应视角》,《中国人口·资源与环境》2017年第1期。

Ackerberg et al. , "Identification Properties of Recent Production Function Estimators", *Econometrica*, Vol. 83, No. 6, 2015.

Aggarwal, Aradhna, "The Clean Development Mechanism and Technology Transfer: Firm-level Evidence from India", *Innovation Development*, Vol. 8, No. 2, 2018.

Aghion et al. , "Corporate Governance, Competition Policy and Industrial Policy", *European Economic Review*, Vol. 41, No. 3-5, 1997.

Ahmadi et al. , "How do Carbon Taxes Affect Emissions? Plant-level Evidence from Manufacturing", *Environmental and Resource Economics*, Vol. 82, No. 2, 2022.

Albornoz et al. , "In Search of Environmental Spillovers", *World Economy*, Vol. 32, No. 1, 2009.

Albrizio et al. , "Environmental Policies and Productivity Growth: Evidence across Industry and Firms", *Journal of Environmental Economics and Management*, Vol. 81, 2017.

Ambec et al. , "Can Environmental Regulations Be Good for Business? An Assessment of the Porter Hypothesis", *Energy Studies Review*, Vol. 14, No. 2, 2006.

Ambec, Stefan and Paul Lanoie, "Does It Pay to Be Green? A Systematic Overview", *The Academy of Management Perspectives*, Vol. 22, No. 4, 2008.

Ancev et al. , "The New South Wales Load Based Licensing Scheme for NOx: Lessons Learnt after a Decade of Operation", *Ecological Economics*, Vol. 80, 2012.

André et al. , "Strategic Quality Competition and the Porter Hypothesis", *Journal of Environmental Economics and Management*, Vol. 57, No. 2, 2009.

Anderson, Barry and Corrado Di Maria, "Abatement and Allocation in the Pilot Phase of the EU ETS", *Environmental and Resource Economics*, Vol. 48, No. 1, 2011.

Anderson et al., "Estimating the Effect of an EU-ETS Type Scheme in Australia Using a Synthetic Treatment Approach", *Energy Economics*, Vol. 125, 2023.

Andersson, Julius J., "Carbon Taxes and CO_2 Emissions: Sweden as a Case Study", *American Economic Journal: Economic Policy*, Vol. 11, 2019.

Anzoategui et al., "Endogenous Technology Adoption and R&D as Sources of Business Cycle Persistence", *American Economic Journal: Macroeconomics*, Vol. 11, 2019.

Arnberg, Søren and Thomas Bue Bjørner, "Substitution between Energy, Capital and Labour within Industrial Companies: A Micro Panel Data Analysis", *Resource and Energy Economics*, Vol. 29, No. 2, 2007.

Bakker et al., "The Future of the CDM: Same Same, but Differentiated?", *Climate Policy*, Vol. 11, No. 1, 2011.

Balarama et al., "Price Elasticities of Residential Electricity Demand: Estimates from Household Panel Data in Bangladesh", *Energy Economics*, Vol. 92, 2020.

Bardazzi et al., "Do Manufacturing Firms React to Energy Prices? Evidence from Italy", *Energy Economics*, Vol. 49, 2015.

Beck et al., "Big Bad Banks? The Winners and Losers from Bank Deregulation in the United States", *Journal of Finance*, Vol. 65, No. 5, 2010.

Bento et al., "Environmental Policy in the Presence of an Informal Sector", *Journal of Environmental Economics and Management*, Vol. 90, No. 3, 2018.

Bertrand et al., "How Much Should We Trust Differences-in-Differences Estimates?", *Quarterly Journal of Economics*, Vol. 119, No. 1, 2004.

Bernini et al., "Public Subsidies, TFP and Efficiency: A Tale of Complex Relationships", *Research Policy*, Vol. 46, No. 4, 2017.

Bitat, Abdelfetech, "Environmental Regulation and Eco-innovation: The Porter Hypothesis Refined", *Eurasian Business Review*, Vol. 8, No. 3, 2018.

Bjørner et al., "Energy Taxes, Voluntary Agreements and Investment Subsidies—A Micro–panel Analysis of the Effect on Danish Industrial Companies' Energy Demand", *Resource and Energy Economics*, Vol. 24, No. 3, 2002.

Blackman, Allen, "Colombia's Discharge Fee Program: Incentives for Polluters or Regulators?", *Journal of Environmental Management*, Vol. 90, No. 1, 2009.

Blackman et al., "A Contingent Valuation Approach to Estimating Regulatory Costs: Mexico's Day Without Driving Program", *Journal of the Association of Environmental and Resource Economists*, Vol. 5, No. 3, 2018.

Blackman et al., "Efficacy of Command-and-Control and Market-based Environmental Regulation in Developing Countries", *Annual Review of Resource Economics*, Vol. 10, 2018.

Blackman et al., "Quantifying COVID-19's Silver Lining: Avoided Deaths from Air Quality Improvements in Bogotá", *Journal of Environmental Economics and Management*, Vol. 117, 2023.

Blalock, Garrick and Paul J. Gertler, "Learning from Exporting Revisited in a Less Developed Setting", *Journal of Development Economics*, Vol. 75, No. 2, 2004.

Bonilla, Jorge A., "The More Stringent, the Better? Rationing Car Use in Bogotá with Moderate and Drastic Restrictions", *World Bank Eco-*

nomic Review, Vol. 33, No. 2, 2019.

Brandt et al., "Creative Accounting or Creative Destruction? Firm-level Productivity Growth in Chinese Manufacturing", *Journal of Development Economics*, Vol. 97, No. 2, 2012.

Brandt et al., "Challenges of Working with the Chinese NBS Firm-level Data", *China Economic Review*, Vol. 30, 2014.

Brunnermeier, Smita B. and Mark A. Cohen, "Determinants of Environmental Innovation in US Manufacturing Industries", *Journal of Environmental Economics and Management*, Vol. 45, No. 2, 2003.

Brunnermeier, Smita B. and Arik Levinson, "Examining the Evidence on Environmental Regulations and Industry Location", *Journal of Environment & Development*, Vol. 13, No. 1, 2004.

Cai et al., "Does Environmental Regulation Drive Away Inbound Foreign Direct Investment? Evidence from a Quasi-natural Experiment in China", *Journal of Development Economics*, Vol. 123, 2016.

Carlson et al., *Optimal Control on Infinite Time Horizon*, Berlin: Springer-Verlag, 1991.

Carrillo et al., "Driving Restrictions that Work? Quito's Pico y Placa Program", *Canadian Journal of Economics*, Vol. 49, No. 4, 2016.

Carrión-Flores, Carmen E. and Robert Innes, "Environmental Innovation and Environmental Performance", *Journal of Environmental Economics and Management*, Vol. 59, No. 1, 2010.

Chae, Yeora, "Co-benefit Analysis of an Air Quality Management Plan and Greenhouse Gas Reduction Strategies in the Seoul Metropolitan Area", *Environmental Science and Policy*, Vol. 13, No. 3, 2010.

Campos-Romero et al., "Is There a Pollution Haven in European Union Global Value Chain Participation?", *Environment, Development and Sustainability*, 2023.

Chay, Kenneth Y. and Michael Greenstone, "Does Air Quality Matter? Evidence from the Housing Market", *Journal of Political Economy*, Vol. 113, No. 2, 2005.

Chen et al. , "Career Concerns and Multitasking Local Bureaucrats: Evidence of a Target-based Performance Evaluation System in China", *Journal of Development Economics*, Vol. 133, 2018.

Chen et al. , "The Consequences of Spatially Differentiated Water Pollution Regulation in China", *Journal of Environmental Economics and Management*, Vol. 88, No. 3, 2018.

Chindarkar, Namrata and Nihit Goyal, "One Price Doesn't Fit All: An Examination of Heterogeneity in Price Elasticity of Residential Electricity in India", *Energy Economics*, Vol. 81, 2019.

Choi et al. , "Ownership and Firm Innovation in a Transition Economy: Evidence from China", *Research Policy*, Vol. 40, No. 3, 2011.

Chung, Sunghoon, "Environmental Regulation and Foreign Direct Investment: Evidence from South Korea", *Journal of Development Economics*, Vol. 108, 2014.

Coase, Ronald H. , "The Problem of Social Cost", *Journal of Law and Economics*, Vol. 3, 1960.

Constantatos, Christos and Markus Herrmann, "Market Inertia and the Introduction of Green Products: Can Strategic Effects Justify the Porter Hypothesis?", *Environmental and Resource Economics*, Vol. 50, No. 2, 2011.

Contreras et al. , "Evaluation of Environmental Taxation on Multiple Air Pollutants in the Electricity Generation Sector - evidence from New South Wales, Australia", *Economics of Energy & Environmental Policy*, Vol. 3, No. 2, 2014.

Coria, Jessica and Thomas Sterner, "Tradable Permits in Developing Countries: Evidence from Air Pollution in Chile", *Journal of Environment & Development*, Vol. 19, No. 2, 2009.

Coria et al., "Interjurisdictional Externalities, Overlapping Policies and NOx Pollution Control in Sweden", *Journal of Environmental Economics and Management*, Vol. 107, 2021.

Copeland, Brian R. and M. Scott Taylor, "North-South Trade and the Environment", *Quarterly Journal of Economics*, Vol. 109, No. 3, 1994.

Dai, Xiaoyong and Zao Sun, "Does Firm Innovation Improve Aggregate Industry Productivity? Evidence from Chinese Manufacturing Firms", *Structural Change and Economic Dynamics*, Vol. 56, 2021.

Dang, Hai-Anh and Trong-Anh Trinh, "Does the COVID-19 Lockdown Improve Global Air Quality? New Cross-national Evidence on Its Unintended Consequences", *Journal of Environmental Economics and Management*, Vol. 105, 2021.

Das, Kasturi, "Technology Transfer under the Clean Development Mechanism: An Empirical Study of 1000 CDM Projects", *Working Paper*, No. 1887727, 2011.

Dasgupta et al., *Capital Market Responses to Environmental Performance in Developing Countries*, The World Bank, 1998.

Davis, Lucas W., "The Effect of Driving Restrictions on Air Quality in Mexico City", *Journal of Political Economy*, Vol. 116, No. 1, 2008.

Dean et al., "Are Foreign Investors Attracted to Weak Environmental Regulations? Evaluating the Evidence from China", *Journal of Development Economics*, Vol. 90, 2009.

De Grange, Louis and Rodrigo Troncoso, "Impacts of Vehicle Restrictions on Urban Transport Flows: The Case of Santiago, Chile", *Transport Policy*, Vol. 18, No. 6, 2011.

Dechezleprêtre et al., "Do Environmental and Economic Performance Go Together? A Review of Micro-level Empirical Evidence from the Past Decade or So", *International Review of Environmental and Resource Eco-*

nomics, Vol. 13, No. 1-2, 2019.

Defever et al. , "Trade Liberalization, Input Intermediaries and Firm Productivity: Evidence from China", *Journal of International Economics*, Vol. 126, 2020.

Delgado et al. , "Firm Productivity and Export Markets: A Non-parametric Approach", *Journal of International Economics*, Vol. 57, No. 2, 2002.

Deschênes et al. , "Defensive Investments and the Demand for Air Quality: Evidence from the NOx Budget Program", *American Economic Review*, Vol. 107, No. 10, 2017.

Do et al. , "Can Environmental Policy Reduce Infant Mortality? Evidence from the Ganga Pollution Cases", *Journal of Development Economics*, Vol. 133, 2018.

Doranova et al. , "Knowledge Base Determinants of Technology Sourcing in Clean Development Mechanism Projects", *Energy Policy*, Vol. 38, No. 10, 2010.

Duan et al. , "Environmental Regulations and International Trade: A Quantitative Economic Analysis of World Pollution Emissions", *Journal of Public Economics*, Vol. 203, 2021.

Duflo et al. , "Truth-Telling by Third-Party Auditors and the Response of Polluting Firms: Experimental Evidence from India", *Quarterly Journal of Economics*, Vol. 128, No. 4, 2013.

Elgie, Stewart and Jessica McClay, "BC's Carbon Tax Shift is Working Well after Four Years (Attention Ottawa)", *Canadian Public Policy*, Vol. 39, 2013.

Ellerman, A. Denny and Barbara K. Buchner, "A Preliminary Analysis of the EU ETS Based on the 2005-06 Emissions Data", *Environmental and Resource Economics*, Vol. 41, No. 2, 2008.

Ellerman et al. , *Pricing Carbon: The European Union Emissions*

Trading Scheme, Cambridge University Press, 2010.

Escobar, Ninel and Carlos Chavez, "Monitoring, Firms' Compliance and Imposition of Fines: Evidence from the Federal Industrial Inspection Program in Mexico City", *Environment and Development Economics*, Vol. 18, No. 6, 2013.

Eskeland, Gunnar S. and Tarhan Feyzioglu, "Rationing Can Backfire: The 'Day without a Car' in Mexico City", *World Bank Economic Review*, Vol. 11, No. 3, 1997.

Eskeland, Gunnar S. and Ann E. Harrison, "Moving to Greener Pastures? Multinationals and the Pollution Haven Hypothesis", *Journal of Development Economics*, Vol. 70, 2003.

Evans, David A. and Richard T. Woodward, "What Can We Learn from the End of the Grand Policy Experiment? The Collapse of the National SO_2 Trading Program and Implications for Tradable Permits as a Policy Instrument", *Annual Review of Resource Economics*, Vol. 5, No. 5, 2013.

Fan et al., "Going Green in China: Firms' Responses to Stricter Environmental Regulations", *NBER Working Paper*, No. w26540, 2019.

Feichtinger et al., "Environmental Policy, the Porter Hypothesis and the Composition of Capital: Effects of Learning and Technological Progress", *Journal of Environmental Economics and Management*, Vol. 50, No. 2, 2005.

Feichtinger et al., "Capital Accumulation under Technological Progress and Learning: An Vintage Capital Approach", *European Journal of Operational Research*, Vol. 172, No. 1, 2006.

Feng et al., "Export Capacity Constraints and Distortions", *Journal of Development Economics*, Vol. 57, 2022.

Fisher, Anthony C. and Frederick M. Peterson, "The Environment in Economics: An Survey", *Journal of Economic Literature*, Vol. 14, No. 1, 1976.

Fowlie et al. , "What do Emissions Markets Deliver and to Whom? Evidence from Southern California's NOx Trading Program", *American Economic Review*, Vol. 102, No. 2, 2012.

Freitas et al. , "The Kyoto Mechanisms and the Diffusion of Renewable Energy Technologies in the BRICS", *Energy Policy*, Vol. 42, 2012.

Gallego et al. , "The Effect of Transport Policies on Car Use: Evidence from Latin American Cities", *Journal of Public Economics*, Vol. 107, 2013.

Ganapati, Sukumar and Liguang Liu, "The Clean Development Mechanism in China and India: A Comparative Institutional Analysis", *Public Administration and Development*, Vol. 28, No. 5, 2008.

Gehrsitz, Markus, "The Effect of Low Emission Zones on Air Pollution and Infant Health", *Journal of Environmental Economics and Management*, Vol. 83, 2017.

Gentzkow, Matthew, "Television and Voter Turnout", *Quarterly Journal of Economics*, Vol. 121, No. 3, 2006.

Girardi et al. , "Reverse Hysteresis? Persistent Effects of Autonomous Demand Expansions", *Cambridge Journal of Economics*, Vol. 44, 2020.

Girma et al. , "Exports, International Investment, and Plant Performance: Evidence from a Non-parametric Test", *Economics Letters*, Vol. 83, No. 3, 2004.

Gollata, Judith A. M. and Jens Newig, "Policy Implementation through Multi-level Governance: Analysing Practical Implementation of EU Air Quality Directives in Germany", *Journal of European Public Policy*, 2017.

Gollop, Frank M. and Mark J. Roberts, "Environmental Regulations and Productivity Growth: The Case of Fossil-fueled Electric Power Generation", *Journal of Political Economy*, Vol. 91, No. 4, 1983.

Grainger, Corbett A. , "The Distributional Effects of Pollution Regulations: Do Renters Fully Pay for Cleaner Air", *Journal of Public Economics*, Vol. 96, No. 9, 2012.

Gray, Wayne B. and Ronald J. Shadbegian, "Plant Vintage, Technology, and Environmental Regulation", *Journal of Environmental Economics and Management*, Vol. 46, 2003.

Gray, Wayne B., "The Cost of Regulation: OSHA, EPA and the Productivity Slowdown", *American Economic Review*, Vol. 77, No. 5, 1987.

Greaker, Mads, "Strategic Environmental Policy: Eco-dumping or a Green Strategy?", *Journal of Environmental Economics and Management*, Vol. 45, No. 3, 2003.

Greenstone, Michael and Rema Hanna, "Environmental Regulations, Air and Water Pollution, and Infant Mortality in India", *American Economic Review*, Vol. 104, No. 10, 2014.

Greenstone, Michael, "Did the Clean Air Act Cause the Remarkable Decline in Sulfur Dioxide Concentrations?", *Journal of Environmental Economics and Management*, Vol. 47, No. 3, 2004.

Grubb et al., "Allowance Allocation in the European Emissions Trading System: An Commentary", *Climate Policy*, Vol. 5, No. 1, 2005.

Guadalupe et al., "Innovation and Foreign Ownership", *American Economic Review*, Vol. 102, No. 7, 2012.

Gugler et al., "Carbon Pricing and Emissions: Causal Effects of Britain's Carbon Tax", *Energy Economics*, Vol. 121, 2023.

Haller, Stefanie A. and Marie Hyland, "Capital-energy Substitution: Evidence from a Panel of Irish Manufacturing Firms", *Energy Economics*, Vol. 45, No. 9, 2014.

Hamamoto, Mitsutsugu, "Environmental Regulation and the Productivity of Japanese Manufacturing Industries", *Resource and Energy Economics*, Vol. 28, No. 4, 2006.

Hanley et al., *Environmental Economics: In Theory and Practice*, Macmillan International Higher Education, 2016.

Hanna, Rema, and Paulina Oliva, "The Effect of Pollution on Labor Supply: Evidence from a Natural Experiment in Mexico City", *Journal of Public Economics*, Vol. 122, 2015.

Hanna, Rema, "US Environmental Regulation and FDI: Evidence from a Panel of US-based Multinational Firms", *American Economic Journal: Applied Economics*, Vol. 2, No. 3, 2010.

He et al., "The Effect of Air Pollution on Mortality in China: Evidence from the 2008 Beijing Olympic Games", *Journal of Environmental Economics and Management*, Vol. 79, 2016.

He et al., "The Influence of Environmental Protection Tax Law on Total Factor Productivity: Evidence from Listed Firms in China", *Energy Economics*, Vol. 113, 2022.

He et al., "The Short-term Impacts of COVID-19 Lockdown on Urban Air Pollution in China", *Nature Sustainability*, Vol. 3, 2020.

He, Guojun and Shaoda Wang, "Do College Graduates Serving as Village Officials Help Rural China?", *American Economic Journal: Applied Economics*, Vol. 9, No. 4, 2017.

Henderson et al., "Measuring Economic Growth from Outer Space", *American Economic Review*, Vol. 102, No. 2, 2012.

Hirshleifer et al., "Are Overconfident CEOs Better Innovators?", *Journal of Finance*, Vol. 67, No. 4, 2012.

Holley et al., *The New Environmental Governance*, Abingdon, UK: Earthscan, 2012.

Holley, Cameron and Darren Sinclair, "Compliance and Enforcement of Water Licences in NSW: Limitations in Law, Policy and Institutions", *Australasian Journal of Natural Resources Law and Policy*, Vol. 15, No. 2, 2012.

Hsieh, Chang-Tai and Peter J. Klenow, "Misallocation and Manufacturing TFP in China and India", *Quarterly Journal of Economics*, Vol. 124, No. 4, 2009.

Huang et al., "Hayek, Local Information, and Commanding Heights: Decentralizing State-owned Enterprises in China", *American Economic Review*, Vol. 107, No. 8, 2017.

Huang et al., "Intensive Judicial Oversight and Corporate Green Innovations: Evidence from a Quasi-natural Experiment in China", *China Economic Review*, Vol. 74, 2022.

Huang et al., "Quantity or Quality: Environmental Legislation and Corporate Green Innovations", *Ecological Economics*, Vol. 204, 2023.

Huang, Yongfu and Terry Barker, "The Clean Development Mechanism and Low Carbon Development: A Panel Data Analysis", *Energy Economics*, Vol. 34, No. 4, 2012.

Hultman et al., "Carbon Markets and Low-carbon Investment in Emerging Economies: A Synthesis of Parallel Workshops in Brazil and India", *Energy Policy*, Vol. 39, No. 10, 2011.

Hübler, Michael, "Carbon Tariffs on Chinese Exports: Emissions Reduction, Threat, or Farce?", *Energy Policy*, Vol. 50, 2012.

Isaksson, Lena Höglund, "Abatement Costs in Response to the Swedish Charge on Nitrogen Oxide Emissions", *Journal of Environmental Economics and Management*, Vol. 50, No. 1, 2005.

Isen et al., "Every Breath You Take—Every Dollar You'll Make: The Long-term Consequences of the Clean Air Act of 1970", *Journal of Political Economy*, Vol. 125, No. 3, 2017.

Jacobson et al., "Earnings Losses of Displaced Workers", *American Economic Review*, Vol. 83, No. 4, 1993.

Jaffe et al., "A Tale of Two Market Failures: Technology and Environmental Policy", *Ecological Economics*, Vol. 54, No. 2-3, 2005.

Jaffe et al. , "Environmental Regulation and the Competitiveness of US Manufacturing: What does the Evidence Tell Us?", *Journal of Economic Literature*, Vol. 33, No. 1, 1995.

Jaffe, Adam B. and Karen Palmer, "Environmental Regulation and Innovation: An Panel Data Study", *Review of Economics and Statistics*, Vol. 79, No. 4, 1997.

Jaffe, Adam B. , *Environmental Regulation and International Competitiveness: What does the Evidence Tell Us?* Resources for the Future, 1994.

Janssens-Maenhout et al. , "EDGAR v4.3.2 Global Atlas of the Three Major Greenhouse Gas Emissions for the Period 1970-2012", *Earth System Science Data Discuss*, 2017.

Jaraitė et al. , "Take a Ride on the (not so) Green Side: How do CDM Projects Affect Indian Manufacturing Firms' Environmental Performance?", *Journal of Environmental Economics and Management*, 2022.

Jiang, Tingsong and Warwick J. McKibbin, "Assessment of China's Pollution Levy System: An Equilibrium Pollution Approach", *Environment and Development Economics*, Vol. 7, No. 1, 2002.

Johnstone et al. , "Environmental Policy Design Characteristics and Innovation", *Sourceoecd Science & Information Technology*, Vol. 11, 2011.

Johnstone et al. , "Environmental Policy Stringency and Technological Innovation: Evidence from Survey Data and Patent Counts", *Applied Economics*, Vol. 44, No. 17, 2012.

Johnstone et al. , "Renewable Energy Policies and Technological Innovation: Evidence Based on Patent Counts", *Environmental and Resource Economics*, 2010, Vol. 45, No. 1, 2010.

Kahn et al. , "Water Pollution Progress at Borders: The Role of Changes in China's Political Promotion Incentives", *American Economic Journal: Economic Policy*, Vol. 7, No. 4, 2015.

Kahn, Matthew, "Domestic Pollution Havens: Evidence from Cancer Deaths in Border Counties", *Journal of Urban Economics*, Vol. 56, No. 1, 2004.

Kathuria, Vinish, "Vehicular Pollution Control in Delhi", *Transportation Research Part D: Transport and Environment*, Vol. 7, No. 5, 2002.

Keiser, David A. and Joseph S. Shapiro, "Consequences of the Clean Water Act and the Demand for Water Quality", *Quarterly Journal of Economics*, Vol. 134, No. 1, 2019.

Kellenberg, Derek K., "An Empirical Investigation of the Pollution Haven Effect with Strategic Environment and Trade Policy", *Journal of International Economics*, Vol. 78, No. 2, 2009.

Kemp René. and Serena Pontoglio, "The Innovation Effects of Environmental Policy Instruments—A Typical Case of the Blind Men and the Elephant", *Ecological Economics*, Vol. 72, 2011.

Khanna, Madhu, "Non-mandatory Approaches to Environmental Protection", *Journal of Economic Surveys*, Vol. 15, No. 3, 2001.

Kheder, Sonia Ben and Natalia Zugravu-Soilita, "Environmental Regulation and French Firms Location Abroad: An Economic Geography Model in an International Comparative Study", *Ecological Economics*, Vol. 77, 2012.

Kneller, Richard and Edward Manderson, "Environmental Regulations and Innovation Activity in UK Manufacturing Industries", *Resource and Energy Economics*, 2012, Vol. 34, No. 2, 2012.

Lanoie et al., "Environmental Policy, Innovation and Performance: New Insights on the Porter Hypothesis", *Journal of Economics and Management Strategy*, Vol. 20, No. 3, 2011.

Lanoie et al., "Environmental Regulation and Productivity: Testing the Porter Hypothesis", *Journal of Productivity Analysis*, Vol. 30, No. 2, 2008.

Letta, Marco and Richard S. J. Tol, "Weather, Climate and Total Factor Productivity", *Environmental and Resource Economics*, Vol. 73, 2019.

Levinsohn, James and Amil Petrin, "Estimating Production Functions Using Inputs to Control for Unobservables", *The Review of Economic Studies*, Vol. 70, No. 2, 2003.

Lewis, Joanna I., "The Evolving Role of Carbon Finance in Promoting Renewable Energy Development in China", *Energy Policy*, Vol. 38, No. 6, 2010.

Li et al., "Optimum Combination of Heterogeneous Environmental Policy Instruments and Market for Green Transformation: Empirical Evidence from China's Metal Sector", *Energy Economics*, Vol. 123, 2023.

Liddle et al., "Time-varying Income and Price Elasticities for Energy Demand: Evidence from a Middle-income Panel", *Energy Economics*, Vol. 86, 2020.

Liebowitz, Stan J., and Stephen E. Margolis, "Network Externality: An Uncommon Tragedy", *Journal of Economic Perspectives*, Vol. 8, No. 2, 1994.

Lim, Xin-Le and Wei-Haur Lam, "Review on Clean Development Mechanism (CDM) Implementation in Malaysia", *Renewable and Sustainable Energy Reviews*, Vol. 29, No. 1, 2014.

Lin et al., "How does Environmental Irresponsibility Impair Corporate Reputation? A Multi-method Investigation", *Corporate Social Responsibility and Environmental Management*, Vol. 23, No. 6, 2016.

Lin, Liguo, "Enforcement of Pollution Levies in China", *Journal of Public Economics*, Vol. 98, 2013.

Liu et al., "Does Environmental Regulation Affect Labor Demand in China? Evidence from the Textile Printing and Dyeing Industry", *Journal of Environmental Economics and Management*, Vol. 86, 2017.

Liu et al. , "Structural Breakpoints in the relationship Between Outward Foreign Direct Investment and Green Innovation: An Empirical Study in China", *Energy Economics*, Vol. 103, 2021.

Liu et al. , "The Costs of 'Blue Sky': Environmental Regulation, Technology Upgrading, and Labor Demand in China", *Journal of Development Economics*, Vol. 150, 2021.

Liu et al. , "The Impact of Environmental Regulation on Productivity with Co-production of Goods and Bads", *Energy Economics*, Vol. 125, 2023.

Liu, Antung Anthony, "Tax Evasion and Optimal Environmental Taxes", *Journal of Environmental Economics and Management*, Vol. 66, No. 3, 2014.

Lu, Xueying, "Effectiveness of Government Enforcement in Driving Restrictions: An Case in Beijing, China", *Environmental Economics and Policy Studies*, Vol. 18, No. 1, 2016.

Lv et al. , "Environmental Regulation, Breakthrough Technological Innovation and Total Factor Productivity of Firms-evidence from Emission Charges of China", *Applied Economics*, 2023.

Marin, Giovanni, "Do Eco-innovations Harm Productivity Growth through Crowding Out? Results of an Extended CDM Model for Italy", *Research Policy*, Vol. 43, No. 2, 2014.

Marshall, Alfred, *Principles of Economics*, London: Macmillan Press, 1890.

Martin et al. , "The Impact of a Carbon Tax on Manufacturing: Evidence from Microdata", *Journal of Public Economics*, Vol. 117, 2014.

Mathur, Aparna and Adele C. Morris, "Distributional Effects of a Carbon Tax in Broader US Fiscal Reform", *Energy Policy*, Vol. 66, 2014.

Mayer et al. , "Product Mix and Firm Productivity Responses to

Trade Competition", *The Review of Economics and Statistics*, Vol. 103, 2021.

Melitz, Mark J., "The Impact of Trade on Intra-industry Reallocations and Aggregate Industry Productivity", *Econometrica*, Vol. 71, No. 6, 2003.

Mielnik, Otavio and José Goldemberg, "Foreign Direct Investment and Decoupling between Energy and Gross Domestic Product in Developing Countries", *Energy Policy*, Vol. 30, No. 2, 2002.

Milliman, Scott R. and Raymond Prince, "Firm Incentives to Promote Technological Change in Pollution Control", *Journal of Environmental Economics and Management*, Vol. 17, No. 3, 1989.

Millimet, Daniel L. and Jayjit Roy, "Empirical Tests of the Pollution Haven Hypothesis When Environmental Regulation is Endogenous", *Journal of Applied Econometrics*, Vol. 31, No. 4, 2016.

Millimet, Daniel L. and John A. List, "The Case of the Missing Pollution Haven Hypothesis", *Journal of Regulatory Economics*, Vol. 26, No. 3, 2004.

Millock, Katrin and Céline Nauges, "Ex Post Evaluation of an Earmarked Tax on Air Pollution", *Land Economics*, Vol. 82, No. 1, 2006.

Minetti et al., "Ownership Structure, Governance, and Innovation", *European Economic Review*, Vol. 80, 2015.

Mohr, Robert D. and Shrawantee Saha, "Distribution of Environmental Costs and Benefits, Additional Distortions, and the Porter Hypothesis", *Land Economics*, Vol. 84, No. 4, 2008.

Mohr, Robert D., "Technical Change, External Economies, and the Porter Hypothesis", *Journal of Environmental Economics and Management*, Vol. 43, No. 1, 2002.

Moser, Petra and Alessandra Voena, "Compulsory Licensing: Evidence from the Trading with the Enemy Act", *American Economic Review*, Vol. 102, No. 1, 2012.

Nguyen, Sang V. and Mary L. Streitwieser, "Factor Substitution in U. S. Manufacturing: Does Plant Size Matter", *Small Business Economics*, Vol. 12, No. 1, 1999.

Nussbaumer, Patrick, "On the Contribution of Labelled Certified Emission Reductions to Sustainable Development: A Multi-criteria Evaluation of CDM Projects", *Energy Policy*, Vol. 37, No. 1, 2009.

Oliva, Paulina, "Environmental Regulations and Corruption: Automobile Emissions in Mexico City", *Journal of Political Economy*, Vol. 123, No. 3, 2015.

Olley, G. Steven and Ariel Pakes, "The Dynamics of Productivity in the Telecommunications Equipment Industry", *Econometrica*, Vol. 64, No. 6, 1996.

Olsen, Karen Holm, "The Clean Development Mechanism's Contribution to Sustainable Development: An Review of the Literature", *Climatic Change*, Vol. 84, No. 1, 2007.

Pal, Rupayan, "Delegation and Emission Tax in a Differentiated Oligopoly", *The Manchester School*, Vol. 80, No. 6, 2012.

Parry, Ian W. H. and Kenneth A. Small, "Does Britain or the United States have the Right Gasoline Tax?", *American Economic Review*, Vol. 95, No. 4, 2005.

Pestel, Nico and Florian Wozny, "Health Effects of Low Emission Zones: Evidence from German Hospitals", *Journal of Environmental Economics and Management*, Vol. 109, 2021.

Peters et al., "Internationalisation, Innovation and Productivity in Services: Evidence from Germany, Ireland and the United Kingdom", *Review of World Economics*, Vol. 154, 2018.

Pigou, Arthur C., *The Economics of Welfare*, London: MacMillan and Co., 1920.

Popp, David, "Pollution Control Innovations and the Clean Air Act of 1990", *Journal of Policy Analysis and Management*, Vol. 22, No. 4, 2003.

Popp, David, "Uncertain R&D and the Porter Hypothesis", *Contributions in Economic Analysis & Policy*, Vol. 4, No. 1, 2005.

Porter, Michael E. and Claas Van der Linde, "Toward a New Conception of the Environment-competitiveness Relationship", *Journal of Economic Perspectives*, Vol. 9, No. 4, 1995.

Porter, Michael E., "America's Green Strategy", *Scientific American*, Vol. 264, No. 4, 1991.

Qiu et al., "Regulation, Innovation, and Firm Selection: The Porter Hypothesis Under Monopolistic Competition", *Journal of Environmental Economics and Management*, Vol. 92, 2018.

Raeymaeckers, Peter and Patrick Kenis, "The Influence of Shared Participant Governance on the Integration of Service Networks: A Comparative Social Network Analysis", *International Public Management Journal*, Vol. 19, No. 3, 2016.

Restuccia, Diego and Richard Rogerson, "Policy Distortions and Aggregate Productivity with Heterogeneous Establishments", *Review of Economic Dynamics*, Vol. 11, No. 4, 2008.

Rivera, Nathaly M., "Air Quality Warnings and Temporary Driving Bans: Evidence from Air Pollution, Car Trips, and Mass-transit Ridership in Santiago", *Journal of Environmental Economics and Management*, Vol. 108, 2021.

Rivers, Nicholas and Brandon Schaufele, "Salience of Carbon Taxes in the Gasoline Market", *Journal of Environmental Economics and Management*, Vol. 74, No. 11, 2015.

Rogge, Karoline S. and Volker H. Hoffmann, "The Impact of the EU ETS on the Sectoral Innovation System for Power Generation Technologies-findings for Germany", *Energy Policy*, Vol. 38, No. 12, 2010.

Rubashkina et al. , "Environmental Regulation and Competitiveness: Empirical Evidence on the Porter Hypothesis from European Manufacturing Sectors", *Energy Policy*, Vol. 83, 2015.

Sanchez-Vargas et al. , "An Empirical Analysis of the Nonlinear Relationship between Environmental Regulation and Manufacturing Productivity", *Journal of Applied Economics*, Vol. 16, No. 2, 2013.

Sanders, Nicholas J. and Charles Stoecker, "Where Have All the Young Men Gone? Using Sex Ratios to Measure Fetal Death Rates", *Journal of Health Economics*, Vol. 41, 2015.

Sapkota, Pratikshya and Umesh Bastola, "Foreign Direct Investment, Income, and Environmental Pollution in Developing Countries: Panel Data Analysis of Latin America", *Energy Economics*, Vol. 64, 2017.

Schmalensee et al. , "An Interim Evaluation of Sulfur Dioxide Emissions Trading", *Journal of Economic Perspectives*, Vol. 12, No. 3, 1998.

Schneider et al. , "Understanding the CDM's Contribution to Technology Transfer", *Energy Policy*, Vol. 36, No. 8, 2008.

Schneider, Lambert Richard, "Assessing the Additionally of COM Projects: Practical Experiences and Lessons Learned", *Climate Policy*, Vol. 9, No. 3, 2009.

Schneider, Lambert Richard, "Perverse Incentives under the CDM: An Evaluation of HFC-23 Destruction Projects", *Climate Policy*, Vol. 11, No. 2, 2011.

Shadbegian, Ronald J. and Wayne B. Gray, "Pollution Abatement Expenditures and Plant-Level Productivity: A Production Function Approach", *Ecological Economics*, Vol. 54, 2005.

Shao et al. , "Environmental Regulation and Enterprise Innovation: A Review", *Business Strategy and the Environment*, Vol. 29, No. 3, 2020.

Shi et al. , "Innovation Suppression and Migration Effect: The Unintentional Consequences of Environmental Regulation", *China Economic Review*, Vol. 49, 2018.

Shi, Xinzheng, Zhufeng Xu, "Environmental Regulation and Firm Exports: Evidence from the Eleventh Five-Year Plan in China", *Journal of Environmental Economics and Management*, Vol. 89, 2018.

Shimshack, Jay P., "The Economics of Environmental Monitoring and Enforcement", *Annual Review of Resource Economics*, Vol. 6, 2014.

Shrestha, Ram M. and Shreekar Pradhan, "Co-benefits of CO_2 Emission Reduction in a Developing Country", *Energy Policy*, Vol. 38, No. 5, 2010.

Silberman, Jon D., "Does Environmental Deterrence Work: Evidence and Experience Say Yes, but We Need to Understand How and Why", *Environmental Law Reporter News & Analysis*, Vol. 30, 2000.

Silva, Emilson C. D. and Xie Zhu, "Emissions Trading of Global and Local Pollutants, Pollution Havens and Free Riding", *Journal of Environmental Economics and Management*, Vol. 58, No. 2, 2009.

Simpson, R. David and Robert L. Bradford Ⅲ, "Taxing Variable Cost: Environmental Regulation as Industrial Policy", *Journal of Environmental Economics and Management*, Vol. 30, No. 3, 1996.

Song et al., "Effects of Rising and Extreme Temperatures on Production Factor Efficiency: Evidence from China's Cities", *International Journal of Production Economics*, Vol. 206, 2023.

Song et al., "Growing Like China", *American Economic Review*, Vol. 101, 2011.

Stern, David I., "The Rise and Fall of the Environmental Kuznets Curve", *World Development*, Vol. 32, No. 8, 2004.

Sterner, Thomas and Bruno Turnheim, "Innovation and Diffusion of Environmental Technology: Industrial NOx Abatement in Sweden under Refunded Emission Payments", *Ecological Economics*, Vol. 68, No. 12, 2009.

Strand, Jon and Knut Einar Rosendahl, "Global Emissions Effects of CDM Projects with Relative Baselines", *Resource and Energy Economics*, Vol. 34, No. 4, 2012.

Strand, Jon, "Carbon Offsets with Endogenous Environmental Policy", *Energy Economics*, Vol. 33, No. 2, 2011.

Subbarao, Srikanth and Bob Lloyd, "Can the Clean Development Mechanism (CDM) Deliver?", *Energy Policy*, Vol. 39, No. 3, 2011.

Sun et al., "Restricting Driving for Better Traffic and Clearer Skies: Did it Work in Beijing?", *Transport Policy*, Vol. 32, No. 3, 2014.

Sutton, Paul C. and Robert Costanza, "Global Estimates of Market and Non-market Values Derived from Nighttime Satellite Imagery, Land Cover, and Ecosystem Service Valuation", *Ecological Economics*, Vol. 41, No. 3, 2002.

Syverson, Chad, "What Determines Productivity?", *Journal of Economic Literature*, Vol. 49, No. 2, 2011.

Tan-Soo et al., "Power Stations Emissions Externalities from Avoidance Behaviors Towards Air Pollution: Evidence from Beijing", *Energy Policy*, Vol. 121, 2018.

Tanaka, Shinsuke, "Environmental Regulations on Air Pollution in China and Their Impact on Infant Mortality", *Journal of Health Economics*, Vol. 42, No. 7, 2015.

Van Leeuwen, George and Pierre Mohnen, "Revisiting the Porter Hypothesis: An Empirical Analysis of Green Innovation for the Netherlands", *Economics of Innovation and New Technology*, 2017, Vol. 26, No. 1-2, 2017.

Viard, V. Brian and Shihe Fu, "The Effect of Beijing's Driving Restrictions on Pollution and Economic Activity", *Journal of Public Economics*, Vol. 125, 2015.

Wang et al., "Environmental Regulation, Emissions and Productivity: Evidence from Chinese COD-emitting Manufacturers", *Journal of Environmental Economics and Management*, Vol. 92, 2018.

Wang et al., "Financial Friction, Resource Misallocation and Total Factor Productivity: Theory and Evidence from China", *Journal of Applied Economics*, Vol. 24, 2021.

Wang et al., "Impact of Emission Control on Regional Air Quality: An Observational Study of Air Pollutants before, during and after the Beijing Olympic Games", *Journal of Environmental Sciences*, Vol. 26, No. 1, 2014.

Wang, Hua and David Wheeler, "Financial Incentives and Endogenous Enforcement in China's Pollution Levy System", *Journal of Environmental Economics and Management*, Vol. 49, No. 1, 2005.

Wang, Hua, "Pollution Regulation and Abatement Efforts: Evidence from China", *Ecological Economics*, Vol. 41, No. 1, 2002.

Wei, Hao and Yaru Zhou, "The Impact of International Talent on Environmental Pollution: Firm-level Evidence from China", *Energy Economics*, Vol. 125, 2023.

Weiss, Jan F. and Tatiana Anisimova, "The Innovation and Performance Effects of Well-Designed Environmental Regulation: Evidence from Sweden", *Industry and Innovation*, Vol. 26, 2019.

Woodland, Alan, "A Micro-econometric Analysis of the Industrial Demand for Energy in NSW", *Energy Journal*, Vol. 14, No. 2, 1993.

Wu et al., "Westward Movement of New Polluting Firms in China: Pollution Reduction Mandates and Location Choice", *Journal of Comparative Economics*, Vol. 45, No. 1, 2017.

Xepapadeas, Anastasios and Aart de Zeeuw, "Environmental Policy and Competitiveness: The Porter Hypothesis and the Composition of Capital", *Journal of Environmental Economics and Management*, Vol. 37, No. 2, 1999.

Xiahou et al. , "The Effect of Foreign Investment on Asian Coal Power Plants", *Energy Economics*, Vol. 105, 2022.

Xie et al. , "Different Types of Environmental Regulations and Heterogeneous Influence on 'Green' Productivity: Evidence from China", *Ecological Economics*, Vol. 132, 2017.

Xu et al. , "Asymmetric Effects of Heterogeneous Environmental Standards on Green Technology Innovation: Evidence from China", *Energy Economics*, Vol. 117, 2023.

Xu et al. , "Emission Tax and Optimal Privatization in Cournot-Bertrand Comparison", *Economic Modelling*, 2016, Vol. 55, 2016.

Yang et al. , "Environmental Regulations, Induced R&D, and Productivity: Evidence from Taiwan's Manufacturing Industries", *Resource and Energy Economics*, Vol. 34, No. 4, 2012.

Yuan, Baolong and Qiulian Xiang, "Environmental Regulation, Industrial Innovation and Green Development of Chinese Manufacturing: Based on an Extended CDM Model", *Journal of Cleaner Production*, Vol. 176, 2018.

Zhan et al. , "How does Pollution Heterogeneity Affect the Role of Cleaner Production Regulations? Evidence from Chinese Enterprises' Domestic Value-added in Exports", *Energy Economics*, Vol. 122, 2023.

Zhang et al. , "A Multi-regional Input-Output Analysis of the Pollution Haven Hypothesis from the Perspective of Global Production Fragmentation", *Energy Economics*, Vol. 64, 2017.

Zhang et al. , "Can Green Industrial Policy Improve Total Factor Productivity? Firm-level Evidence from China", *Structural Change and Economic Dynamics*, Vol. 59, 2021.

Zhang et al. , "Does Central Supervision Enhance Local Environmental Enforcement? Quasi-experimental Evidence from China", *Journal of Public Economics*, 2018, Vol. 164, 2018.

Zhang et al. , "Temperature Effects on Productivity and Factor Reallocation: Evidence from a Half Million Chinese Manufacturing Plants", *Journal of Environmental Economics and Management*, Vol. 88, No. 3, 2018.

Zhang, Ming and Yingxue Zhao, "Does Environmental Regulation Spur Innovation? Quasi-Natural Experiment in China", *World Development*, Vol. 168, 2023.

Zhang, Junjie and Can Wang, "Co-benefits and Additionality of the Clean Development Mechanism: An Empirical Analysis", *Journal of Environmental Economics and Management*, Vol. 62, No. 2, 2011.

Zhu, Haoliang, "Global Value Chains, Trade Liberalization, and Productivity: A Stochastic Frontier Analysis of Chinese Manufacturing Firms", *Applied Economics*, Vol. 13, 2023.

Zugravu-Soilita, Natalia, "How does Foreign Direct Investment Affect Pollution? Toward a Better Understanding of the Direct and Conditional Effects", *Environmental and Resource Economics*, Vol. 66, 2017.

主题词索引

B

庇古税 19, 26, 29

边际减排成本 80, 96

边际减排收益 95, 96

"波特假说" 2, 3, 6-8, 15, 35, 36, 40, 162, 168, 215, 216

D

"搭便车"问题 18

"大气十条" 3, 21, 47, 53-55, 65

断点回归设计 21

F

负外部性 17, 18, 213

G

"干中学" 116

工业锈带 52

公众参与型环境规制 19, 61-63

公众满意度 62

《关于全面推行河长制的意见》 55

规制偏倚 108, 132, 134, 135

H

汉密尔顿方程 77

环保督察 3, 21, 44, 45, 47, 51, 52

环境管理体系 19, 41

环境库兹涅茨曲线 29

环境税 5, 19, 23, 25, 27, 29, 74, 75, 95, 139-141, 145, 146, 161-164, 167, 212, 214

J

局部线性微分方程 77

K

科斯定理 19, 29

L

《联合国人类环境会议宣言》 42

"两控区"政策 3，33，40，47，48，180

绿色转型 52

绿色资本更新 6-8，10，15，86，87，96，97，101，105-108，119，125-131，135，136，156，160-162，164，167-169，204，211-213，215，216

M

命令—控制型环境规制 3，4，8，10，15，18-23，40，47，63，73，74，80，84，85，87，88，96，97，101-108，110，127，130，135，211-214

末端治理 8，10，49，107，109，116，128-130，134-136，154，156，159-161，164，167，169，197，199，209，214

O

OECD 27，34，137

欧盟碳排放交易体系 23

P

排污权交易 5，19，23-25，29，37，40，58，74，75，168，194，214，215

Q

气候变化 1，11，25，46，169，170，202

前端预防型环境规制 108，116，214

强"波特假说" 2，7，15，39，40，106，131，135，164，167，212，216

清洁发展机制 3，6，8，11，28，60，106，168-171，175，178，201，208-212，214-216

囚徒困境 18，36

全球气候变暖 58

全要素生产率 1，3，8，31，39，40，107，110，113-117，119，122，123，135，140，142-144，146，147，161，175，177，181，182，206，209

R

弱"波特假说" 2，7，15，37，40，106，127，135，162，167，212，216

S

生产工艺创新 2，6，7，15，106，127，128，130，131，135，156，162，167，211-213，216

《生物多样性公约》 44

省级环保督察 51

"十一五"减排政策 3，38，47，50，111

市场激励型环境规制 4-8，11，15，16，19，20，23，29，39，58，63，73-75，88，96，97，101-106，136，139，162-164，167-169，193，204，207，209-216

市场失灵 5，17，18，36

数值模拟 10，84

"水十条" 21，47，53-55

T

碳排放配额 58，207

碳排放权交易制度 58

"土十条" 47，53，56，57

W

外部性 5，8，16-18，73

稳态 10，78-80，88，94，215

"污染避难所"假说 20，29，31-34

"污染光环" 31-34

污染物专项治理行动计划 53

X

狭义"波特假说" 2，7

Y

夜间灯光数据 14，185

Z

正外部性 17，18，36

中国工业企业数据库 11，12，40，112

中国工业污染源重点调查数据库 11，12

中央环保督察 51，52

"逐底效应" 33

资本更新 6，15，128，130，154，164

最优控制问题 77，78，80，81，88，89，94，95

遵从成本 6，7，31，35，36，87，96，101，130，131，134，164，212

后　　记

　　本书直接源于自己的博士论文。还记得三年前在老家写博士论文的时候，适逢新冠疫情大流行。那时的我们在面对这种前所未有的新型冠状病毒时，更多的是恐惧与隔离。经过3年的反复"抗争""磨合"，我们人类更懂得如何与这种不断变异的冠状病毒共存。如今的我们在疫情面前更加从容和淡定。我想，这三年对许多家庭和个人来说都是刻骨铭心的。于我而言，也有不一样的记忆。

　　记得三年前，在结束老家长达4个月苦闷的隔离生活后，我迫不及待地踏上了返校的旅程。刚进入校园，又因为湖北人的特殊身份被隔离在学校招待所半个月左右。但老实说，招待所的住宿条件不错，每个隔离单间足有二十平方米左右的面积，电视机、空调、独立卫浴等硬件也是应有尽有。此外，学校还会定时提供免费的三餐和体温检测服务。博士论文的最后一章便是在这样吃穿不愁的"幽居"生活中逐字逐句地敲完。结束隔离后，我在仅剩的最后一个月里先后完成了学位论文答辩和毕业典礼，然后不可避免地来到了与诸位师友珍重道别的时刻。

　　毕业后，幸得恩师和学界贵人的提携和推荐，我在家乡省城的一所重点高校谋得了教职。工作第一年，由于面临从学生向教师的身份大跨越，很多事情需要自己独当一面，加上在省城也少有知心知底的同学和朋友，那时的自己一度陷入落寞和焦虑之中。转变是在第二年秋季开学。一方面，自己博士论文的第一章经过多轮拒稿后终于被《中国工业经济》录用，这让我在工作上重拾了些许底气。

另一方面，自己有幸加入杨冕教授团队与之合作开展研究并一起组织参与专注于绿色发展前沿文献研读的研究生组会。于我而言，这是一次重要的转机，不仅让我这个独在江城的散兵游勇感受到了"组织"的关怀，也更加坚定了我对自身未来研究前景的信心。此后，我在工作上逐渐步入正轨。上课更加从容自信，手头开展的研究工作也一步步落实并陆续有了不错的结果。

今年是我参加工作的第三年，也到了我们这批青椒中期考核的时间。随着身边同事三三两两的离职，上半年紧张的气氛始终笼罩着自己。所幸，7月初我通过了学校的中期考核。虽然三年后还将面临"非升即走"的终极考核，但这次中期考核的顺利通过无疑为自己迎来了时间上的战略缓冲。毕竟，现在的我已过了而立之年。吃下这颗暂时的定心丸，我可以相对轻松愉悦地和所爱之人在这个骄阳似火的盛夏完成筹划已久的人生大事。为此，特别感谢所有帮助和提携过自己的诸位同事和师友：谢谢你们！

当然，为了让自己和所爱之人有一个更加从容和稳定的生活环境，小万同志仍需继续努力。希望未来的自己继续秉持"锅盔侠"的精神——"须经烈焰炙丰满，不怕高温催焦黄"，仰望星空的同时，走稳脚下的每一跬步。路漫漫，其修远兮，吾将上下而求索。

万攀兵
2023年7月31日写于珞珈山下